«rororo opernbücher» sind Werkmonographien des Musiktheaters. Sie dokumentieren und interpretieren bedeutende Einzelwerke der Operngeschichte.
Außer dem Textbuch (bei fremdsprachigen Opern mit neuer wortgetreuer Übersetzung) enthalten die Bände ausgewählte Quellentexte, Zeugnisse der literarischen Rezeption und Bildmaterialien, die einen Überblick über die Entstehungs- und Wirkungsgeschichte der jeweiligen Oper vermitteln. Der eigens für jeden Band der Reihe von einem Fachautor verfaßte Essay interpretiert und kommentiert das Werk aus heutiger Sicht und stellt so die Verbindung her zwischen dessen historischen und aktuellen Aspekten.

Ludwig van Beethoven

Fidelio

Texte, Materialien, Kommentare

Herausgegeben von Attila Csampai und Dietmar Holland

sachbuch rororo
RICORDI
Rowohlt

11–12. Tausend
September 1989

Originalausgabe
Zusammengestellt und
erläutert von
Attila Csampai und
Dietmar Holland
Fachmusikalische und
redaktionelle Mitarbeit:
G. RICORDI & Co.
Bühnen- und
Musikverlag
GmbH, München
Umschlagentwurf
Ingeborg Bernerth
(Wilhelmine
Schröder-Devrient
in der Rolle des Fidelio.
Österreichische
Nationalbibliothek,
Wien)
Veröffentlicht im
Rowohlt Taschenbuch
Verlag GmbH,
Reinbek bei Hamburg,
Februar 1981

Satz Times
(Linotron 404)
Gesamtherstellung
Clausen & Bosse, Leck
Printed in Germany
1480-ISBN 3 499 17394 8

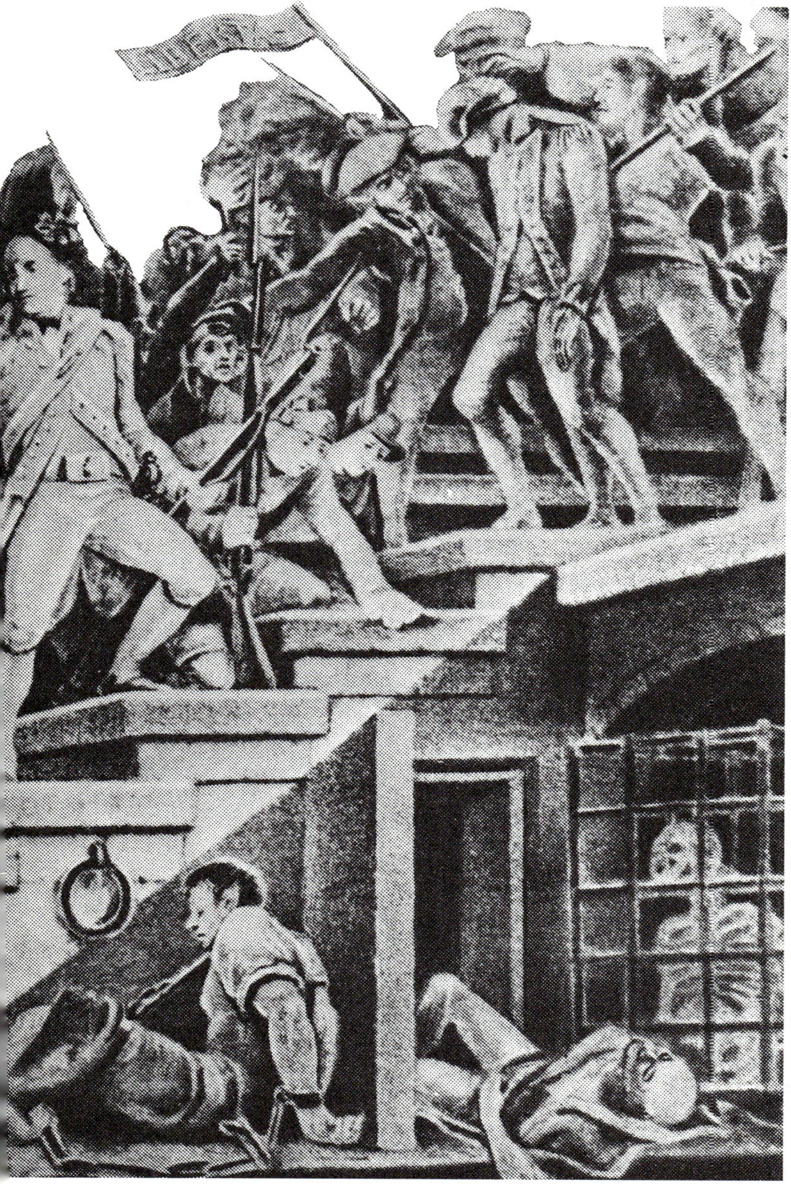

«Man hat oft den ‹*Fidelio*› das Hohelied der Gattenliebe genannt. Mit einer solchen Bezeichnung trifft man jedoch nur eine Seite des Inhalts. Die andere zeigt uns den Kampf gegen Tyrannei und Despotenwillkür, und das ist der eigentliche Inhalt dieser einzigen Oper Beethovens.»

Hanns Eisler

Inhalt

Dietmar Holland Rettung der Kolportage durch die Musik – Zu Beethovens ‹*Fidelio*› 9

Inhalt der Oper 32

Joseph Sonnleithner/Georg Friedrich Treitschke
Fidelio. Textbuch der Fassung von 1814 35

Dokumentation

I. Die Stoffvorlage des ‹Fidelio› 77

Jean Nicolas Bouilly Aus den Memoiren 77

Werner Wolf Zur Vorgeschichte des Leonore-Stoffes 80

Adolf Sandberger ‹Léonore› von Bouilly und ihre Bearbeitung für Beethoven durch Joseph Sonnleithner 87

II. Zur Entstehungsgeschichte des ‹Fidelio› 101

Harry Goldschmidt Die Ur-Leonore 101

Eine Uraufführungskritik der 1. Fassung des ‹Fidelio› 126

Brief **Stephan von Breunings** zu seiner Umarbeitung des Librettos (Fassung 1806) 128

Joseph August Röckels Bericht über die Umarbeitung des ‹Fidelio› zur 2. Fassung von 1806 133

Eine Uraufführungskritik der 2. Fassung des ‹Fidelio› 135

Georg Friedrich Treitschkes Bericht über seine Textgestaltung der 3. Fassung des ‹Fidelio› 137

Brief **Beethovens** an Treitschke über die Komposition
der 3. Fassung des ‹Fidelio› 140
Eine Uraufführungskritik der 3. Fassung des ‹Fidelio› 144

III. Wilhelmine Schröder-Devrient als Leonore 149
Alfred von Wolzogen Wilhelmine Schröder-Devrients
Durchbruch als Leonore 149
Wilhelmine Schröder-Devrient über ihre Darstellung der Leonore 155
Wilhelmine Schröder-Devrients Bericht über die Proben
zu ‹Fidelio› (Wien 1822) 156

IV. Wichtige Stationen der Aufführungsgeschichte des ‹Fidelio›
nach Beethovens Tod 158
Jochem Wolff Annäherungen an ‹Fidelio› – Zur Geschichte
von Beethovens Oper auf der Bühne 158

V. Ausgewählte Texte zur literarischen Rezeption des ‹Fidelio› 174
Hector Berlioz ‹Fidelio› – Oper in drei Aufzügen von Beethoven.
Ihre Aufführung am «Théâtre-Lyrique» 174
Hermann W. von Waltershausen Zur Dramaturgie des ‹Fidelio› 189
Romain Rolland ‹Leonore› 199
Ernst Bloch Zu ‹Fidelio› 208

Zeittafel ‹Fidelio› 211
Bibliographie 212
Dietmar Holland Anmerkungen zur Diskographie 214
Liste der Gesamtaufnahmen 216
Nachweise 218
Über die Herausgeber 220

Dietmar Holland

Rettung der Kolportage durch die Musik

Zu Beethovens ‹*Fidelio*›

Seit jeher bemängelt man an Beethovens einziger Oper, sie stünde quer zur Gattung, insofern sie, namentlich in der ersten Fassung (‹*Leonore*›, 1805), dem symphonischen Ausbreitungsbedürfnis der Musik Beethovens – die großdimensionierte ‹*Eroica*› ist 1803 bereits komponiert – in einer Weise nachgebe, die dem dramatischen Lebensnerv der Bühnenhandlung zuwiderlaufe oder ihn zumindest stark gefährde. So kurzschlüssig der Einwand auch sein mag, so schwer ist er zu widerlegen. Rückt man gar mit dem Inventar der Opernästhetik Mozarts, einer Ästhetik, die nur von ganz kurzer geschichtlicher Dauer getragen wurde, an Beethovens einzigartige Oper heran, dann triumphiert zwar Mozarts universale, realistische Menschendarstellung über das armselige Klischee-Libretto, das Sonnleithner (1805) und zuletzt Treitschke (1814) nach einer französischen Vorlage des Jean Nicolas Bouilly für Beethoven ausgearbeitet haben, aber Beethovens gänzlich anders geartete musikalisch-dramatische Absicht, ja überhaupt seine von Mozart wesensverschiedene Auffassung von der Aufgabe der Kunst – fast ist man versucht zu sagen: von ihrem selbstgesetzten gesellschaftlichen Auftrag – bleibt unberücksichtigt. Beethoven ist der erste Komponist der Geschichte, der die Aufgabe seiner Musik von sich aus bestimmt, indem er sie als moralische Instanz und als politisches Gewissen aufrichtet: «Ist er schon der musikalische Prototyp des revolutionären Bürgertums, so ist er zugleich der einer ihrer gesellschaftlichen Bevormundung entronnenen, ästhetisch voll autonomen, nicht länger bediensteten Musik» (Th. W. Adorno).[1] Diesem neuen ästhetischen Rigorismus haften notwendigerweise idealistische und partikulare Züge an, während Mozart in seinen bedeutenden Opern, zum letztenmal vor der bürgerlichen Revolution, das homogene, einheitlich-geschlossene und zugleich hochdif-

[1] Theodor W. Adorno, Einleitung in die Musiksoziologie, Reinbek 1968, S. 223

ferenzierte Menschenbild seiner Gesellschaft in unwiederholbarer Weise zur Darstellung bringt. Beethoven dagegen spricht ex cathedra; er appelliert, mahnt, droht, verzweifelt und entwirft «Wunschbilder des erfüllten Augenblicks» (Ernst Bloch) in seiner Musik, einerlei, ob es instrumentale oder vokale ist. Das verbindet ihn doch, bei aller neuen musikalischen Haltung, mit der zentralen Wiener Klassik: Wie auch bei Haydn und Mozart besitzt seine Musik selbst Sprachcharakter, ohne daß sie unbedingt der Worte bedürfte, die sie allemal überflügelt: «Es ist und bleibt so das Schicksal auch des guten Worts, auch des dichterisch wertvollsten, auch des musikhaft völlig einbezogenen, vor dem Ton schließlich zum Bettler zu werden. O namenlose Freude, singen Leonore und Florestan; auf ihren einfachsten und rohsten Stufen schon überwindet die Musik leise die Dichtung und macht sie zu ihrem Widerschein» (Bloch).[2] Beethoven entdeckte aber, als erster, den geladenen Ton, seine Musik enthält Handlung in sich, ausgeführte Entwicklungen und erreichte Ziele. Es ist daher keine Übertreibung, zu sagen, nicht Beethoven suchte einen Opernstoff, sondern seine Musik fand ihre dramatische Verwirklichung auf dem Theater – und wenn es auch die Kolportage-Bühne war.

Mit Leichtigkeit ließe sich der Finger auf die Wunden des Textbuchs legen: etwa auf die zugleich peinliche und unwahrscheinliche «Hosenrolle» der Leonore, die hier, im Unterschied zur Opernkonvention des 18. Jahrhunderts, als *Verstellung*, nicht als *Fach*, behandelt wird. Daß Marzelline ihretwegen sogar Jaquinos ernst gemeinte Heiratsabsichten zurückweist, weil sie sich völlig ahnungslos in den vermeintlichen Mann Fidelio verliebt hat, streift die Grenze des Lächerlichen. Und doch: die Verstellung, ja der menschliche Betrug ist für Leonore ein dramaturgisch notwendiger Schritt, um zum eigentlichen Ziel gelangen zu können. Das «bürgerliche Familienstück mit seinem doppelten Boden», als welches Harry Goldschmidt[3] die vielgeschmähte Singspiel-Ebene der Oper charakterisiert, ist das Sprungbrett für Leonores Plan, durch die Wohnstube des Kerkermeisters Rocco hindurch – auch selbst auf die Gefahr hin, dessen kleinbürgerlicher Lebens- und Vorstellungswelt nachgeben zu müssen – sich Zugang zu den Gefangenen und damit zu Florestan zu verschaffen und den Rettungsplan durchzuführen. Hinter sich läßt sie Jaquinos Eifersuchtsszenen, die man belächeln mag, Marzellines kleinmütige Glücksvorstellungen vom häuslichen Eheleben, die

[2] Ernst Bloch, Geist der Utopie. Zweite Fassung von 1923. Frankfurt a. M. 1973, S. 144
[3] Harry Goldschmidt, Die Ur-Leonore, in: Beethoven. Werkeinführungen. Leipzig 1975, S. 276 (s. Dokumentation: S. 101)

eher traurig stimmen, und Roccos opportunistischen Diensteifer, der höchst bedenklich ist. Kolportagehafte Züge tragen auch das Gebaren des Bösewichts Pizarro, die ekstatischen Engels- und Rettungsvisionen Florestans in der letzten Fassung seines großen Monologs und vor allem die reißende Spannung der Kerkerszene mit gezücktem Dolch, Pistole, Edelmut und rettender Trompeten-Fanfare, aus der gleichwohl Ernst Bloch das Jüngste Gericht heraushörte.[4] Dies alles hat Treitschke für die letzte Fassung der Oper in einer konsequent linearen Handlungsführung untergebracht, die, im Gegensatz zur ersten Fassung, ohne Unterbrechungen und Umwege auf den riesigen Doppelpunkt der Trompeten-Fanfare zusteuert und erst im nachfolgenden Finale den Zuschauer aufatmen läßt: eine ebenso einfache wie bezwingende dramaturgische Idee.

Kein Geringerer als Ernst Bloch hat die Kolportage ernster genommen, als es ihre Verächter sich je träumen ließen. Was er für Karl May fand, könnte auch auf den Fidelio-Stoff passen: «Die Handlung ist wie ein Angsttraum, aus dem man sich nicht herausfindet, oder wie eine Rettung, die man nicht müde wird, hundertmal zu hören ... auch technisch ist vieles vortrefflich (ohne ‹aufzuwachen›, ohne aus Kolportage erwachsene Literatur zu werden).»[5] Die Kolportage drückt aus, was die «hohe» Literatur meist verweigert und was einzig doch lockt: den «Wunschtraum nach Weltgericht für die Bösen, nach Glanz für die Guten» (Bloch)[6]. Dabei ist es gleichgültig, ob der Stoff nach obersten literarischen Kriterien gestaltet ist oder gar dem Prinzip stilistischer Geschlossenheit gehorcht: «Was vor ‹guten› Büchern den Dummkopf, mindestens Laien kennzeichnet: Sprache und Aufbau nicht wahrzunehmen, diese selbe Unmittelbarkeit macht vor Kolportage den Kenner» (Bloch).[7] Die althergebrachten Einwände gegen das Textbuch des ‹*Fidelio*› messen mit dem falschen Maß, da ihnen genau diese Unmittelbarkeit fehlt. Sonst würden sie verstummen vor der unwiderstehlichen Gewalt des ausgeführten «Prinzips Hoffnung», das alle Figuren der Handlung, wenn auch noch so verschieden, beherrscht. Spiralförmig werden die Ebenen der Hoffnung erklommen, unbekümmert um die Grenzen der traditionellen Operndramaturgie: zuerst Singspiel-Sphäre mit der eingeschränkten Hoffnung der kleinen Leute, dann große Oper mit dem prinzipiellen Verständnis von Liebe und Freiheit als moralischen Kategorien, die nicht einfach vorhanden sind, sondern *erobert* werden müs-

[4] Dieser Aspekt wird weiter unten erläutert
[5] Ernst Bloch, Erbschaft dieser Zeit, Frankfurt a. M. 1973, S. 171
[6] Ebd., S. 179
[7] Ebd., S. 177

sen, schließlich Oratorium, statuarische Szene als «Wunschbild des erfüllten Augenblicks», utopische Verschränkung von Liebe durch Freiheit und Freiheit durch Liebe. Die konventionelle Einheit der Gattung Oper, trotz Mozarts Aufhebung der Grenzen von opera buffa und opera seria in ‹*Le nozze di Figaro*› und ‹*Don Giovanni*› vor Beethoven nicht angetastet, erscheint hier kühn aufgebrochen und in eine ebenso neuartige wie singuläre Stufenkonzeption verwandelt, die der kolportagehaften Spannung der Handlung Rechnung trägt. Dem müssen sich auch die leibhaftigen Figuren unterordnen: Dem ästhetischen und zugleich ethischen Rigorismus des Stoffes zuliebe wachsen die Personen über ihr empirisch begrenztes und faßbares Sosein allmählich hinaus und gerinnen zur Verkörperung von Ideen; das ist der Preis, den die Kolportage an die Menschendarstellung zu zahlen hat.

Leonore ist nicht nur die mutige Retterin ihres Ehemannes, sondern die personifizierte Humanität: Ihre ursprüngliche, zunächst rein private Absicht, den eigenen Ehemann unter den Staatsgefangenen ausfindig zu machen und zu befreien, wandelt sich beim Anblick des leibhaftigen Elends im Kerker von der persönlich motivierten Gattenliebe zu grundsätzlicher, höherer moralischer Einsicht, in überpersönliche Menschenliebe: «Wer du auch seist, ich will dich retten», singt sie, bevor sie in dem Gefangenen Florestan erkennt. Handeln ist hier also Überschreiten der vorfindlichen Realität. Die drei moralischen Leitbilder der Französischen Revolution – wenn sie auch, wie sich später zeigen sollte, bloße Lippenbekenntnisse blieben –, nämlich «Freiheit, Gleichheit, Brüderlichkeit», erscheinen in Beethovens Oper auf der Bühne im Schlußbild, der allgemeinen Befreiung der Unterdrückten, in den Gestalten Florestan, Don Fernando und Leonore. Wenn auch das statuarische Schlußbild Treitschkes den Eindruck vermitteln könnte, es handle sich um eine Befreiung aus höherer Gewalt, nicht um eine *errungene*, so ist die Gestalt Leonores, allen Unwahrscheinlichkeiten zum Trotz, von Anfang an eingeführt als eine Frau, die zu allem bereit ist. Bereits bei ihrem ersten Auftritt ist sie eingespannt in den doppelten Boden des bürgerlichen Familienstücks: Rocco lobt sie für ihren pflichtbewußten Dienst und verspricht ihr als Lohn, mehr oder weniger deutlich (Regieanweisung: «mit wechselnden Blicken auf Leonore und Marzelline»), seine Tochter zur Heirat. Leonore gerät in Verlegenheit, da sie die Welt Roccos lediglich als Sprungbrett benutzt und ihr alle Mittel, auch die der Verstellung und Verkleidung, recht sind. Wenn sie sagt: «O glaubt nicht, daß ich meine Schuldigkeit nur des Lohnes wegen –», dann ist das durchaus doppeldeutig zu verstehen. Folgerichtig singt sie denn auch in dem nachfolgenden Quartett, das die Widersprüche der divergierenden Interessen in einem stehenden Bild gleichsam stillstellt, davon, wie groß die Gefahr sei und «wie schwach der Hoffnung Schein ...». Doch die Widerstände in der Stube des Kerkermeisters sind nur eine Vorstufe zur Welt Pizarros, des «Pharao, Herodes, Geßler, des Winterdämons, ja des gnostischen Satans selber, der den Menschen in den Weltkerker brachte und darin festhält» (Bloch)[8], die Verkörperung des Bösen schlechthin. Steht Leonore ein für Liebe und Freiheit, so Pizarro für Haß und Unterdrückung. In beiden sind persönliche und grundsätzliche Haltungen miteinander verschränkt. Beiden gemeinsam ist der unbedingte Mut zum Äußersten. Hier trifft man auf den Nerv der Kolportage-Handlung. Pizarro sieht in Leonore sein positives Ebenbild, denn er bewundert heimlich ihr Vorgehen in der Kerkerszene. Daß Leonore sich zu erkennen gibt und ihren Mann bedingungslos schützt, nötigt Pizarro den Ausruf ab: «Welch unerhörter Mut!» Selbst seine Absicht, Florestan zu töten, gerät für kurze Zeit ins Wanken. Doch damit nicht genug. Wie in bösen Träumen läßt er, nachdem er sich wieder gefaßt hat, nicht von seinem Vorhaben ab und geht noch einen Schritt weiter. Er beschließt beide, Florestan und Leonore, zu ermorden. Wie Leonore ihr Ziel, so hat Pizarro das seinige unverrückbar vor Augen. Dieser Höhepunkt der Kerkerszene, wenn Leonore Pizarro die Pistole vorhält, bedeutet, neben der unmittelbaren Kolportage-Situation, Leben gegen Tod oder Utopie gegen Nicht-Utopie. Das «Prinzip Hoffnung» zeigt seine zwei Seiten, daß Hoffnung erfüllt oder enttäuscht werden kann. Es ist sicher kein Zufall, daß Ernst Bloch sein philosophisches Hauptwerk dieses Titels auch von Beethovens ‹*Fidelio*› her empfangen hat[9], daß sich also der wohl einmalige Fall der Geburt einer Philosophie aus dem Geiste der Musik ereignete, denn die *Musik* Beethovens ist es, die dem Stoff sinnbildliche Kraft einhaucht. Pizarro ist zuallererst eine *Musik*gestalt, durch Beethoven bekam er Leben. In der französischen Vorlage ist er eine bloße Sprechrolle. Es war bereits Sonnleithners Verdienst, die stoffliche Vorlage abzuklopfen nach Möglichkeiten musikalischer Entfaltung. Er schuf neue, genuine Musizieranlässe, die den Stoff von der reinen Singspiel-Atmosphäre und -Dramaturgie, wie sie bei Bouilly vorliegen, entfernten. Der Einlage-Charakter der musikalischen Nummern im Singspiel erscheint nur, ausnahmsweise, in Roccos sogenannter «Gold-Arie». Sonst legt es Sonnleithner durchweg darauf an, sich die dramaturgischen Errungenschaften der großen Opern Mozarts zunutze zu machen. Er arbeitet die

[8] Ernst Bloch, Das Prinzip Hoffnung, Frankfurt a. M. 1968, S. 1296
[9] Vgl. Dokumentation: S. 208

dramatische Handlung in die musikalischen Nummern ein, um den starren Wechsel von aktivem Dialog und kontemplativer Musiknummer zu vermeiden. Wie weit er darin geht, zeigt die Einrichtung der Kerkerszene (Nr. 14 der letzten Fassung): Zum erstenmal prallen Pizarro und Leonore aufeinander, der Siedepunkt der äußeren Handlung ist erreicht. Bei Bouilly ist dieser entscheidende Moment gerade keine musikalische Nummer, sondern bloßer Dialog. Hier greift Sonnleithner entscheidend ein und schafft eine Ensemble-Situation, die Beethoven zu äußerster musikdramatischer Eingebung anspornt. Ein Schlagabtausch rasch wechselnder Aktionen und Reaktionen auf der Bühne verschmilzt mit der unmittelbar sinnlichen Gewalt der Musik zu einem untrennbaren Gesamteindruck. Wer denkt noch daran, einer Kolportage-Szene beizuwohnen, wenn von Leonores Schrei an: «Töt erst sein Weib!» Musik und Szene vollkommen identisch werden? «Man ist bewegt, hingerissen, fassungslos, ohne unterscheiden zu können, ob diese heftige Erregung durch die Singstimmen oder durch die Instrumente oder durch das Spiel der Darsteller und die Belebtheit der Handlung verursacht wird; mit solch frappierender Wahrheit und fabelhafter Energie hat sich der Komponist in die von ihm gemalte Situation eingelebt», schreibt Hector Berlioz.[10] Mit welch einem Menschen wir es im Falle Pizarros zu tun haben, führt uns Beethovens Musik bereits in der Arie Pizarros (Nr. 7 der letzten Fassung) vor, die Sonnleithner in die Handlung der Vorlage *einfügte*. Sowohl Beethovens musikalische Fassung als auch Sonnleithners dramaturgische Motivierung dieser Arie haben nichts mehr mit einer unverbindlichen musikalischen Einlage zu tun. Pizarro singt eine Charakter-Arie, die durch den vorhergegangenen Dialog deutlich motiviert ist («Doch, es gibt ein Mittel») und die einen unverstellten Blick in sein Innenleben gewährt. Es ist die negative Hoffnung, die ihn treibt, seine Vorstellung einer «kühnen Tat» und von Identität, von Selbstverwirklichung in der Grenzüberschreitung des erfüllten Augenblicks. Ist es nicht bedeutsam, daß er und Leonore, jeder auf seine Weise, genau diesen Augenblick selbst benennen (Pizarro: «Ha, welch ein Augenblick»; Leonore im letzten Finale: «O Gott! – Welch ein Augenblick»)? Die Schichten der Hoffnung sind das Thema des ‹*Fidelio*›.

Hoffnung in sich tragen auch die kleinen Leute der Singspiel-Ebene. Ihre Vorstellungen vom menschlichen Glück sind jedoch recht handfest

[10] Hector Berlioz, «Fidelio». Oper in drei Aufzügen von Beethoven. Ihre Aufführung am «Théâtre-Lyrique», in: Musikalische Streifzüge. Studien, Vergötterungen, Ausfälle und Kritiken. Aus dem Französischen übertragen von Elly Ellès. Leipzig 1912, S. 68 (s. Dokumentation: S. 174)

und genau umrissen. Bei ihnen ist dafür gesorgt, daß die Bäume nicht in den Himmel wachsen. Wie sich Marzelline ihre glückliche Zukunft vorstellt, was sie sich erhofft, singt sie in ihrer monologischen Arie (Nr. 2 der letzten Fassung). Da enthüllt sie ein armseliges Bild vom häuslichen Eheleben, das indessen nicht mehr bedroht ist von Konventionen («Ein Mädchen darf ja, was es meint, zur Hälfte nur bekennen»), sondern die für sie irgend erreichbare Grenzüberschreitung bedeutet. Der Refrain gibt preis, was ihr die Konvention verbietet auszusprechen: «Die Hoffnung schon erfüllt die Brust / Mit unaussprechlich süßer Lust, / Wie glücklich will ich werden.» Das Sehnen, wenn auch «unaussprechlich», also noch nicht bewußt, aber um so deutlicher gespürt, ist so echt und drängend, daß sich der *Wille* zur Tat, zur Überschreitung der gegenwärtigen Situation, bemerkbar macht. Für Marzelline ist aber ein anderer Inhalt ihrer Glücksvorstellung nicht denkbar als die «stille Häuslichkeit», von der sie in der 2. Strophe ihrer Arie erzählt. Was sie sich erhofft und was sie erreichen will, entspringt immerhin dennoch einem legitimen Bedürfnis. Nicht umsonst nimmt Beethovens Musik das sehr ernst. Weit entfernt davon, eine bloß unverbindliche Singspiel-Ariette zu bringen, erhält Marzelline die Gelegenheit, sich in einer ebenso differenzierten wie gewichtigen musikalischen Struktur zu äußern. Wie sehr Beethoven, um jeglichen konventionellen musikalischen Tonfall zu vermeiden, um die Gestaltung gerade dieser Arie im Verlauf der drei Fassungen der Oper rang, bezeugen das Skizzenbuch aus dem Jahre 1804, das Gustav Nottebohm in seinem Buch ‹*Zweite Beethoveniana*›[11] einer breiteren Öffentlichkeit erschlossen hat, und die instruktiven, verbessernden Änderungen der Deklamation und Formgebung in den verschiedenen Versionen. Zusammenfassend kann man sagen, daß erst in der letzten Fassung die genuin *musikalische* Interpretation des Textes ihren Höhepunkt erreicht. Dafür sprechen folgende Beobachtungen: Die Skizzen zum Anfang der Arie lassen nichts von der späteren Arie ahnen; sie könnten den Beginn eines lockeren Singspiel-Liedes abgeben. Der endgültige Arienanfang – in allen drei Fassungen der gleiche – setzt dagegen weitaus höher an: seine überaus prägnanten Kurzmotive sind gleichzeitig sprachgezeugt, entspringen sinngemäßer Deklamation in Rhythmus und Tonfall und eigenständig musikalischer Natur, da sie – wortlos, aber dennoch «sprechend» – im Orchestergewebe selbständig auftreten. Und weiterhin: Der Quartfall des ersten Kurzmotivs («O wär») korrespondiert mit dem Quartaufstieg des Refrainanfangs, der ja bezeichnenderweise von

[11] Gustav Nottebohm, Zweite Beethoveniana, Leipzig 1887, S. 293–306 (Skizzenbuch aus dem Jahre 1814) und S. 409–459 (das Leonore-Skizzenbuch aus dem Jahre 1804).

der Hoffnung – daher der Aufstieg *musikalisch* – und vom erreichten Glück handelt. Überdies spiegelt sich der Wechsel von Abstieg und Aufstieg auch im Verhältnis der Tonarten wider. In einfacher, aber um so bezwingender Weise lichtet sich das anfängliche c-moll zum C-dur, übrigens der Tonart des letzten Finales, in dem ja die Utopie der Freiheit, die Erfüllung der Hoffnung stattfindet. Hier, in der Arie vom kleinbürgerlichen Glück, erstrahlt bereits, am Anfang der Oper, der Vor-Schein der anderen, höheren Hoffnungsschicht. Daß zudem die Hoffnung, auch auf der Ebene Marzellines, *errungen* werden muß, dafür steht die Überleitung zum Refrain, und zwar in der letzten Fassung, ein. Der zögernde Aufstieg der Singstimme «Wenn nichts» (bereits Quartaufstieg!) und der Gedankenstrich nach «uns stört auf Erden» wird fortgeführt in einem ungemein «sprechenden», äußerst knappen und eindringlichen Orchestersatz, gleichsam einem auskomponierten Gedankenstrich, mit chromatischem Anstieg, Halteton (Ungewißheit!) und befreiendem Absturz, bereits in C-dur. Auf kürzestem Raum gebietet Beethoven über die verschiedensten Fähigkeiten seiner Musik, zu «reden». Das musikalische Ausbreitungsbedürfnis, in der ersten Fassung der Arie noch weitgehend ungezügelt (Wiederholungen), ist so weit wie nötig eingeschränkt. Die Textwiederholung innerhalb des Refrains gibt nicht etwa dem musikalischen Ausbreitungsbedürfnis nach, wie man bei oberflächlichem Hören annehmen könnte, sondern stellt eine andere, neue Seite der Person Marzellines dar: Jetzt nimmt das Orchester den vorherigen Gestus der Singstimme auf und transzendiert ihn zugleich, während die Singstimme selbst in rezitativischem Tonfall deklamiert, was das Orchester von ihrem Innenleben gerade verrät. Das durchaus intermittierende Verhältnis von Singstimme und Orchester schafft eine Lebendigkeit und Gegenwärtigkeit des musikalischen Vortrags, der an Mozarts Opern erinnert, wenngleich bei jenem der geladene Ton und so etwas wie die nervös klopfende Baßfigur des Refrains nicht anzutreffen sind. Mozarts diskrete musikalische Haltung weicht bei Beethoven einer vorwärtsweisenden Spannung und Entladung, auch bei einer scheinbar so harmlosen Arie wie der Marzellines.

Es gehört zur Eigenart der Hoffnung, daß sie auch enttäuscht werden kann. Das bekommt Marzelline im letzten Finale, ihrem einzigen Auftritt innerhalb des zweiten Aktes (der letzten Fassung) zu spüren. Die Verewigung des schönen Augenblicks, wenn Leonore «in größter Bewegung» (Regieanweisung) Florestan die Ketten löst, geschieht immerhin auf Kosten Marzellines, denn sie mußte, allerdings nur in Treitschkes Textfassung, kurz davor aus Roccos Mund die Wahrheit über den vermeintlichen Mann Fidelio hören («O weh mir, was vernimmt mein

Ohr»). Sonnleithner übergeht diskret diese für Marzelline peinliche Erkennungsszene – statt dessen rechtfertigt sich Rocco fadenscheinig («Verfolgt hab' ich euch nur zum Schein») –, während Breuning (1806) nach Roccos Verteidigung folgenden Dialog einschiebt:

JAQUINO *(der sich immer geschäftig um Marzellinen gedrängt hat)*
Zurück seh ich die Hoffnung kehren,
(zu Marzelline, auf Leonore deutend)
er wird nicht länger dich betören, und du wirst wieder gut mir sein.

MARZELLINE *(welche mit Teilnahme, doch mit einiger Schüchternheit gemischt, sich Leonoren zu nähern gesucht und sie immer angeblickt hat)*
Zu staunen kann ich mich nicht wehren,
doch will ich ihres Glücks mich freun!
(zu Jaquino)
Vielleicht sag ich nun nicht nein, nein!

Willy Hess sieht darin die «Lösung auch dieser Spannung» und spricht von einer «Abschlußwirkung» der Episodenhandlung: «Wie sich in der ‹*Zauberflöte*› nicht nur das erlauchte Paar Pamina–Tamino findet, sondern auch Papagena und Papageno als die Vertreter des ungeistigen, triebhaften Menschentypus, so stehen sich am Schlusse des ‹*Fidelio*› zwei gegensätzliche Paare gegenüber. Auch Marzellinens Sehnsucht nach Liebe und ‹stiller Häuslichkeit› wird erfüllt, nachdem sie von ihrem Irrtum geheilt wurde! So schlägt diese Stelle feine Fäden zur ersten Arie [Nr. 1 in den ersten beiden, Nr. 2 in der letzten Fassung. D. H.] der Oper.»[12] Zwar bemerkt Hess richtig, daß Stephan von Breuning «also da mit feinem Empfinden eine Lücke in der Dichtung» (Sonnleithners. D. H.) hat «schließen wollen»[13], aber es kann keineswegs davon die Rede sein, daß der Konflikt zwischen Marzelline und Jaquino sich in Wohlgefallen aufgelöst habe. Was mit den beiden denn nun wirklich geschieht, das geht trotz Breunings Motivationsversuch in dem allgemeinen Befreiungsjubel unter. Wir erfahren nichts über ihr weiteres Schicksal. Alle drei Textautoren hielten dies offensichtlich für völlig belanglos

[12] Willy Hess, Beethovens Oper Fidelio und ihre drei Fassungen, Zürich 1953, S. 131
[13] Ebd., S. 132

und daher auch überflüssig. Die ketzerische Frage drängt sich auf, ob Marzelline, die sich nicht *geirrt* hat, sondern *getäuscht* wurde, nicht unser Mitleid verdient hätte. Der Tonfall, in den Beethovens Musik den Ausruf Marzellines kleidet, kurz, aber eigenständig in der andersgearteten Umgebung, nimmt deutlich für sie Partei.

Bloße Episodenfigur ist auch der Schließer Jaquino, dem die Autoren nicht einmal eine Arie gewährten. Seine Zukunftsvorstellungen sind, im Gegensatz zu Marzelline, ganz auf die unmittelbare Situation des «Einheiratens» abgestimmt, während Marzelline durch Fidelios Auftreten ihre eigenen Grenzen im Ansatz überschreitet («Da kam Fidelio in unser Haus, und seit der Zeit ist alles in mir und um mich verändert»). Marzelline wird durch ihre Arie charakterisiert, während Jaquino nur die traurige Figur des abgewiesenen Freiers abgeben darf («Sie soll mich wenigstens heiraten»). Die Schicht der Hoffnung, die er vertritt, hat im zweiten Akt (der endgültigen Fassung) keinen Platz mehr. Um so bedeutungsvoller eröffnet sie, in der letzten Fassung, die Handlung: «Schon im leichten äußeren Vorspiel zwischen Marzelline und Jaquino ist Unruhe, ein Klopfen nicht nur von außen» (Bloch)[14], ein Hin und Her der Meinungen und der Verbergung des eigentlich Gemeinten. Bereits hier, im scheinbar nur harmlosen Anfangsduett – Tradition der Duett-Introduktion –, liegt die Musik Beethovens auf der Lauer, indem sie die Rolle des geistvollen Kommentators spielt, der auch Marzellines heimliche Gefühle für Fidelio enthüllt: Bei dem Gedanken an ihn («Fidelio hab ich gewählet, / Ihn lieben ist süßer Gewinn») fällt sie unwillkürlich in den musikalischen Tonfall, den Leonore später exponieren wird. Dabei intonieren die Holzbläser (ab T. 87) eine vorher nicht dagewesene kantable Melodie, gleichsam eine höhere musikalische Haltung als der Singspiel-Tonfall des Anfangs. Die Musik, der Wechsel der musikalischen Ebene, spricht hier Marzellines *wahre* Gefühle aus, jenseits des vorhergegangenen Spiels zwischen ihr und Jaquino. Sein Tonfall verbleibt zwar in der Welt des Singspiels, wird aber nicht mit sich allein gelassen, sondern tritt in den Dienst der humorvollen Verdeutlichung der durchaus doppelbödigen Dialogführung, etwa bei der Stelle Jaquinos «wo war ich?» (T. 111), wenn das klopfende Anfangsmotiv plötzlich in abwegigen Modulationen sich verirrt oder bei Jaquinos zögerndem Geständnis seiner Liebe zu Marzelline, wenn er stockend zu durchbrochener, kammermusikalischer Arbeit mit dem Klopfmotiv seine Worte herausstößt. Seine Verlegenheit gerät zur komischen Verzweiflung (T. 135–138: «Kein Wünschen, kein Bitten geht ein») mit einer pathetischen musikalischen Ge-

[14] Bloch, Das Prinzip Hoffnung, a. a. O., S. 1295

bärde. In dem ganzen Duett findet, entgegen dem lockeren, spielerischen Tonfall, eine mehrschichtige «Auseinandersetzung» mit den Erwartungsphänomenen des Klopfens und Pochens statt, und nicht nur im Text, sondern vor allem in der Musik, die somit das reale Klopfen von außen auf das Verborgene der beiden Personen selbst bezieht und auf solche Weise die Bühnenhandlung transzendiert. Wir erfahren durch Beethovens Musik genauer, was in Marzelline und Jaquino jenseits des Spiels vorgeht: ihre Hoffnungen und Wünsche.

Als einzige Figur der Oper macht der Kerkermeister Rocco eine *Entwicklung* durch. Mit voller Absicht ist er an den entscheidenden dramaturgischen Motivationen der Handlung aller drei Fassungen maßgeblich beteiligt: «Sein erster Widerstand gegenüber dem grausamen Gouverneur am Schlusse des ersten Finales (vor dem Chor ‹Leb wohl, du warmes Sonnenlicht›) bedeutet den Anfang eines Erwachens, eines selbständigen Handelns. Aus dem fatalistischen alten Wärter, der bisher sich stumpf in alles fügte, was ‹zu Nutz und Frommen des Staates› angeblich notwendig sein soll, wird immer mehr ein *Mensch*, ein Geschöpf, das sich seines eigenen Gewissens bewußt wird und selbständig denken und handeln lernt» (Willy Hess).[15] Gemeint ist die eigenmächtige kurzzeitige Freilassung der Gefangenen, für die sich Rocco jedoch erst in Treitschkes Fassung rechtfertigen muß. Rocco «schleicht» nun nicht mehr «schüchtern ab» wie bei Sonnleithner und Breuning, sondern findet den Mut, gegen Pizarro den Namenstag des Königs als Rechtfertigung für sein selbständiges Handeln ins Feld zu führen, doch mit dem Hinweis auf Florestan: «Für jenen sei der Zorn gespart» – also mit dem unangenehmen Beigeschmack des Zweckopportunismus. Zu viel Menschlichkeit darf man auf dieser Entwicklungsstufe Roccos noch nicht erwarten: «Von armen Getretenen erwarten zu wollen, für die Großen dieser Welt ihre Haut zu riskieren, hieße von ihnen zu verlangen, ihrer elementarsten Klassenerfahrung zuwiderzuhandeln» (Harry Goldschmidt).[16] Ausdruck dieser Haltung ist die sogenannte «Gold-Arie» Roccos, in der er ebenso freimütig wie erschreckend von der «belebenden Wirkung des Geldes» als Hebel für menschliches Glück zu berichten weiß (Nr. 4 der letzten Fassung). In Sonnleithners Textfassung ist Rocco noch wesentlich realistischer, seiner Klassenlage und deren Ideologie gemäß gezeichnet, darin der Vorlage näher, als in Treitschkes idealisierender Fassung: «Rocco reißt Leonoren nicht mehr die Pistole

[15] Hess, a. a. O., S. 32
[16] Goldschmidt, a. a. O., S. 261 (s. Dokumentation: S. 101)

aus der Hand (um sich hernach mit den matten Worten ‹Für Mißbrauch war ich nur besorgt› im Finale zu entschuldigen), sondern er geleitet den Gouverneur hinauf, nachdem er den beiden Liebenden tröstliche Zeichen gemacht, hernach holt er Leonore und Florestan und führt sie selber vor den Minister, sich Pizarro unerschrocken gegenüberstellend» (Willy Hess).[17] Dies ist erstaunlich für einen Menschen, der im Angesicht des Kerkerelends von Pflichterfüllung zu reden vermochte und auch sonst zu loben pflegte, was hart macht (man denke nur an seine markigen Worte zu Beginn des Terzetts «Gut, Söhnchen, gut»). Andererseits wagt er es nur deshalb, gegen Pizarro auszusagen, weil sich die Situation *ohne sein Zutun* schlagartig geändert hat. Im Grunde bleibt er seiner opportunistischen Grundhaltung treu. Doch immerhin leistet er bereits dann ersten Widerstand gegen Pizarro, als dieser ihn zum Mord an Florestan auffordert («Ich nehm ihm nicht das Leben», singt er kategorisch in dem Duett mit Pizarro). Die Spannung zwischen Pflichterfüllung und persönlichem Mut beherrscht Roccos Entwicklung. Dadurch ist er das verbindende Glied zwischen der Singspiel-Welt des Anfangs und der «geläuterten» Sphäre des Schlußbildes. Treitschkes Textfassung reißt auch ihn mit in den Sog der unaufhaltsamen Idee von dem Sieg des Guten über das Böse.

Dafür steht ein die Ankunft des Ministers. Ist er ein deus ex machina? Er ist es nicht, denn seine Erscheinung ist nicht leibhaftig gemeint, sondern stellvertretend. Mit Bedacht gliederte Treitschke das Schlußbild der Oper aus der linearen Handlung aus – daher der Szenenwechsel – und verlagerte das unfaßbare, weil noch nie dagewesene Geschehen auf die imaginäre, nämlich dem Wesen nach oratorische, mithin primär musikalische Ebene. Es scheint mir daher gleichgültig, daß die Worte des Ministers an die knienden Gefangenen aus dem Sprachrohr der aufgeklärten Monarchie Josephs II. stammen und daß Harry Goldschmidt darin ein «Umsichgreifen der Restauration»[18] sieht, was gewiß richtig ist, das Wesen der konkreten Utopie jedoch kaum erfaßt. Es handelt sich vielmehr um das großartige Bild der Grenzüberschreitung, der Erscheinung des stets Erhofften, *jenseits der politischen Wirklichkeit.* Diese Transzendierung beginnt bereits in der Kerkerszene: In dem Augenblick, als Leonore die Pistole mit den Worten gegen Pizarro richtet «Noch einen Schritt und du bist tot», ertönt die Fanfare, die von Pizarro lediglich als Warnsignal gemeint war: «Geschähe sonst nichts, aus dem Geist und Handlungsraum dieser Musik, dann wäre der Schuß das Sym-

[17] Hess, a. a. O.
[18] Goldschmidt, a. a. O., S. 264 (s. Dokumentation: S. 101)

bol wie der Akt der Rettung, seine Tonika wäre die Antwort auf das Gerufene und den Ruf von Anfang an. Aber diese Tonika findet auf Grund des notwendig apokalyptischen Geists und Handlungsraums dieser Musik, ein Symbol aus dem Requiem, mehr: aus dem geheimen Ostern im Dies irae; es ist das *Trompetensignal.* Dieses Signal, wenn man es äußerlich faßt ... kündet buchstäblich nur die Ankunft des Ministers an ... doch als tuba mirum spargens sonum kündet es bei Beethoven eine Ankunft des Messias an» (Bloch).[19] Leonores möglicher Schuß wäre ein ephemerer Mord an Pizarro, nur äußerlicher Handlungsstoff, wie es der Minister wäre, erschiene er im Kerker.

Ein solches Textbuch steht in striktem Gegensatz zu jeglichem «Kostümtheater» – ein für Beethovens Zeit (und auch für das spätere 19. Jahrhundert noch) bemerkenswerter Zug, der aber zeigt, wie weit der Moralist Beethoven von der herrschenden Opernkonvention abrückte. Kein Wunder, daß er Mozarts italienische Meisteropern als feudalen Mummenschanz ablehnen mußte (und nur die ‹*Zauberflöte*› gelten ließ), wenn auch der *Musiker* Beethoven sehr wohl wußte, was er von Mozart lernen konnte, als er sich gerade die große E-dur-Arie der Fiordiligi («Per pietà, ben mio») aus ‹*Così fan tutte*› als Vorbild zu seinem Leonoren-Monolog erkor. Was bei Mozarts Fiordiligi noch frivole Demaskierung ehelicher Untreue durch Beteuerung des Gegenteils war, wird jedoch bei Beethovens Leonore zur Stilisierung republikanischer Bürgertugend, zur (großartigen) Manifestation idealer und zugleich mutiger Gattenliebe. Der Preis, den Beethoven für die moralische Aufrichtigkeit zahlen mußte, war der Verlust der realistischen Darstellung des Unterschiedes von Wesen und Erscheinung, mit der Mozart in ‹*Così fan tutte*› der untergehenden feudalen Gesellschaft den Spiegel vorhält. Die Einfachheit des ‹*Fidelio*›-Textbuchs, seine lapidare sprachliche Diktion, gilt der Beschwörung der neuen bürgerlichen Ideale, weil sie in der Realität noch nicht eintrafen. Schon die Textfassung Bouillys enthält die Verschränkung von privater Absicht (Befreiung Florestans) und politischer Tat (Befreiung aller Gefangenen), die für die Konzeption Beethovens, die spiralförmige dramaturgische Anlage, entscheidend war, wenn auch in der ersten Fassung der Oper einigermaßen durchkreuzt von der umständlich-ausführlichen Zeichnung des kleinbürgerlichen Milieus, aus dem die Handlung herauswächst.[20] Hinter sich läßt der Stoff auch

[19] Bloch, a. a. O., S. 1295/96

[20] Harry Goldschmidt verteidigt diesen Aspekt der ersten Fassung (s. Dokumentation: S. 101)

bei Beethoven seinen realen Hintergrund[21] und wird statt dessen in den «deutschen Humanismus eingepaßt, der an die bestehenden Machtverhältnisse nicht rührt» (Harry Goldschmidt)[22]. Pizarros Mißbrauch staatlicher Gewalt ereignet sich im ‹*Fidelio*›, und zwar in allen drei Fassungen, innerhalb der aufgeklärten Monarchie, gewissermaßen als «Betriebsunfall». Dennoch fragt Harry Goldschmidt zu Recht: «Wo fand sich ein zweiter, der ähnlich souverän über die Amalgamierung des Textbuchs mit den restaurativen österreichischen Verhältnissen hinwegkomponiert und den schamhaft verkleideten revolutionären Akzent neu gesetzt hätte?»[23] Denn Beethovens «Vorgänger» in der Komposition des Stoffes, Pierre Gaveaux (1798), Ferdinando Paër (1804) und Simon Mayr (1805) waren entweder, wie im Falle des ersteren, nicht genügend musikalisch ambitioniert oder, wie im Falle der anderen beiden Komponisten, besonders des letzteren, zu sehr in der italienischen Operntradition befangen, so daß ihnen der für diesen Stoff notwendige *unkonventionelle* musikalische Zugriff nicht zu Gebote stand.[24] Selbst wenn Richard Engländer in seiner Studie über Paërs ‹*Leonora*› und Beethovens ‹*Fidelio*› bemerkenswerte äußerliche Übereinstimmungen aufdeckte[25], die durch die Tatsache erhärtet werden, daß sich eine Abschrift der Partitur Paërs in Beethovens Nachlaß fand, so ändert das nichts an der inkommensurablen kompositorischen Leistung Beethovens und an seiner ungeahnten Vertiefung des Stoffes eben durch die Musik. Ja, für Beethovens unbotmäßige musikalische Phantasie, die selbst einem Mann wie Goethe die Furcht über den Rücken jagte und den Philosophen Hegel dazu bewog, Beethoven in seinen ‹*Vorlesungen zur Ästhetik*› nicht zu erwähnen, war der Stoff nicht einmal mehr als ein äußerer Anlaß; um die restaurative Theaterzensur brauchte er sich nicht zu kümmern. «Die Musiker werden doch von der Zensur nicht betroffen, wenn sie nur wüßte, was Sie denken, wenn Sie Ihre Musik schreiben», notierte Franz Grillparzer in eines der Konversationshefte des tauben Beethoven.

Und in der Tat: Was dachte sich denn wohl Beethoven dabei, Pizarro und sein Gefolge zu den Klängen eines sinistren Marsches auftreten zu lassen, eines gegen den Strich gebürsteten Marsches, der gleichsam «aus

[21] Vgl. die Ausführungen Werner Wolfs – s. Dokumentation: S. 80
[22] Goldschmidt, a. a. O., S. 263 (s. Dokumentation: S. 101)
[23] Goldschmidt, ebd., S. 270 (s. Dokumentation: S. 101)
[24] Vgl. Wolf – s. Dokumentation: S. 80
[25] Richard Engländer, Paërs «Leonora» und Beethovens «Fidelio», in: Neues Beethoven-Jahrbuch IV, Augsburg 1930, S. 118–132

dem Tritt» geraten ist, weil metrische Betonungsordnung und harmonische Funktionen gleich zu Beginn gegeneinanderstehen? Das ist keine bloße musikalische «Einlage», sondern ein Charakterstück. Beethoven sagt hier durch seine Musik, was von den Leuten zu halten ist, die da auftreten. Der erste Librettist, Sonnleithner, sah sich indessen genötigt, eine devote Eingabe an die Zensurbehörde zu richten[26], aus der man erfährt, daß ein Verbot der Oper nicht in Frage kommen könne, da die Handlung im 16. Jahrhundert (!) spiele[27] und außerdem *gute Opernbücher selten* seien, zumal solche mit dem «rührendsten Gemälde der weiblichen Tugend». Am Schluß heißt es sogar, die Bearbeitung der französischen Vorlage sei nicht zuletzt deswegen so vorzüglich gelungen, weil «der bösgesinnte Gouverneur nur eine Privatrache ausübe» (!). Beethovens Musik weiß es besser.

Der dramaturgische Aufbau des ‹*Fidelio*›, namentlich in der konzentrierten Fassung Treitschkes, seine stufenweise äußere Handlung, ergreift auch das innere Geschehen, das wesentlich von den musikalischen Nummern getragen wird. Knotenpunkte der äußeren und inneren Handlung sind die vertonten Dialoge Nr. 8 (Duett Pizarro und Rocco), Nr. 12 (Melodram und Duett zwischen Leonore und Rocco) und Nr. 14 (Kerker-Quartett), die ja, bis auf Nr. 12, in der französischen Vorlage, dem dort durchgängigen Singspiel-Charakter des Stückes entsprechend, tatsächlich *gesprochene* Dialoge sind. Den Gegenpol dazu bilden die beiden großen Monologe der beiden Hauptfiguren (Leonore Nr. 9 und Florestan Nr. 11), die zudem beide an zentraler Stelle des dramaturgischen Plans stehen: während Florestans Monolog den zeitlichen Scheitelpunkt des gesamten Ablaufs bildet und darüber hinaus die Eröffnung eines Aktes zugewiesen bekommt, in dem sonst keine andere Soloszene mehr stattfindet, nimmt Leonores Monolog die Mitte des ersten Aktes ein als der sechste von insgesamt zwölf Auftritten. Um den dramaturgischen Stufenaufbau auch musikalisch zu unterstützen und zu vertiefen, macht sich Beethoven die Eigenart der Nummernoper zunutze, die verschiedenen Grade der Handlungsdichte und -art – ob innere oder äußere – durch die gezielte Auswahl des musikalischen Tonfalls und der Gattungen (Arientypen und Ensembleformen) auch *hörbar* zu machen. Dabei verfährt er konsequent diskontinuierlich: So wie sich die Handlung stetig auf etwas, was vorher noch nicht vorhanden war, zubewegt, so ist

[26] Der Text der Eingabe s. Dokumentation: S. 88

[27] Die französische Bearbeitung von Jules Barbier und Michel Carré, die am 8. Mai 1860 in Paris aufgeführt wurde, verlegt die Handlung sogar in das 15. Jahrhundert

auch jede musikalische Nummer etwas grundsätzlich Neues gegenüber der vorangegangenen. Das zeigt sich schon gleich zu Beginn der Oper, innerhalb der Singspiel-Sphäre: Das Zank-Duett zwischen Marzelline und Jaquino ist eine ganz andere musikalische Wirklichkeit als die Arie Marzellines. Hier monologischer Blick nach innen, dort dialogischer Wechsel der Spiel-Ebenen; hier die Wahrheit – im Monolog wird in der Regel nicht gelogen –, dort die Verstellung; hier liedhafter Tonfall, gekräftigt durch eine subtile motivische Struktur, wie bereits erwähnt, dort humoristische musikalische Wiedergabe des sprachlichen Dialogs, zwar in lockerem Tonfall, von der sich Marzellines monologischer Einschub um so deutlicher abhebt, aber nicht minder motivisch streng durchgearbeitet als Marzellines nachfolgende Arie. Die ungewöhnliche Dichte der musikalischen Struktur ist keine Entgleisung des Symphonikers Beethoven, der angeblich die dramatische Situation nur zum äußeren Anlaß nimmt, sich musikalisch auszusprechen, sondern tritt, gleichsam in einer Art Zerreißprobe, die aber die innere Spannung nur noch erhöht, in den Dienst der Situationsvertiefung. Die Arie Marzellines ist zwar dramaturgisch hinreichend motiviert durch die voraufgegangene gesprochene Passage, überschreitet aber den handgreiflichen Musizieranlaß, indem die in ihrem Text geäußerte Glücksvorstellung musikalisch auf eine höhere Erwartungsebene gehoben wird, als es der Anlaß verheißt. Die Coda, im Anschluß an die zweite Strophe, führt, in der musikalischen Haltung, nach draußen, bricht aus dem gewohnten strophischen Rahmen aus und visiert den Zustand der erfüllten Hoffnung an – einziger über zweieinhalb Takte ausgehaltener Hochton der Singstimme auf das Wort «Lust» – und absoluter höchster Ton zwei Takte später auf das Wort «glücklich» –, um jedoch in den Schlußtakten diese Gebärde der Zuversicht wieder zurückzunehmen: fragende Fermate in der Singstimme (T. 79) und leiser Abgang des Orchesters. So genau registriert Beethovens Musik den vorläufigen Stand der Hoffnung zu Beginn der Oper, so wenig selbstherrlich gebärdet sie sich, gerade weil sie nicht der Opernkonvention verfällt. Denn die sieht für einen Arienschluß keine fragende Piano-Geste vor, die dazu auch noch absteigt.

Mit dem Quartett Nr. 3, dem ersten Ensemble-Satz, betreten wir einen völlig anderen Bereich, obwohl wir uns noch innerhalb der Singspiel-Handlung befinden. Leonore ist inzwischen aufgetreten und verstrickt sich in den Widerspruch zwischen ihrer wahren Absicht und dem Schein, den sie bei Marzelline und Rocco erweckt. Die von Rocco durchaus ohne Hinterhalt formulierte Frage: «Meinst du, ich könnte dir nicht ins Herz sehen?» gerät, wider seinen Willen, zu ungeahnter, notwendiger Aufdeckung der unterschiedlichen Hoffnungsschichten, wird so, ironisch fast, zur inneren Motivation des nachfolgenden Ensembles. Denn was jeder der Beteiligten in seinem «Herz», in seinem Innenleben verbirgt, das fächert der Quartettsatz auf. Es handelt sich um die Verschränkung von vier Monologen, denn jeder singt «für sich» – ein dialektisches Bild für die widerspruchsvolle Einheit dieses Augenblicks der unverstellten inneren Handlung. Die allen vier Menschen gemeinsame *Ungewißheit* brachte Beethoven auf den singulären Gedanken, so etwas wie die Quadratur des Kreises zu riskieren. In ebenso sinnfälliger wie kunstvoller Weise realisierte er die Verschränkung der verschiedenen Interessen im strengsten Verfahren der Mehrstimmigkeit: im Kanon. Wenn auch Berlioz in seinem Aufsatz über ‹*Fidelio*› auf ähnliche Fälle bei Rossini, etwa in dessen ‹*Moses*› («Mi manca la voce») verweist, so ist die einzigartige musikdramaturgische Stellung und Ausformulierung des Beethovenschen Kanons unbestreitbar. Diese rein musikalisch wirksame Transzendierung der puren Bühnen-Situation gibt dem Symphoniker Beethoven recht. Denn wie anders als durch die Musik läßt sich die Verschränkung von vier Monologen gleichzeitig hörbar machen? Zudem kommt hier, zum erstenmal im Verlauf der Handlung, die tiefere Wahrheit über Fidelio ans Licht und die Gefahr, in die sich die verkleidete Leonore begeben hat. Ist der Kanon für die äußere Handlung belanglos – bezeichnenderweise hat ihn Sonnleithner eigenmächtig eingefügt –, dann ist er um so bedeutungsvoller für die innere. Und könnte das Stillstehen der Zeit besser sinnfällig gemacht werden als durch das architektonische Verfahren des Kanons, einer räumlichen Mehrstimmigkeit ohne Entwicklung? Der Eröffnung der seelischen Innenräume entsprechend ist der Kanon durchweg leise gehalten – jeder singt ja für sich –; die beiden plötzlichen Forte-Schläge am Schluß wirken wie der Rückruf in die Bühnenrealität.

Folglich ist Roccos «Gold-Arie» wieder hemdsärmelige Außenhandlung; sie führt aus, was die Gebärde des Geldzählens vorher versprach. Mit auffälligem Nachdruck ist, wie in Marzellines Arie, die musikalische Faktur behandelt. Zugrunde liegt der konventionelle Typus der Buffo-Arie. Er wird so mit motivischer Detailarbeit und formalen Feinheiten (Staffelung in zwei jeweils dreiteilige Strophen mit Tempo- und Taktwechsel!), ferner mit genauer Beachtung des unterschiedlichen Tonfalls (Umschlag in pathetische Diktion in der zweiten Hälfte des Mittelteils, ab T. 21) und mit durchaus tonmalerischen Zügen ausgestattet (absteigender chromatischer Baß bei «traurig schleppt sich fort das Leben») und ab- und aufsteigende Skalenläufe (bei «wenn's in den Taschen fein klingelt und rollt») und derart in einen dynamisch-geballten Ablauf gefaßt, daß sich der Eindruck aufdrängt, man müsse um die

Ecke hören; hier sei nicht unbedingt das gemeint, was es an Ort und Stelle ist. Der Schlüssel zur Interpretation dieser vermeintlich harmlosen Buffo-Arie liegt vielleicht in ihren beiden Schlußtakten. Wider die Regel und völlig überraschend erklingen die beiden Schlußakkorde (gemeinsam mit dem Quint*fall* der Singstimme) leise. Die erste Strophe endigt mit gewöhnlichen Forte-Schlägen (mit Quart*aufstieg* im Baß). Dem Gold ist möglicherweise doch nicht so zuversichtlich zu trauen, wie Rocco es vorgibt. Die musikalische Haltung der Arie verweist den Inhalt in das Gebiet fragwürdiger Lustigkeit und zeichnet dafür ein scharfes Charakterbild des Kerkermeisters.

Mit dem Terzett Nr. 5, das bei Bouilly nicht vorkommt, wird die Ebene des Singspiels verlassen («Man fühlt, daß das Drama beginnt», sagt Berlioz). Zum erstenmal treten sich die Personen in wechselnden Konstellationen gegenüber, artikulieren ihre verschiedenen Charaktere. Dies geschieht in drei Phasen, in denen die drei Singstimmen alle Möglichkeiten des Mit-, Gegen- und Nacheinander durchlaufen. Zunächst reagieren Rocco, Leonore und Marzelline nacheinander einzeln auf diejenigen Worte Leonores im vorhergegangenen Dialog, die den unmittelbaren Musizieranlaß angeben, wenn auch der Ensemble-Satz insgesamt mit seiner allmählichen Aufschließung psychologischer Schichten den Anlaß weit übersteigt (Leonore: «Ich habe Mut und Stärke!»). Schon hier machen sich die Unterschiede im Tonfall geltend: Roccos eher gemütlicher Haltung stehen Leonores erstmalig entschieden pathetische Diktion – trotz motivischer Verwandtschaft mit Roccos Anfangsmotiv – und Marzellines weicher Tonfall gegenüber. Die zweite Phase (ab T. 43) vereinigt in trügerischer, nur scheinbarer Übereinstimmung die kontroverse Zuversicht der drei Personen, die glückliche Vereinigung zu erreichen. Der doppelte Boden, auf dem sich Leonore bewegt, wird immer gefährlicher. Als Ausdruck für die widersprüchliche Übereinstimmung wählt Beethoven die homophone Schichtung der gegensätzlichen Textzeilen. Diese Stelle steht in der Tonart des zweiten Finales, in dem C-dur, das immer wieder in dieser Oper die Erfüllung der Hoffnung bezeichnet. Als ruckartiger, nicht vorhersehbarer Übergang zur dritten Phase tritt ein musikalisch auskomponiertes «Doch» dazwischen, ein verklingendes, chromatisch aufsteigendes Unisono der Streicher, das auf rein musikalischer Ebene plötzlich aufkeimende Angst und bange Ungewißheit ausspricht: Rocco kommt auf Pizarro zu sprechen. So groß ist seine Angst vor ihm, daß er ihn nicht nur leise, sondern auch zögernd und zweimal anruft, ja fast beschwört, um ihn zu bannen – Freud nennt das «Identifikation mit dem Angreifer» –, bevor die dritte Phase in Gang kommt. Pizarros Schatten fällt auch auf die Musik, denn es erklingt seine Tonart d-moll/D-dur. Jeder singt jetzt für sich und doch alle gleichzeitig. Bedeutsam ist dabei, wie sich Leonore allmählich von den anderen beiden abhebt (ab T. 109) und für sich im Raum schwebt. Die kurze, schnelle Schluß-Stretta ruft sie wieder zur Ordnung (Rocco: «Nur auf der Hut, dann geht es gut»). Die Ehe zwischen Marzelline und dem vermeintlichen Fidelio ist jetzt für Rocco beschlossene Sache («Gebt euch die Hand»). Musikalische und textliche Konklusion sind vollkommen identisch. Alle reden vom Sehnen, doch jeder meint ein anderes. Die musikalische Zusammenführung Marzellines und Leonores am Schluß ist bloßer Schein. Leonore hat die Singspiel-Sphäre längst verlassen.

Sonnleithner setzte hier mit voller Absicht einen Aktschluß, denn nun kommt eine völlig andere Ebene, diejenige Pizarros selbst. Bei Treitschke geht es weiter, da ja keine Verwandlung nötig ist und schon Breuning (trotz Verwandlung!) die ersten beiden Akte zu einem zusammengezogen hat. Dies ist bei Treitschke noch eher gerechtfertigt, weil die ursprünglichen Musiknummern 3 (Terzett Rocco–Jaquino–Marzelline «Ein Mann ist bald genommen») und 10 (Duett Leonore–Marzelline «Um in der Ehe froh zu leben») aus der ‹*Leonore*› von 1805 jetzt entfielen, weil sie die Singspielhandlung allzusehr in den Vordergrund rückten.

Nach dem bereits besprochenen Marsch (Nr. 6 des ‹*Fidelio*›) tritt Pizarro auf. Seine Arie ist weder eine konventionelle Auftritts-Arie noch hält sie sich im Rahmen ihres Typus, des Typus der Rache-Arie. Bisher im Verlauf der Oper ungehörte musikalische Ausdrucksmittel werden aufgeboten, um ein angemessenes Bild von der Bösartigkeit und Gefährlichkeit des Gouverneurs zu malen. Beethoven bewegt sich hier auf ureigenstem Gebiet. Es ist nutzlos, nach «Vorbildern» zu fahnden. Allenfalls Mozarts zweite Arie der Königin der Nacht, ebenfalls in d-moll, könnte von ferne das Muster abgeben, doch steht zwischen Mozart und Beethoven der grundlegende Wechsel in der musikalischen Haltung. So eine Stelle wie das drastisch-exzessive musikalische Demonstrieren des Wortes «schreien» (T. 80–83) oder wie der auf den Hörer (Zuschauer) zustürmende Beginn bis zum Einsatz der Singstimme, die mit dreimaligem Ausruf «Ha» förmlich nach Sprache ringt, weil Pizarro so in Wut ist – solch unbotmäßiger Ausdruck wäre bei Mozarts diskreter musikalischer Haltung undenkbar. Der Beginn der Arie Beethovens ist ein einzigartiges Zeugnis für die musikalische Vergegenwärtigung eines Augenblicks: Auf einen leisen, dominantischen Paukenwirbel folgt in gleichzeitigem Crescendo und auskomponiertem Beschleunigen eine Art Sog, aus dem die Tonika, das Hier-und-Jetzt des eigentlichen Arienbeginns, herauswächst. Musikalisch hebt sich die empirische Person des Gouverneurs über sich selbst hinaus zur Verkörperung des Bösen schlechthin. Für diese gewaltige Wirkung zahlt Beethoven den Preis der einseitigen Wertung. Es ist keine differenzierte Gestalt mehr, sondern die verkörperte Wut und Bosheit an sich.

In dem nachfolgenden Duett Pizarros mit Rocco triumphiert der Musiker Beethoven über den dramatischen Anlaß, der in der französischen Vorlage bloßer Dialog ist. Unaufhaltsam geht die Musik weiter. Scharf sind die beiden Charaktere musikalisch voneinander unterschieden. Roccos einfältigen Singspiel-Tonfall nimmt Pizarro anfangs, aus Berechnung, zum Schein auf und zeigt dann ziemlich bald sein wahres Gesicht. Von dem Wort «morden» an, in der plötzlich entfernten Tonart Cis-dur von Pizarro herausgestoßen, wird es ernst. Mit allen ihm zur Verfügung stehenden musikalischen Mitteln der unheimlichen Drohung vergegenwärtigt Pizarro dem erschrockenen Kerkermeister sein Vorhaben. Man sieht es förmlich vor sich: «Ein Stoß» – Pause, atemlos – «und er verstummt». Dieser szenische Moment, für sich gesehen, entbehrte nicht lächerlicher Züge – Pizarro zeigt bei den Worten «ein Stoß» den Dolch –, würde er ohne die Musik Beethovens dargeboten. Ebenso die Stelle zuvor «dann werd' ich selbst vermummt mich in den Kerker schleichen», die bei ihrer Wiederholung eine noch unheimlichere musikalische Schleichfigur hervorruft. Die intensive Steigerung durch Wiederholung wird sinnfällig allein dadurch, daß nicht gesprochen wird. Die Schlußpassage blendet die entgegengesetzten Interessen Pizarros und Roccos, negative und opportunistische Hoffnung, übereinander. Die aufschäumende Geste des Orchesternachspiels deutet an, daß Pizarro zu allem entschlosen ist.

Darauf reagiert die «in heftiger innerer Bewegung» von der anderen Seite auftretende Leonore mit ihrem großen Monolog, der, wie kaum ein zweiter der Opernliteratur, das Wesen dieser Gattung verkörpert. Der gerade abgehende Gegenspieler, dem sie «mit steigender Unruhe» nachsieht, erfaßt so ihr Innenleben, daß sie sich erst von dem äußeren Eindruck *lösen* muß, um zu sich selbst zu kommen. Der wahre Musizieranlaß – die Kategorie trifft in diesem dramaturgischen Kontext strenggenommen gar nicht die Komplexität des äußeren und inneren Geschehens – liegt in Leonore selbst beschlossen: «Die Ablösung ... wird ganz körperlich gefaßt. Leonore ... eilt wie gebannt ... Pizarro noch ein paar Schritte nach, das ist wohl eindeutig durch das Allegro agitato bezeichnet. Erst im 4. Takt hält sie ein: ‹Abscheulicher! Wo eilst du hin?›» (Wolfgang Osthoff).[28] Der Monolog Leonores als Ganzes besitzt seine

[28] Wolfgang Osthoff, Beethovens «Leonoren»-Arie, in: Kongreß-Bericht Bonn 1970, Kassel 1970

eigene, innere Dramaturgie, nimmt eine Sonderstellung im Ablauf der Handlung ein. Auch deshalb wird der Loslösungsprozeß von der Außenhandlung so deutlich vollzogen. Wie sich zeigen wird, kehrt er kreisförmig wieder dahin zurück, so daß er keineswegs isoliert aus der Handlung herausfällt, sondern mit ihr organisch verbunden ist. Wolfgang Osthoff verweist auf die Intention Beethovens, Leonore in diesem Monolog ihre Identität finden und darstellen zu lassen. Das gelang aber erst in der Textfassung Treitschkes, die sich so weit von der Opernkonvention entfernt hat, daß Beethoven seinerseits die Konvention der «Szene und Arie» – meist bloße Konzert-Arie – hinter sich lassen konnte. Der Vergleich der Fassungen, insbesondere des einleitenden Rezitativs, das ja die Aufgabe hat, den Weg des In-sich-selber-Kehrens zu weisen, ergibt folgenden Befund: «Noch nicht voll verwirklicht ist ... die Bewegung der beginnenden Verinnerlichung, d. h. das Finden der Identität im Sich-Zurückziehen aus der Außenwelt, von den Anderen. Das Accompagnato von 1805 steht dem Charakter nach schon im Banne des folgenden Adagio.»[29] Der Grund dafür ist der gänzlich von der letzten Fassung verschiedene Musizieranlaß: «Die Außenwelt, aus der sich Leonore in sich selbst zurückgezogen hat, ist hier ja auch noch von kleinem Format. 1805 ging der Leonoren-Szene die Szene zwischen ihr und Marzelline mit dem gefühlsam-humorvollen Duett ‹Um in der Ehe froh zu leben› (mit Solovioline und Solocello) voraus, das 1814 ganz gestrichen wurde.»[30] Der Text des Rezitativs von 1805 lautet:

Ach, brich noch nicht, du mattes Herz!
Du hast in Schreckenstagen
Mit jedem Schlag ja neuen Schmerz
Und bange Angst ertragen.
Ach, brich noch nicht, du mattes Herz!

In der endgültigen Fassung zieht sich Leonore nicht nur aus der Außen-, sondern aus der *Gegen*welt zurück. Diese dramaturgische Idee hatte auch Paër in seiner ‹*Leonora*›, doch mehr auch nicht. Denn die Darstellung der Identität Leonores, wie sie im Adagio-Teil der Arie Beethovens sich ereignet und aus der heraus Leonore erst die «treue Gattenliebe» entwickelt (im Allegro-Teil, der wieder nach außen, und zwar zur *Tat* drängt), fehlt bei Paër völlig. Eine solche dramaturgische Idee war innerhalb der Opernkonvention nicht vorgesehen. Paërs Mit-

[29] Ebd., S. 195
[30] Ebd.

telteil (Cavatina) «bezieht sich ausdrücklich auf den als gegenwärtig empfundenen Gatten» (Osthoff)[31]. Die Aufschließung der Tiefendimension von Leonores Persönlichkeit geht bei Beethoven einher mit einem abrupten Wechsel der Tonart und der Besetzung: Nach der Charakterisierung Pizarros als eines Menschen, in dessen Seele «Zorn und Wut» toben, stellt Leonore unvermittelt sich und ihre Ablösung von Pizarro daneben. Das Streicher-Tremolo weicht plötzlich dem hellen Bläserklang und das D-dur Pizarros dem hoffnungsvollen C-dur Leonores. Drei Takte lang bleibt der C-dur-Akkord der Holzbläser liegen: «So leuchtet mir ein Farbenbogen», singt Leonore dazu. Und sie geht danach noch einen Schritt weiter, bevor sie ihre Identität *darstellen* kann: Sie bezieht die Vergangenheit mit ein («der spiegelt alte Zeiten wieder»). Aus der *Reaktion* des Anfangs ist, über die *Vergangenheit*, die Wendung nach innen erfolgt. Aus der so gewonnenen *Reflexion* und Identität heraus wächst die *Aktion*, das Drängen nach außen, die Beziehung zur Außenwelt, zu Florestan. Ähnlich wie in Marzellines Arie wird die Hoffnung dargestellt als etwas, das errungen werden muß, und zwar hier als *Tat*. Die Musik Beethovens spiegelt das wider in fast übermenschlichen Skalenaufstiegen bis zum hohen «h» im Adagio-Teil und in den riesigen Intervallen des Allegro-Teils. Der Text Treitschkes gibt für all das nur den Fingerzeig. Man mag ihn belächeln, ihn «infantil» nennen[32], die musikalische Interpretation Leonores gewiß nicht.

Mit dem Monolog Florestans (Treitschkes Nr. 11) erreicht Beethoven einen bisher in der Oper unerhörten Ausdrucksbereich, den extremen Seelenzustand der Halluzination in der Fieberekstase. Wieder, wie bei Leonores Monolog, gelingt es erst der letzten Fassung, die drei Stufen Gegenwart, Vergangenheit und Zukunft zu verwirklichen. Umgekehrt wie bei Leonores Monolog ist es diesmal der Schlußteil, die Zukunftsvision, die in der ersten Fassung fehlt. Dort erinnert sich Florestan an die schönen Tage mit Leonore, hier erschaut er «in einer an Wahnsinn grenzenden, doch ruhigen Begeisterung» Leonore als rettenden Engel, als Wunscherfüllung. Aus welcher Atmosphäre heraus Florestans Ekstase entsteht, spricht das umfangreiche Orchestervorspiel aus, das mehr ist als nur «Einleitung» des neuen Aktes. Was Florestan mit den ersten Worten seines Rezitativs meint, hat Beethovens Musik viel erschreckender vorweggenommen. Der Ausruf «Gott! Welch Dunkel hier» läßt

[31] Ebd.

[32] So Ulrich Schreiber in seinem Aufsatz «Wunschbilder des erfüllten Augenblicks – Zu Beethovens Oper ‹Fidelio›», der im Beiheft zur Gesamtaufnahme des «Fidelio» EMI 1 C 157–02 125/27 abgedruckt ist

denn auch die Singstimme für einen Moment völlig mit sich allein. Wo hätte man sonst einen solchen Rezitativ-Anfang gehört! Der freie Einsatz der Singstimme auf dem hohen «g» steht besonders isoliert da, weil das Orchester im Takt vorher ein absteigendes Motiv hatte. (In der ursprünglichen Fassung verhielt es sich genau umgekehrt, also durchaus nicht ungewöhnlich.) Florestan findet seine Identität, wie Leonore, im langsamen Teil seiner Arie, aber in der *Vergangenheit* («Wahrheit wagt' ich kühn zu sagen») und nicht, wie Leonore, in der *Hoffnung*. Die stellt sich ihm dar als Vision der Freiheit «mit übermenschlichen Kadenzen aufsteigend, in Ohnmacht zerbrechend, verlöschend» (Bloch)[33]. Berlioz bewundert die «ununterbrochene Melodie der Oboe»[34], mit der Beethoven die Erscheinung der Stimme Leonores vergegenwärtigt. Wer wollte da noch an die Opernkonvention denken!

Die Spannung nach vorn ist nun nicht mehr aufzuhalten. Ohne auf Roccos Unbekümmertheit zu achten, löst sich Leonore endgültig in dem Duett Nr. 12 von der Kerker-Situation los, ihre Hoffnung ist zur Gewißheit geworden. Im C-dur des Befreiungsfinales singt sie jubelnd: «Gewiß, ich löse deine Ketten.» Für diesen Moment ist auch die musikalische Situationsschilderung der unterirdischen Geschäftigkeit (Rollfigur im Baß) vergessen. Die Stufen der Hoffnung sind durchschritten. Wenn dann die Trompeten-Fanfare erklingt, dann ist das nicht ein Handlungssignal, sondern die Musik ist selber der Eingriff in die Realität.

Damit stößt Beethoven an die Grenze der Handlung. Es geht jetzt um mehr als um die Überwindung Pizarros. Die Musik verschmilzt zwar mit der Bühnenaktion, aber sie illustriert sie nicht. Nach der Fanfare bricht sie in einen unbeschreiblichen Befreiungstaumel aus, der alle Worte übersteigt. Das ist Beethovens unverzichtbare Botschaft: Mut zu machen, daß um Freiheit zu kämpfen sich lohnt.

[33] Bloch, a. a. O., S. 1295

[34] Berlioz, a. a. O., S. 66 (s. Dokumentation: S. 174)

Dietmar Holland

Inhalt der Oper
Nach der letzten Fassung von 1814

Als Opfer willkürlicher Gewalt hält Don Pizarro, der Gouverneur eines Staatsgefängnisses in der Nähe von Sevilla, politische Gefangene verborgen, darunter auch seinen persönlichen Widersacher Florestan. Dessen Gattin Leonore hat sich, als Mann verkleidet und unter dem Namen Fidelio, bei dem Kerkermeister Rocco anstellen lassen und hilft ihm bei seiner Arbeit. Marzelline, Roccos Tochter, hat sich in den vermeintlichen Mann Fidelio verliebt. Sie weist daher gleich zu Beginn der Oper das Werben des Schließers Jaquino um ihre Hand zurück. Leonore sieht sich konfrontiert mit dem Widerspruch zwischen ihrer angenommenen Rolle in der Stube des Kerkermeisters und ihrer wahren Absicht: Sie will Florestan unter den Gefangenen suchen, finden und befreien. Es gelingt ihr, Rocco dazu zu bewegen, daß er sie mit in den geheimsten Kerker nimmt, wo sie Florestan vermutet, da sie ihn beim Auftritt der Gefangenen vergeblich gesucht hat.

Rocco hat indessen von Pizarro den Auftrag erhalten, für Florestan in dessen Kerker ein Grab zu schaufeln. Pizarro selbst will Florestan ermorden, denn es hat sich überraschend der Staatsminister Don Fernando angekündigt, das Gefängnis zu besichtigen. Er hat erfahren, daß einige politische Gefangene unrechtmäßigerweise festgehalten werden. Leonore hat das Gespräch zwischen Pizarro und Rocco belauscht und ist jetzt zu allem entschlossen. Sie gräbt mit Rocco im Kerker Florestans das Grab und erkennt entsetzt in dem Gefangenen ihren Gatten Florestan, den sie, koste es, was es wolle, befreien will. Auf das verabredete Zeichen hin schleicht Pizarro mit gezücktem Dolch herbei. Leonore setzt nun alles auf eine Karte: Sie gibt sich zu erkennen, wirft sich vor den Gatten, um ihn vor dem Dolch Pizarros zu schützen und schreckt nicht einmal davor zurück, auf Pizarro die Pistole zu richten. Sie würde ihn sogar erschießen, erklänge nicht in diesem Augenblick das Trompetensignal, das die Ankunft des Ministers ankündigt. Damit ist die äußere

Aus der Freskenfolge ‹Fidelio› in der Wiener Oper von Moritz von Schwind (1804–71), 2. Aufzug 3. Auftritt

Handlung zu Ende. Der Schluß, die allgemeine Befreiung aller Gefangenen, hier stellvertretend für die Menschheit, ist ein «Wunschbild des erfüllten Augenblicks» (Ernst Bloch).

Ludwig van Beethoven zur Zeit der 1. Fassung seiner Oper «Fidelio». Das Ölbild ist eines von vier erhaltenen Beethoven-Porträts des Malers, Dichters und Musikers Joseph Willibrord Mähler. Beethoven besaß es bis zu seinem Tod; vielleicht, weil es eine ähnlich appellartige Haltung zeigt, wie seine Musik.

Joseph Sonnleithner/Georg Friedrich Treitschke

Fidelio

Oper in zwei Aufzügen (Fassung von 1814)

Musik von Ludwig van Beethoven op. 72
Uraufführung dieser Fassung am 23. Mai 1814
im Wiener Kärntnertortheater

Textbuch

Anm. d. Hg.: Die Textbücher der ersten beiden Fassungen von 1805 und 1806 und Varianten sind abgedruckt in: Willy Hess, Beethovens Oper Fidelio und ihre drei Fasssungen, Zürich 1953, S. 203–253.

Reihenfolge der Musiknummern

Ouvertüre

Erster Aufzug

Nr. 1.	*Duett.* Jetzt, Schätzchen, jetzt sind wir allein
Nr. 2.	*Arie.* O wär' ich schon mit dir vereint
Nr. 3.	*Quartett.* Mir ist so wunderbar
Nr. 4.	*Arie.* Hat man nicht auch Gold beineben
Nr. 5.	*Terzett.* Gut, Söhnchen, gut
Nr. 6.	*Marsch*
Nr. 7.	*Arie mit Chor.* Ha, welch ein Augenblick!
Nr. 8.	*Duett.* Jetzt, Alter, hat es Eile!
Nr. 9.	*Rezitativ.* Abscheulicher! Wo eilst du hin? *Arie.* Komm, Hoffnung
Nr. 10.	*Finale.* O welche Lust, in freier Luft

Zweiter Aufzug

Nr. 11.	*Rezitativ.* Gott! Welch Dunkel hier! *Arie.* In des Lebens Frühlingstagen
Nr. 12.	*Melodram.* Wie kalt ist es *Duett.* Nur hurtig fort
Nr. 13.	*Terzett.* Euch werde Lohn
Nr. 14.	*Quartett.* Er sterbe!
Nr. 15.	*Duett.* O namenlose Freude!
Nr. 16.	*Finale.* Heil sei dem Tag

Personen

Don Fernando, *Minister*	*Bariton*
Don Pizarro, *Gouverneur eines Staatsgefängnisses*	*Bariton*
Florestan, *ein Gefangener*	*Tenor*
Leonore, *seine Frau unter dem Namen Fidelio*	*Sopran*
Rocco, *Kerkermeister*	*Baß*
Marzelline, *seine Tochter*	*Sopran*
Jaquino, *Pförtner*	*Tenor*
Erster Gefangener	*Tenor*
Zweiter Gefangener	*Baß*

Wachthauptmann. Offiziere. Soldaten. Staatsgefangene. Volk

Ort: Spanisches Staatsgefängnis, einige Meilen von Sevilla entfernt.
Zeit: 18. Jahrhundert

Spieldauer: 2½ Stunden

Erster Aufzug

Der Hof des Staatsgefängnisses.

Im Hintergrund das Haupttor und eine hohe Wallmauer, über die Bäume hervorragen. Im geschlossenen Tor selbst ist eine kleine Pforte, die für einzelne Fußgänger geöffnet wird. Neben dem Tor das Stübchen des Pförtners. Die Kulissen, von den Zuschauern links, stellen die Wohngebäude der Gefangenen vor, alle Fenster haben Gitter, und die mit Nummern bezeichneten Türen sind mit Eisen beschlagen und mit starken Riegeln verwahrt. In der vordersten Kulisse ist die Tür zur Wohnung des Gefangenenwärters. Rechts stehen Bäume, mit eisernen Geländern eingefaßt, welche nebst einem Gartentor den Eingang zum Schloßgarten bezeichnen.

Erster Auftritt

Marzelline plättet vor ihrer Tür Wäsche; neben ihr steht ein Kohlenbecken, in dem sie den Stahl wärmt. Jaquino hält sich nahe bei seinem Stübchen; er öffnet die Tür mehreren Personen, die ihm Pakete übergeben, die er in sein Stübchen legt.

Nr. 1: Duett

JAQUINO *(verliebt und sich die Hände reibend)*
Jetzt, Schätzchen, jetzt sind wir allein,
Wir können vertraulich nun plaudern.

MARZELLINE *(ihre Arbeit fortsetzend)*
Es wird ja nichts Wichtiges sein,
Ich darf bei der Arbeit nicht zaudern.

JAQUINO Ein Wörtchen, du Trotzige du!

MARZELLINE So sprich nur, ich höre ja zu.

JAQUINO Wenn du mir nicht freundlicher blickest,
So bring ich kein Wörtchen hervor.

MARZELLINE Wenn du dich nicht in mich schickest,

Verstopf ich mir vollends das Ohr.

JAQUINO Ein Weilchen nur höre mir zu,
Dann laß ich dich wieder in Ruh'.

MARZELLINE So hab ich denn nimmermehr Ruh';
So rede, so rede nur zu.

JAQUINO Ich habe zum Weib dich gewählet,
Verstehst du?

MARZELLINE Das ist doch klar.

JAQUINO Und, wenn mir dein Jawort nicht fehlet,
Was meinst du?

MARZELLINE So sind wir ein Paar.

JAQUINO Wir könnten in wenigen Wochen –

MARZELLINE Recht schön, du bestimmst schon die Zeit.
(Man pocht.)

JAQUINO Zum Henker das ewige Pochen!

MARZELLINE So bin ich doch endlich befreit!

JAQUINO Da war ich so herrlich im Gang,
Und immer entwischt mir der Fang.

MARZELLINE Wie macht seine Liebe mir bang,
Wie werden die Stunden mir lang.
(Jaquino öffnet die Pforte, nimmt ein Paket ab und legt es in sein Stübchen. Marzelline fährt unterdessen fort.)
Ich weiß, daß der Arme sich quälet,
Es tut mir so leid auch um ihn!
Fidelio hab ich gewählet,
Ihn lieben ist süßer Gewinn.

JAQUINO *(zurückkommend)*
Wo war ich? – Sie sieht mich nicht an.

MARZELLINE Da ist er – er fängt wieder an.

JAQUINO Wann wirst du das Jawort mir geben?
Es könnte ja heute noch sein.

MARZELLINE *(beiseite)*
O weh, er verbittert mein Leben!
(Zu ihm) Jetzt, morgen und immer: nein, nein!

JAQUINO Du bist doch wahrhaftig von Stein!
Kein Wünschen, kein Bitten geht ein.

MARZELLINE *(für sich)*
Ich muß ja so hart mit ihm sein,
Er hofft bei dem mindesten Schein.

JAQUINO So wirst du dich nimmer bekehren?
Was meinst du?

MARZELLINE Du könntest nun gehn.

JAQUINO Wie? Dich anzusehn willst du mir wehren?
Auch das noch!

MARZELLINE So bleibe hier stehn!

JAQUINO Du hast mir so oft doch versprochen –

MARZELLINE Versprochen? Nein, das geht zu weit!
(Man pocht.)

JAQUINO Zum Henker das ewige Pochen!

MARZELLINE So bin ich doch endlich befreit!

JAQUINO Es ward ihr im Ernste schon bang,
Wer weiß, ob es mir nicht gelang.

MARZELLINE Das ist ein willkommener Klang,
Es wurde zu Tode mir bang.
(Es wird wieder ein Paket abgegeben.)

Dialog

JAQUINO Wenn ich diese Tür heute nicht schon zweihundertmal aufgemacht habe, so will ich nicht Kaspar Eustach Jaquino heißen. *(Zu Marzelline)* Endlich kann ich doch wieder einmal plaudern. *(Man pocht.)* Zum Wetter! schon wieder! *(Er geht, um zu öffnen.)*

MARZELLINE *(auf der Vorderbühne)* Was kann ich dafür, daß ich ihn nicht mehr so gern wie sonst haben kann?

JAQUINO *(zu dem, der gepocht hat, indem er hastig zuschließt)* Ich werde es besorgen. Schon recht! *(Vorgehend zu Marzelline)* So! – Nun, hoffe ich, soll niemand mehr uns stören.

ROCCO *(ruft im Schloßgarten)* Jaquino! Jaquino!

MARZELLINE Hörst du? Der Vater ruft!

JAQUINO Lassen wir ihn ein wenig warten. Also, auf unsere Liebe zu kommen –

MARZELLINE So geh doch. Der Vater wird sich nach Fidelio erkundigen wollen.

JAQUINO *(eifersüchtig)* Ei freilich, da kann man nicht schnell genug sein.

ROCCO *(ruft wieder)* Jaquino, hörst du nicht?

JAQUINO *(schreiend)* Ich komme schon! *(Zu Marzelline)* Bleib fein hier, in zwei Minuten sind wir wieder beisammen. *(Ab in den Garten, dessen Tür offen ist.)*

Zweiter Auftritt

Marzelline allein.

MARZELLINE Der arme Jaquino dauert mich beinahe. Kann ich es aber ändern? Ich war ihm sonst recht gut, da kam Fidelio in unser Haus, und seit der Zeit ist alles in mir und um mich verändert. Ach! *(Sie seufzt verschämt.)* Aus dem Mitleiden, das ich mit Jaquino habe, merke ich erst, wie sehr gut ich Fidelio bin. Ich glaube auch, daß Fidelio mir recht gut ist, und wenn ich die Gesinnungen des Vaters wüßte, so könnte vielleicht mein Glück bald vollkommen werden. *Monolog*

Nr. 2: Arie

O wär' ich schon mit dir vereint
Und dürfte Mann dich nennen!
Ein Mädchen darf ja, was es meint,
Zur Hälfte nur bekennen.
Doch wenn ich nicht erröten muß
Ob einem warmen Herzenskuß,
(Sie seufzt und legt die Hand auf die Brust.)
Wenn nichts uns stört auf Erden –
Die Hoffnung schon erfüllt die Brust
Mit unaussprechlich süßer Lust,
Wie glücklich will ich werden!
In Ruhe stiller Häuslichkeit
Erwach ich jeden Morgen,
Wir grüßen uns mit Zärtlichkeit,
Der Fleiß verscheucht die Sorgen.
Und ist die Arbeit abgetan,
Dann schleicht die holde Nacht heran,
Dann ruhn wir von Beschwerden.
Die Hoffnung schon erfüllt die Brust
Mit unaussprechlich süßer Lust,
Wie glücklich will ich werden!

Dritter Auftritt

Marzelline. Rocco. Jaquino.

Rocco kommt aus dem Garten. Jaquino trägt Gartengeräte hinter ihm her und geht damit in Roccos Haus.

ROCCO Guten Tag, Marzelline. Ist Fidelio noch nicht zurückgekommen? *Dialog*

MARZELLINE Nein, Vater.

ROCCO Die Stunde naht, wo ich dem Gouverneur die Briefschaften bringen muß, welche Fidelio abholen sollte. Ich erwarte ihn mit Ungeduld. *(Während der letzten Worte wird an die Pforte geklopft.)*

JAQUINO *(kommt aus Roccos Haus)* Ich komme schon! *(Er läuft geschäftig, um aufzuschließen.)*

MARZELLINE Er wird gewiß so lange bei dem Schmied haben warten müssen. *(Sie hat währenddessen Leonore zur Tür hereinkommen sehen; mit Lebhaftigkeit.)* Da ist er!

Vierter Auftritt

Vorige. Leonore.

Leonore trägt ein dunkles Wams, ein rotes Gilet, dunkles Beinkleid, kurze Stiefel, einen breiten Gürtel von schwarzem Leder mit einer kupfernen Schnalle; ihre Haare sind in eine Netzhaube gesteckt. Auf dem Rücken trägt sie ein Behältnis mit Lebensmitteln, auf den Armen Ketten, die sie beim Eintreten an dem Stübchen des Pförtners ablegt; an der Seite hängt ihr eine blecherne Büchse an einer Schnur.

MARZELLINE *(auf Leonore zulaufend)* Wie er belastet ist. Lieber Gott! Der Schweiß läuft ihm von der Stirn. *(Sie nimmt ihr Schnupftuch und versucht, ihr das Gesicht abzutrocknen.)* *Dialog*

ROCCO Warte! Warte! *(Er hilft mit Marzelline ihr das Behältnis vom Rücken nehmen; es wird beim*

Bogengang links niedergesetzt.)

JAQUINO *(beiseite auf der Vorderbühne)* Es war auch der Mühe wert, so schnell aufzumachen, um den Patron da hereinzulassen. *(Er geht in sein Stübchen, kommt aber bald wieder heraus, macht den Geschäftigen, sucht aber eigentlich Marzelline, Leonore und Rocco zu beobachten.)*

ROCCO *(zu Leonore)* Armer Fidelio, diesmal hast du dir zuviel aufgeladen.

LEONORE *(vorgehend und sich das Gesicht abtrocknend)* Ich muß gestehen, ich bin ein wenig ermüdet. Der Schmied hatte an den Ketten so lange auszubessern, daß ich glaubte, er würde nicht damit fertig werden.

ROCCO Sind sie jetzt gut gemacht?

LEONORE O gewiß, recht gut und stark. Keiner der Gefangenen wird sie zerbrechen.

ROCCO Wieviel kostet alles zusammen?

LEONORE Zwölf Piaster ungefähr. Hier ist die genaue Berechnung.

ROCCO *(durchgeht die Rechnung)* Gut, brav! Zum Wetter! Da gibt's Artikel, auf denen wir wenigstens das Doppelte gewinnen können. Du bist ein kluger Junge! Ich kann gar nicht begreifen, wie du deine Rechnungen machst. Du kaufst alles wohlfeiler als ich. In den sechs Monaten, seit ich dir die Anschaffung der Lebensmittel übertrug, hast du mehr gewonnen als ich vorher in einem ganzen Jahr. *(Beiseite)* Der Schelm gibt sich alle diese Mühe offenbar meiner Marzelline wegen.

LEONORE Ich suche zu tun, was mir möglich ist.

ROCCO Ja, ja, du bist brav, man kann nicht eifriger, nicht verständiger sein. Ich habe dich aber auch mit jedem Tage lieber und – sei versichert, dein Lohn soll nicht ausbleiben. *(Er wirft während der letzten Worte wechselnde Blicke auf Leonore und Marzelline.)*

LEONORE *(verlegen)* O glaubt nicht, daß ich meine

Schuldigkeit nur des Lohnes wegen –

ROCCO Still! *(Mit Blicken wie vorher)* Meinst du, ich könnte dir nicht ins Herz sehen? *(Er scheint sich an der zunehmenden Verlegenheit Leonores zu weiden und geht dann beiseite, um die Ketten zu betrachten.)*

MARZELLINE *(welche während des Lobes, das Rocco Leonore erteilte, die größte Teilnahme hat blicken lassen und Leonore mit immer zunehmender Bewegung liebevoll betrachtet hat, für sich)* *Nr. 3: Quartett*

Mir ist so wunderbar,
Es engt das Herz mir ein.
Er liebt mich, es ist klar,
Ich werde glücklich sein.

LEONORE *(für sich)*

Wie groß ist die Gefahr,
Wie schwach der Hoffnung Schein.
Sie liebt mich, es ist klar,
O namenlose Pein!

ROCCO *(der währenddessen wieder auf die Vorderbühne zurückgekehrt ist, für sich)*

Sie liebt ihn, es ist klar;
Ja, Mädchen, er wird dein.
Ein gutes, junges Paar,
Sie werden glücklich sein.

JAQUINO *(der unter dem Beobachten sich immer mehr genähert hat, auf der Seite und etwas hinter den übrigen stehend, für sich)*

Mir sträubt sich schon das Haar,
Der Vater willigt ein.
Mir wird so wunderbar,
Mir fällt kein Mittel ein.
(Er geht in seine Stube zurück.)

ROCCO Höre, Fidelio, wenn ich auch nicht weiß, wie und wo du auf die Welt gekommen bist, und wenn du auch gar keinen Vater gehabt hättest, so weiß ich doch, was ich tue – ich – ich mache dich zu meinem Tochtermann. *Dialog*

MARZELLINE *(hastig)* Wirst du es bald tun, lieber Vater?

ROCCO *(lachend)* Ei, ei, wie eilfertig! *(Ernsthafter)*

Sobald der Gouverneur nach Sevilla gereist sein wird, dann haben wir mehr Muße. Ihr wißt ja, daß er alle Monate hingeht, um über alles, was hier in dem Staatsgefängnis vorfällt, Rechenschaft zu geben. In einigen Tagen muß er wieder fort, und den Tag nach seiner Abreise gebe ich euch zusammen. Darauf könnt ihr rechnen.

MARZELLINE Den Tag nach seiner Abreise? Das machst du vernünftig, lieber Vater.

LEONORE *(schon vorher sehr betreten, aber jetzt sich freudig stellend)* Den Tag nach seiner Abreise? *(Beiseite)* O welche neue Verlegenheit!

ROCCO Nun, meine Kinder, ihr habt euch doch recht herzlich lieb, nicht wahr? Aber das ist noch nicht alles, was zu einer guten, vergnügten Haushaltung gehört; man braucht auch – *(Er macht die Gebärde des Geldzählens.)*

Nr. 4: Arie

Hat man nicht auch Gold beineben,
Kann man nicht ganz glücklich sein;
Traurig schleppt sich fort das Leben,
Mancher Kummer stellt sich ein.
Doch wenn's in den Taschen fein klingelt und rollt,
Da hält man das Schicksal gefangen,
Und Macht und Liebe verschafft dir das Gold
Und stillet das kühnste Verlangen.
Das Glück dient wie ein Knecht für Sold,
Es ist ein schönes Ding, das Gold.
Wenn sich nichts mit nichts verbindet,
Ist und bleibt die Summe klein;
Wer bei Tisch nur Liebe findet,
Wird nach Tische hungrig sein.
Drum lächle der Zufall euch gnädig und hold
Und segne und lenk' euer Streben;
Das Liebchen im Arme, im Beutel das Gold,

So mögt ihr viel Jahre durchleben.
Das Glück dient wie ein Knecht für Sold,
Es ist ein mächtig Ding, das Gold.

LEONORE Ihr könnt das leicht sagen, Meister Rocco, aber ich, ich behaupte, daß die Vereinigung zweier gleichgestimmter Herzen die Quelle des wahren ehelichen Glückes ist. *(Mit Wärme)* O dieses Glück muß der größte Schatz auf Erden sein! *(Sich wieder fassend und mäßigend)* Freilich gibt es noch etwas, was mir nicht weniger kostbar sein würde, aber mit Kummer sehe ich, daß ich es durch alle meine Bemühungen nicht erhalten werde. *Dialog*

ROCCO Und was wäre denn das?

LEONORE Euer Vertrauen! Verzeiht mir diesen kleinen Vorwurf, aber oft sehe ich Euch aus den unterirdischen Gewölben dieses Schlosses ganz außer Atem und ermattet zurückkommen. Warum erlaubt Ihr mir nicht, Euch dahin zu begleiten? Es wäre mir so lieb, wenn ich Euch bei Eurer Arbeit helfen und Eure Beschwerden teilen könnte.

ROCCO Du weißt doch, daß ich den strengsten Befehl habe, niemanden, wer es auch sein mag, zu den Staatsgefangenen zu lassen.

MARZELLINE Es sind ihrer aber gar zu viele in dieser Festung. Du arbeitest dich ja zu Tode, lieber Vater.

LEONORE Sie hat recht, Meister Rocco. Man soll allerdings seine Schuldigkeit tun; *(zärtlich)* aber es ist doch auch erlaubt, mein ich, zuweilen daran zu denken, wie man sich für die, die uns angehören und lieben, ein bißchen schonen kann. *(Sie drückt eine seiner Hände in den ihrigen.)*

MARZELLINE *(Roccos andere Hand an ihre Brust drückend)* Man muß sich für seine Kinder zu erhalten suchen.

ROCCO *(sieht beide gerührt an)* Ja, ihr habt recht, diese schwere Arbeit würde mir doch endlich zuviel werden. Der Gouverneur ist zwar sehr streng, er muß mir aber doch erlauben, dich in die geheimen Kerker mit mir zu nehmen. *(Leonore macht eine heftige Gebärde der Freude.)* Indessen gibt es ein Gewölbe, in das ich dich wohl nie werde führen dürfen, obschon ich mich ganz auf dich verlassen kann.

MARZELLINE Vermutlich, wo der Gefangene sitzt, von dem du schon einige Male gesprochen hast?

ROCCO Du hast's erraten.

LEONORE *(forschend)* Ich glaube, es ist schon lange her, daß er gefangen ist?

ROCCO Es ist schon über zwei Jahre.

LEONORE *(heftig)* Zwei Jahre, sagt Ihr? *(Sich fassend)* Er muß ein großer Verbrecher sein.

ROCCO Oder er muß große Feinde haben, das kommt ungefähr auf eins heraus.

MARZELLINE So hat man denn nie erfahren können, woher er ist und wie er heißt?

ROCCO O wie oft hat er mit mir von alledem reden wollen.

LEONORE Nun?

ROCCO Für unsereinen ist's aber am besten, so wenig Geheimnisse als möglich zu wissen, darum hab ich ihn auch nie angehört. Ich hätte mich verplappern können, und ihm hätte ich doch nicht genützt. *(Geheimnisvoll)* Nun, er wird mich nicht lange mehr quälen. Es kann nicht mehr lange mit ihm dauern.

LEONORE *(beiseite)* Großer Gott!

MARZELLINE Lieber Himmel! Wie hat er denn eine so schwere Strafe verdient?

ROCCO *(noch geheimnisvoller)* Seit einem Monat schon muß ich auf Pizarros Befehl seine Portion immer kleiner machen. Jetzt hat er binnen vierundzwanzig Stunden nicht mehr als zwei Unzen schwarzes Brot und ein halb Maß Wasser; kein Licht als den Schein einer Lampe – kein Stroh mehr – nichts –

MARZELLINE O lieber Vater, führe Fidelio ja nicht zu ihm! Diesen Anblick könnte er nicht ertragen.

LEONORE Warum denn nicht? Ich habe Mut und Stärke!

ROCCO *(sie auf die Schulter klopfend)* Brav, mein Sohn, brav! Wenn ich dir erzählen wollte, wie ich anfangs in meinem Stande mit meinem Herzen zu kämpfen hatte! – Und ich war doch ein ganz anderer Kerl als du mit deiner feinen Haut und deinen weichen Händen.

ROCCO Gut, Söhnchen, gut, *Nr. 5: Terzett*
Hab immer Mut,
Dann wird dir's auch gelingen.
Das Herz wird hart
Durch Gegenwart
Bei fürchterlichen Dingen.

LEONORE *(mit Kraft)* Ich habe Mut!
Mit kaltem Blut
Will ich hinab mich wagen.
Für hohen Lohn
Kann Liebe schon
Auch hohe Leiden tragen.

MARZELLINE *(zärtlich)* Dein gutes Herz
Wird manchen Schmerz
In diesen Grüften leiden.
Dann kehrt zurück
Der Liebe Glück
Und unnennbare Freuden.

ROCCO Du wirst dein Glück ganz sicher bauen.

LEONORE Ich hab auf Gott und Recht Vertrauen.

MARZELLINE Du darfst mir auch ins Auge schauen,
Der Liebe Macht ist auch nicht klein.
Ja, wir werden glücklich sein.

LEONORE Ja, ich kann noch glücklich sein.

ROCCO Ja, ihr werdet glücklich sein. –
Der Gouverneur soll heut erlauben,

Daß du mit mir die Arbeit teilst.

LEONORE Du wirst mir alle Ruhe rauben,
Wenn du bis morgen nur verweilst.

MARZELLINE Ja, guter Vater, bitt ihn heute,
In kurzem sind wir dann ein Paar.

ROCCO Ich bin ja bald des Grabes Beute,
Ich brauch Hilf', es ist ja wahr.

LEONORE *(für sich)*
Wie lang bin ich des Kummers Beute!
Du, Hoffnung, reichst mir Labung dar.

MARZELLINE *(zärtlich zu Rocco)*
Ach, lieber Vater, was fällt Euch ein?
Lang Freund und Vater müßt Ihr uns sein.

ROCCO Nur auf der Hut, dann geht es gut,
Gestillt wird euer Sehnen.
Gebt euch die Hand und schließt das Band
In süßen Freudentränen.

LEONORE Ihr seid so gut, Ihr macht mir Mut,
Gestillt wird bald mein Sehnen!
(Für sich) Ich gab die Hand zum süßen Band,
Es kostet bittre Tränen.

MARZELLINE O habe Mut! O welche Glut!
O welch ein tiefes Sehnen!
Ein festes Band mit Herz und Hand.
O süße, süße Tränen!

ROCCO Aber nun ist es Zeit, daß ich dem Gouverneur die Briefschaften überbringe. *Dialog*
Ah! Er kommt selbst hierher! *(Zu Leonore)* *Nr. 6: Marsch*
Gib sie, Fidelio, und dann entfernt euch!

(Leonore nimmt die Blechbüchse ab, gibt sie Rocco und geht mit Marzelline ab ins Haus.)
Während des zuvor begonnenen Marsches wird das Haupttor durch Schildwachen von außen geöffnet, Offiziere ziehen mit einem Detachement ein, dann kommt Pizarro, das Tor wird wieder geschlossen.

Fünfter Auftritt

Rocco. Pizarro. Offiziere. Wachen.

PIZARRO *(zu den Offizieren)* Drei Schildwachen auf den Wall! Sechs Mann Tag und Nacht an die Zugbrücke, ebenso viele gegen den Garten zu, und jedermann, der sich dem Graben der Festung nähert, werde sogleich vor mich gebracht! *(Zu Rocco)* Ist etwas Neues vorgefallen? *Dialog*

ROCCO Nein, Herr.

PIZARRO Wo sind die Depeschen?

ROCCO *(nimmt die Briefe aus der Blechbüchse)* Hier sind sie.

PIZARRO *(öffnet die Papiere und durchgeht sie)* Immer Empfehlungen oder Vorwürfe. Wenn ich auf alles das achten wollte, würde ich nie damit zu Ende kommen. *(Er hält bei einem Brief an.)* Was seh ich? Mich dünkt, ich kenne diese Schrift. *(Er öffnet den Brief, geht weiter vor. Rocco und die Wachen ziehen sich mehr zurück. Er liest.)* «Ich gebe Ihnen Nachricht, daß der Minister in Erfahrung gebracht hat, daß die Staatsgefängnisse, denen Sie vorstehen, mehrere Opfer willkürlicher Gewalt enthalten. Er reist morgen ab, um Sie mit einer Untersuchung zu überraschen. Seien Sie auf Ihrer Hut und suchen Sie sich sicherzustellen.» *(Betreten)* Ah, wenn er entdeckte, daß ich diesen Florestan in Ketten liegen habe, den er längst tot glaubt, ihn, der so oft meine Rache reizte, der mich vor dem Minister enthüllen und mir seine Gunst entziehen wollte. – Doch, es gibt ein Mittel! *(Rasch)* Eine kühne Tat kann alle Besorgnisse zerstreuen!

Ha, welch ein Augenblick! *Nr. 7: Arie mit Chor*
Die Rache werd ich kühlen,
Dich rufet dein Geschick!
In seinem Herzen wühlen,

O Wonne, großes Glück!
Schon war ich nah, im Staube,
Dem lauten Spott zum Raube,
Dahingestreckt zu sein.
Nun ist es mir geworden,
Den Mörder selbst zu morden;
In seiner letzten Stunde,
Den Stahl in seiner Wunde,
Ihm noch ins Ohr zu schreien:
Triumph! Der Sieg ist mein!

CHOR DER WACHE *(halblaut unter sich)*
Er spricht von Tod und Wunde!
Nun fort auf unsre Runde,
Wie wichtig muß es sein!
Er spricht von Tod und Wunde!
Wacht scharf auf eurer Runde,
Wie wichtig muß es sein!

PIZARRO Ich darf keinen Augenblick säumen, alle Anstalten zu meinem Vorhaben zu treffen. Heute soll der Minister ankommen. Nur die größte Vorsicht und Eile können mich retten. *(Zu dem Offizier)* Hauptmann! Hören Sie. *(Er führt ihn vor und spricht leise mit ihm.)* Besteigen Sie mit einem Trompeter sogleich den Turm. Sehen Sie unablässig und mit der größten Achtsamkeit auf die Straße von Sevilla. Sobald Sie einen Wagen von Reitern begleitet erblicken, lassen Sie augenblicklich ein Zeichen geben. Verstehn Sie, augenblicklich! Ich erwarte die größte Pünktlichkeit. Sie haften mir mit Ihrem Kopf dafür. *(Der Offizier geht ab. Pizarro zur Wache)* Fort auf eure Posten! *(Die Wache geht. Pizarro zu Rocco)* Alter! *Dialog*

ROCCO Herr!

PIZARRO *(betrachtet ihn eine Weile aufmerksam, für sich)* Ich muß ihn zu gewinnen suchen. Ohne seine Hilfe kann ich es nicht ausführen. *(Laut)* Komm näher!

PIZARRO Jetzt, Alter, hat es Eile! *Nr. 8: Duett*
Dir wird ein Glück zuteile,

Du wirst ein reicher Mann;
(Er wirft ihm einen Beutel zu.)
Das geb ich nur daran.

ROCCO So sagt doch nur in Eile,
Womit ich dienen kann.

PIZARRO Du bist von kaltem Blute,
Von unverzagtem Mute
Durch langen Dienst geworden.

ROCCO Was soll ich? Redet!

PIZARRO Morden!

ROCCO *(erschreckt)* Wie?

PIZARRO Höre mich nur an!
Du bebst? Bist du ein Mann?
Wir dürfen gar nicht säumen;
Dem Staate liegt daran,
Den bösen Untertan
Schnell aus dem Weg zu räumen.

ROCCO O Herr!

PIZARRO Du stehst noch an?
(Für sich) Er darf nicht länger leben,
Sonst ist's um mich geschehn,
Pizarro sollte beben?
Du fällst – ich werde stehn.

ROCCO Die Glieder fühl ich beben,
Wie könnt' ich das bestehn?
Ich nehm ihm nicht das Leben,
Mag, was da will, geschehn. –
Nein, Herr, das Leben nehmen,
Das ist nicht meine Pflicht.

PIZARRO Ich will mich selbst bequemen,
Wenn dir's am Mut gebricht;
Nun eile rasch und munter
Zu jenem Mann hinunter –
Du weißt –

ROCCO Der kaum mehr lebt
Und wie ein Schatten schwebt?

PIZARRO *(mit Grimm)* Zu dem, zu dem hinab!
Ich wart in kleiner Ferne,
Du gräbst in der Zisterne
Sehr schnell ein Grab.

ROCCO Und dann?

PIZARRO Dann werd ich selbst, vermummt,
Mich in den Kerker schleichen –
(Er zeigt den Dolch.)
Ein Stoß – und er verstummt!

ROCCO Verhungernd in den Ketten
Ertrug er lange Pein,
Ihn töten, heißt ihn retten,
Der Dolch wird ihn befrein.

PIZARRO Er sterb' in seinen Ketten,
Zu kurz war seine Pein,
Sein Tod nur kann mich retten,
Dann werd ich ruhig sein.
Jetzt, Alter, jetzt hat es Eile!
Hast du mich verstanden?
Du gibst ein Zeichen!
Dann werd ich selbst, vermummt,
Mich in den Kerker schleichen –
Ein Stoß – und er verstummt!

ROCCO Verhungernd in den Ketten
Ertrug er lange Pein,
Ihn töten heißt ihn retten,
Der Dolch wird ihn befrein.

PIZARRO Er sterb' in seinen Ketten,
Zu kurz war seine Pein,
Sein Tod nur kann mich retten,
Dann werd ich ruhig sein.
(Ab gegen den Garten. Rocco folgt ihm.)

Sechster Auftritt

Leonore allein.

LEONORE *(tritt in heftiger innerer Bewegung von der anderen Seite auf und sieht den Abgehenden mit steigender Unruhe nach)* *Nr. 9: Rezitativ und Arie*
Abscheulicher! Wo eilst du hin?
Was hast du vor in wildem Grimme?
Des Mitleids Ruf, der Menschheit Stimme,

Rührt nichts mehr deinen Tigersinn?
Doch toben auch wie Meereswogen
Dir in der Seele Zorn und Wut,
So leuchtet mir ein Farbenbogen,
Der hell auf dunklen Wolken ruht:
Der blickt so still, so friedlich nieder,
Der spiegelt alte Zeiten wider,
Und neu besänftigt wallt mein Blut.
Komm, Hoffnung, laß den letzten Stern
Der Müden nicht erbleichen!
Erhell mein Ziel, sei's noch so fern,
Die Liebe wird's erreichen.
Ich folg dem innern Triebe,
Ich wanke nicht,
Mich stärkt die Pflicht
Der treuen Gattenliebe!
O du, für den ich alles trug,
Könnt' ich zur Stelle dringen,
Wo Bosheit dich in Fesseln schlug,
Und süßen Trost dir bringen!
Ich folg dem innern Triebe,
Ich wanke nicht,
Mich stärkt die Pflicht
Der treuen Gattenliebe!
(Ab gegen den Garten.)

Siebenter Auftritt

Marzelline kommt aus dem Hause. Jaquino folgt ihr.

JAQUINO Aber, Marzelline – *Dialog*

MARZELLINE Kein Wort, keine Silbe. Ich will nichts mehr von deinen albernen Liebesseufzern hören, und dabei bleibt es.

JAQUINO Wer mir das vorher gesagt hätte, als ich mir vornahm, mich recht ordentlich in dich zu verlieben. Damals, ja da war ich der gute, der liebe Jaquino an allen Orten und

Ecken. Ich mußte dir das Eisen in den Ofen legen, Wäsche in Falten schlagen, Päckchen zu den Gefangenen bringen, kurz alles tun, was ein ehrbares Mädchen einem ehrbaren Junggesellen erlauben kann. Aber seit dieser Fidelio –

MARZELLINE *(rasch einfallend)* Ich leugne nicht, ich war dir gut, aber sieh, ich bin offenherzig, das war keine Liebe. Fidelio zieht mich weit mehr an, zwischen ihm und mir fühle ich eine weit größere Übereinstimmung.

JAQUINO Was? Übereinstimmung mit einem solchen hergelaufenen Jungen, der Gott weiß woher ist, den der Vater aus bloßem Mitleid am Tor dort aufgenommen hat, der – der –

MARZELLINE *(ärgerlich)* Der arm und verlassen ist – und den ich doch heirate.

JAQUINO Glaubst du, daß ich das leiden werde? He, daß es ja nicht in meiner Gegenwart geschieht, ich möchte euch einen gewaltigen Streich spielen!

Achter Auftritt

Vorige. Rocco, Leonore aus dem Garten.

ROCCO Was habt ihr denn beide wieder zu zanken? *Dialog*

MARZELLINE Ach, Vater, er verfolgt mich immer.

ROCCO Warum denn?

MARZELLINE Er will, daß ich ihn lieben, daß ich ihn heiraten soll.

JAQUINO Ja, ja, sie soll mich lieben, sie soll mich wenigstens heiraten, und ich –

ROCCO Was? Ich sollte eine einzige Tochter so gut gepflegt *(er streichelt Marzelline am Kinn)*, mit so viel Mühe bis in ihr sechzehntes Jahr erzogen haben, und das alles für den Herrn da? *(Er blickt lachend auf Jaquino.)* Nein, Jaquino, von deiner Heirat ist jetzt keine Rede, mich beschäftigen andere, klügere Absichten.

MARZELLINE Ich verstehe, Vater. *(Zärtlich leise)* Fidelio!

LEONORE Brechen wir davon ab. – Rocco, ich ersuchte Euch schon einige Male, die armen Gefangenen, die hier über der Erde wohnen, in unsern Festungsgarten zu lassen. Ihr verspracht und verschobt es immer. Heute ist das Wetter so schön, der Gouverneur kommt um diese Zeit nicht hierher.

MARZELLINE O ja! Ich bitte mit ihm!

ROCCO Kinder, ohne Erlaubnis des Gouverneurs?

MARZELLINE Aber er sprach so lange mit Euch. Vielleicht sollt Ihr ihm einen Gefallen tun, und dann wird er es so genau nicht nehmen.

ROCCO Einen Gefallen? Du hast recht, Marzelline. Auf diese Gefahr hin kann ich es es wagen. Wohl denn, Jaquino und Fidelio, öffnet die leichteren Gefängnisse. Ich aber gehe zu Pizarro und halte ihn zurück, indem ich *(gegen Marzelline)* für dein Bestes rede.

MARZELLINE *(drückt ihm die Hand)* So recht, Vater.

Rocco ab in den Garten. Leonore und Jaquino schließen die wohlverwahrten Gefängnistüren auf, ziehen sich dann mit Marzelline in den Hintergrund zurück und beobachten mit Teilnahme die nach und nach auftretenden Gefangenen.

Neunter Auftritt

Die Gefangenen.

(Während des Vorspiels kommen die Gefangenen nach und nach auf die Bühne.)

CHOR DER GEFANGENEN

O welche Lust, in freier Luft *Nr. 10:*
Den Atem leicht zu heben! *Finale*

Nur hier, nur hier ist Leben,
Der Kerker eine Gruft.

ERSTER GEFANGENER
Wir wollen mit Vertrauen
Auf Gottes Hilfe bauen!
Die Hoffnung flüstert sanft mir zu:
Wir werden frei, wir finden Ruh'.

ALLE ANDERN O Himmel! Rettung! Welch ein Glück!
O Freiheit! kehrest du zurück?
(Hier erscheint ein Offizier auf dem Wall und entfernt sich wieder.)

ZWEITER GEFANGENER
Sprecht leise! Haltet euch zurück!
Wir sind belauscht mit Ohr und Blick.

ALLE Sprecht leise! Haltet euch zurück!
Wir sind belauscht mit Ohr und Blick. –
O welche Lust, in freier Luft
Den Atem leicht zu heben!
Nur hier, nur hier ist Leben.
Sprecht leise, haltet euch zurück!
Wir sind belauscht mit Ohr und Blick.
Ehe der Chor noch ganz geendigt ist, erscheint Rocco im Hintergrund der Bühne und redet angelegentlich mit Leonore. Die Gefangenen entfernen sich in den Garten. Marzelline und Jaquino folgen dahin. Rocco und Leonore nähern sich der Vorderbühne.

Zehnter Auftritt

Rocco. Leonore.

LEONORE Nun sprecht, wie ging's? *Rezitativ*

ROCCO Recht gut, recht gut!
Zusammen rafft' ich meinen Mut
Und trug ihm alles vor;
Und sollst du's glauben,
Was er zur Antwort mir gab?
Die Heirat und daß du mir hilfst, will er er-

lauben;
Noch heute führ ich in die Kerker dich hinab.

LEONORE *(ausbrechend)* Noch heute, noch heute! *Duett*
O welch ein Glück! O welche Wonne!

ROCCO Ich sehe deine Freude;
Nur noch ein Augenblick,
Dann gehen wir schon beide –

LEONORE Wohin?

ROCCO Zu jenem Mann hinab,
Dem ich seit vielen Wochen
Stets weniger zu essen gab.

LEONORE Ha! – Wird er losgesprochen?

ROCCO O nein!

LEONORE So sprich!

ROCCO O nein, o nein!
(Geheimnisvoll)
Wir müssen ihn, doch wie? befrein!
Er muß in einer Stunde –
Den Finger auf dem Munde –
Von uns begraben sein!

LEONORE So ist er tot?

ROCCO Noch nicht, noch nicht.

LEONORE *(zurückfragend)*
Ist ihn zu töten deine Pflicht?

ROCCO Nein, guter Junge, zittre nicht,
Zum Morden dingt sich Rocco nicht.
Der Gouverneur kommt selbst hinab,
Wir beide graben nur das Grab.

LEONORE *(beiseite)*
Vielleicht das Grab des Gatten graben,
O was kann fürchterlicher sein?

ROCCO Ich darf ihn nicht mit Speise laben,
Ihm wird im Grabe besser sein. –
Wir müssen gleich zu Werke schreiten,
Du mußt mir helfen, mich begleiten;
Hart ist des Kerkermeisters Brot.

LEONORE Ich folge dir, wär's in den Tod.

ROCCO In der zerfallenen Zisterne
Bereiten wir die Grube leicht.
Ich tu es, glaube mir, nicht gerne;

Auch dir ist schaurig, wie mich deucht?
LEONORE Ich bin es nur noch nicht gewohnt.
ROCCO Ich hätte gerne dich verschont.
Doch wird es mir allein zu schwer,
Und gar so streng ist unser Herr.
LEONORE *(für sich)* O welch ein Schmerz!
ROCCO *(für sich)* Mir scheint, er weint.
(Laut) Nein, du bleibst hier – ich geh alleine,
Ich geh allein.
LEONORE *(innig sich an ihn klammernd)*
O nein, o nein!
Ich muß ihn sehn; den Armen sehen,
Und müßt' ich selbst zugrunde gehen.
ROCCO, LEONORE So säumen wir nun länger nicht,
Wir folgen unsrer strengen Pflicht.

Elfter Auftritt

Vorige. Jaquino und Marzelline atemlos hereinstürzend.

MARZELLINE Ach, Vater, eilt!
ROCCO Was hast du denn?
JAQUINO Nicht länger weilt!
ROCCO Was ist geschehn?
MARZELLINE Voll Zorn folgt mir
Pizarro nach!
Er drohet dir.
ROCCO Gemach! Gemach!
LEONORE So eilet fort!
ROCCO Nur noch dies Wort:
Sprich, weiß er schon?
JAQUINO Ja, er weiß es schon.
MARZELLINE Der Offizier
Sagt' ihm, was wir
Jetzt den Gefangenen gewähren.
ROCCO Laßt alle schnell zurückekehren.
(Jaquino ab in den Garten.)

MARZELLINE Ihr wißt ja, wie er tobet,
Und kennet seine Wut.
(Sie eilt Jaquino nach.)

LEONORE Wie mir's im Herzen tobet!
Empöret ist mein Blut.

ROCCO Mein Herz hat mich gelobet,
Sei der Tyrann in Wut.

Zwölfter Auftritt

Vorige. Pizarro. Später Marzelline und Jaquino mit den Gefangenen.

PIZARRO Verwegner Alter, welche Rechte
Legst du dir frevelnd selber bei?
Und ziemt es dem gedungnen Knechte,
Zu geben die Gefangnen frei?

ROCCO *(verlegen)*
O Herr!

PIZARRO Wohlan!

ROCCO *(eine Entschuldigung suchend)*
Des Frühlings Kommen,
Das heitre warme Sonnenlicht,
Dann: *(sich fassend)*
habt Ihr wohl in acht genommen,
Was sonst zu meinem Vorteil spricht?
(Die Mütze abnehmend.)
Des Königs Namensfest ist heute,
Das feiern wir auf solche Art.
(Geheim zu Pizarro)
Der unten stirbt – doch laßt die andern
Jetzt fröhlich hin und wider wandern;
Für jenen sei der Zorn gespart.

PIZARRO *(leise)* So eile, ihm sein Grab zu graben,
Hier will ich stille Ruhe haben.
Schließ die Gefangnen wieder ein,
Mögst du nie mehr verwegen sein!

DIE GEFANGENEN *(kommen aus dem Garten zurück)*
Leb wohl, du warmes Sonnenlicht,

Schnell schwindest du uns wieder;
Schon sinkt die Nacht hernieder,
Aus der sobald kein Morgen bricht.

MARZELLINE *(die Gefangenen betrachtend)*
Wie eilten sie zum Sonnenlicht
Und scheiden traurig wieder.
(Für sich) Die andern murmeln nieder:
Hier wohnt die Lust, die Freude nicht.

LEONORE *(zu den Gefangenen)*
Ihr hört das Wort, drum zögert nicht,
Kehrt in den Kerker wieder.
(Für sich) Angst rinnt durch meine Glieder.
Ereilt den Frevler kein Gericht?

JAQUINO *(zu den Gefangenen)*
Ihr hört das Wort, drum zögert nicht,
Kehrt in den Kerker wieder.
(Für sich, Rocco und Leonore betrachtend)
Sie sinnen auf und nieder!
Könnt' ich verstehn, was jeder spricht!

PIZARRO Nun, Rocco, zögre länger nicht,
Steig in den Kerker nieder.
(Leise) Nicht eher kehrst du wieder,
Bis ich vollzogen das Gericht.

ROCCO Nein, Herr, ich zögre länger nicht,
Ich steige eilend nieder.
(Für sich) Mir beben meine Glieder;
O unglückselig harte Pflicht!

Die Gefangenen gehen in ihre Zellen, die Leonore und Jaquino verschließen.

Zweiter Aufzug

Ein unterirdischer dunkler Kerker

Links ist eine mit Steinen und Schutt bedeckte Zisterne. Im Hintergrund sind mehrere mit Gitterwerk verwahrte Öffnungen in der Mauer, durch die man die Stufen einer von der Höhe herunterführenden Treppe sieht; rechts die letzten Stufen und die Tür in das Gefängnis. Eine Lampe brennt.

Erster Auftritt

Florestan sitzt auf einem Stein, um den Leib hat er eine lange Kette, deren Ende in der Mauer befestigt ist.

Nr. 11: Introduktion und Arie

FLORESTAN Gott! Welch Dunkel hier! O grauenvolle Stille.
Öd ist es um mich her. Nichts lebet außer mir.
O schwere Prüfung! – Doch gerecht ist Gottes Wille!
Ich murre nicht! Das Maß der Leiden steht bei dir.
In des Lebens Frühlingstagen
Ist das Glück von mir geflohn!
Wahrheit wagt' ich kühn zu sagen,
Und die Ketten sind mein Lohn.
Willig duld ich alle Schmerzen,
Ende schmählich meine Bahn;
Süßer Trost in meinem Herzen:
Meine Pflicht hab ich getan!
(In einer an Wahnsinn grenzenden, doch ruhigen Begeisterung)
Und spür ich nicht linde, sanft säuselnde Luft?
Und ist nicht mein Grab mir erhellet?

Ich seh, wie ein Engel im rosigen Duft
Sich tröstend zur Seite mir stellet,
Ein Engel, Leonoren, der Gattin, so gleich,
Der führt mich zur Freiheit ins himmlische Reich.
(Er sinkt, erschöpft von der letzten Gemütsbewegung, auf den Felsensitz nieder, seine Hände verhüllen sein Gesicht.)

Zweiter Auftritt

Florestan, Rocco und Leonore, die man durch die Öffnungen bei dem Schein einer Laterne die Treppe herabsteigen sah, tragen einen Krug und die Werkzeuge zum Graben. Die Hintertür öffnet sich, und das Theater erhellt sich zur Hälfte.

Nr. 12: Melodram und Duett

LEONORE *(halblaut)* Wie kalt ist es in diesem unterirdischen Gewölbe!

ROCCO Das ist natürlich, es ist ja so tief.

LEONORE *(sieht unruhig nach allen Seiten umher)* Ich glaubte schon, wir würden den Eingang gar nicht finden.

ROCCO *(sich gegen Florestans Seite wendend)* Da ist er.

LEONORE *(mit gebrochener Stimme, indem sie den Gefangenen zu erkennen sucht)* Er scheint ganz ohne Bewegung.

ROCCO Vielleicht ist er tot.

LEONORE *(schaudernd)* Ihr meint es?
(Florestan macht eine Bewegung.)

ROCCO Nein, nein, er schläft. – – Das müssen wir benutzen und gleich ans Werk gehen; wir haben keine Zeit zu verlieren.

LEONORE *(beiseite)* Es ist unmöglich, seine Züge zu unterscheiden. – Gott steh' mir bei, wenn er es ist!

ROCCO *(setzt seine Laterne auf die Trümmer)* Hier, unter diesen Trümmern ist die Zisterne, von der ich dir gesagt habe. – Wir brauchen nicht viel zu graben, um an die Öffnung zu kommen. Gib mir eine Haue, und du, stelle dich hierher. *(Er steigt bis an den Gürtel in die Höhlung hinab, stellt den Krug ab und legt den Schlüsselbund neben sich. Leonore steht am Rande und reicht ihm die Haue.)* Du zitterst, fürchtest du dich?

LEONORE *(mit erzwungener Festigkeit des Tones)* O nein, es ist nur so kalt.

ROCCO *(rasch)* So mache fort, im Arbeiten wird dir schon warm werden.

Rocco fängt gleich mit dem Vorspiel an zu arbeiten; währenddessen benutzt Leonore die Momente, wo sich Rocco bückt, um den Gefangenen zu betrachten. Das Duett wird durchaus halblaut gesungen.

ROCCO *(mit halblauter Stimme während der Arbeit)*
Nur hurtig fort, nur frisch gegraben,
Es währt nicht lang, er kommt herein.

LEONORE *(ebenfalls arbeitend)*
Ihr sollt ja nicht zu klagen haben,
Ihr sollt gewiß zufrieden sein.

ROCCO *(einen großen Stein hebend)*
Komm, hilf doch diesen Stein mir heben –
Hab acht! Hab acht! Er hat Gewicht!

LEONORE *(hilft heben)*
Ich helfe schon, sorgt Euch nicht;
Ich will mir alle Mühe geben.

ROCCO Ein wenig noch!

LEONORE Geduld!

ROCCO Er weicht.

LEONORE Nur etwas noch!

ROCCO Er ist nicht leicht!

(Sie lassen den Stein über die Trümmer rollen und holen Atem.)

ROCCO *(weiterarbeitend)*
Nur hurtig fort, nur frisch gegraben,
Es währt nicht lang, er kommt herein.

LEONORE Laßt mich nur wieder Kräfte haben,
Wir werden bald zu Ende sein.

(Sie sucht den Gefangenen zu betrachten; für sich)
Wer du auch seist, ich will dich retten,
Bei Gott, du sollst kein Opfer sein!
Gewiß, ich löse deine Ketten,
Ich will, du Armer, dich befrein.

ROCCO *(sich schnell aufrichtend)*
Was zauderst du in deiner Pflicht?

LEONORE *(fängt wieder an zu arbeiten)*
Mein Vater, nein, ich zaudre nicht.

ROCCO Nur hurtig fort, nur frisch gegraben,
Es währt nicht lang, so kommt er her.

LEONORE Ihr sollt ja nicht zu klagen haben,
Laßt mich nur wieder Kräfte haben,
Denn mir wird keine Arbeit schwer.
(Rocco trinkt. Florestan erholt sich und hebt das Haupt in die Höhe, ohne sich nach Leonore zu wenden.)

LEONORE Er erwacht! *Dialog*

ROCCO *(plötzlich im Trinken einhaltend)* Er erwacht, sagst du?

LEONORE *(in größter Verwirrung immer nach Florestan sehend)* Ja, er hat eben den Kopf in die Höhe gehoben.

ROCCO Ohne Zweifel wird er wieder tausend Fragen an mich stellen. Ich muß allein mit ihm reden. Nun hat er es bald überstanden. *(Er steigt aus der Grube.)* Steig du statt meiner hinab und räume noch so viel weg, daß man die Zisterne öffnen kann.

LEONORE *(steigt zitternd ein paar Stufen hinab)* Was in mir vorgeht, ist unaussprechlich!

ROCCO *(nach einer kleinen Pause zu Florestan)* Nun, Ihr habt wieder einige Augenblick geruht?

FLORESTAN Geruht? Wie fände ich Ruhe?

LEONORE *(für sich)* Diese Stimme! – Wenn ich nur einen Augenblick sein Gesicht sehen könnte.

FLORESTAN Werdet Ihr immer bei meinen Klagen taub sein, grausamer Mann? *(Mit den letzten Worten wendet er sein Gesicht gegen Leonore.)*

LEONORE *(für sich)* Gott! Er ist's! *(Sie fällt ohne Bewußtsein an den Rand der Grube.)*

ROCCO Was verlangt Ihr denn von mir? Ich vollziehe die Befehle, die man mir gibt; das ist mein Amt, meine Pflicht.

FLORESTAN Sagt mir endlich einmal, wer ist Gouverneur dieses Gefängnisses?

ROCCO *(beiseite)* Jetzt kann ich ihm ja ohne Gefahr genugtun. *(Zu Florestan)* Der Gouverneur dieses Gefängnisses ist Don Pizarro.

FLORESTAN Pizarro!

LEONORE *(sich allmählich erholend)* O Barbar! Deine Grausamkeit gibt mir meine Kräfte wieder.

FLORESTAN O schickt so bald als möglich nach Sevilla, fragt nach Leonore Florestan –

LEONORE Gott! Er ahnt nicht, daß sie jetzt sein Grab gräbt!

FLORESTAN Sagt ihr, daß ich hier in Ketten liege.

ROCCO Es ist unmöglich, sag ich Euch. Ich würde mich ins Verderben stürzen, ohne Euch genützt zu haben.

FLORESTAN Wenn ich denn verdammt bin, hier mein Leben zu enden, o so laßt mich nicht langsam verschmachten.

LEONORE *(springt auf und hält sich an der Mauer fest)* O Gott! Wer kann das ertragen?

FLORESTAN Aus Barmherzigkeit, gib mir nur einen Tropfen Wasser. Das ist ja so wenig.

ROCCO *(beiseite)* Es geht mir wieder meinen Willen zu Herzen.

LEONORE Er scheint sich zu erweichen.

FLORESTAN Du gibst mir keine Antwort?

ROCCO Ich kann Euch nicht verschaffen, was Ihr verlangt. Alles, was ich Euch anbieten kann, ist ein Restchen Wein, das ich in meinem Kruge habe. – Fidelio!

LEONORE *(den Krug in größter Eile bringend)* Da ist er! Da ist er!

FLORESTAN *(Leonore betrachtend)* Wer ist das?

ROCCO Mein Schließer und in wenigen Tagen

mein Eidam. *(Er reicht Florestan den Krug.)* Trinkt! Es ist freilich nur wenig Wein, aber ich gebe ihn Euch gern. *(Zu Leonore)* Du bist ja ganz in Bewegung?

LEONORE *(in größter Verwirrung)* Wer sollte es nicht sein? Ihr selbst, Meister Rocco –

ROCCO Es ist wahr, der Mensch hat so eine Stimme ...

LEONORE Jawohl, sie dringt in die Tiefe des Herzens.

Nr. 13: Terzett

FLORESTAN Euch werde Lohn in bessern Welten,
Der Himmel hat Euch mir geschickt.
O Dank! Ihr habt mich süß erquickt;
Ich kann die Wohltat nicht vergelten.

ROCCO *(leise zu Leonore, die er beiseite zieht)*
Ich labt' ihn gern, den armen Mann,
Es ist ja bald um ihn getan.

LEONORE *(für sich)* Wie heftig pochet dieses Herz,
Es wogt in Freud' und scharfem Schmerz.

FLORESTAN *(für sich)* Bewegt seh ich den Jüngling hier,
Und Rührung zeigt auch dieser Mann.
O Gott, du sendest Hoffnung mir,
Daß ich sie noch gewinnen kann.

LEONORE Die hehre, bange Stunde winkt,
Die Tod mir oder Rettung bringt.

ROCCO Ich tu, was meine Pflicht gebeut,
Doch haß ich alle Grausamkeit.

LEONORE *(leise zu Rocco, indem sie ein Stück Brot aus der Tasche zieht)*
Dies Stückchen Brot – ja, seit zwei Tagen
Trag ich es immer schon bei mir.

ROCCO Ich möchte gern, doch sag ich dir,
Das hieße wirklich zu viel wagen.

LEONORE Ach! *(Schmeichelnd)*
Ihr labtet gern den armen Mann.

ROCCO Das geht nicht an, das geht nicht an.

LEONORE *(wie vorhin).* Es ist ja bald um ihn getan.

ROCCO So sei es – ja, so sei's – du kannst es wagen.

LEONORE *(in größter Bewegung Florestan das Brot reichend)*

Da, nimm das Brot – du armer
Mann!

FLORESTAN *(Leonores Hand ergreifend und an sich drükkend)* O Dank dir, Dank! O Dank! O
Dank!
Euch werde Lohn in bessern Welten,
Der Himmel hat Euch mir geschickt.
O Dank! Ihr habt mich süß erquickt,
Ich kann die Wohltat nicht vergelten.

LEONORE Der Himmel schicke Rettung dir,
Dann wird mir hoher Lohn gewährt.

ROCCO Mich rührte oft dein Leiden hier,
Doch Hilfe war mir streng verwehrt.
(Für sich) Ich labt' ihn gern, den armen
Mann,
Es ist ja bald um ihn getan.

LEONORE O mehr, als ich ertragen kann!

FLORESTAN O daß ich Euch nicht lohnen kann!
(Er verschlingt das Brot.)

ROCCO *(nach augenblicklichem Stillschweigen zu Leonore)* Alles ist bereit. Ich gehe, das Signal zu geben. *(Er geht in den Hintergrund.)* *Dialog*

LEONORE O Gott, gib mir Mut und Stärke!

FLORESTAN *(zu Leonore, während Rocco die Türen zu öffnen geht)* Wo geht er hin? *(Rocco öffnet die Türen und gibt durch einen starken Pfiff das Zeichen.)* Ist das der Vorbote meines Todes?

LEONORE *(in der heftigsten Bewegung)* Nein, nein! Beruhige dich, lieber Gefangener.

FLORESTAN O meine Leonore! So soll ich dich nie wieder sehen?

LEONORE *(fühlt sich zu Florestan hingerissen und sucht diesen Trieb zu überwältigen)* Mein ganzes Herz reißt mich zu ihm hin! *(Zu Florestan)* Sei ruhig, sag ich dir! Vergiß nicht, was du auch hören und sehen magst, daß überall eine Vorsehung ist. – Ja, ja, es gibt eine Vorsehung! *(Sie entfernt sich gegen die Zisterne.)*

Dritter Auftritt

Vorige. Pizarro, vermummt in einen Mantel.

PIZARRO *(zu Rocco, die Stimme verstellend)* Ist alles bereit? *Dialog*

ROCCO Ja, die Zisterne braucht nur geöffnet zu werden.

PIZARRO Gut, der Junge soll sich entfernen.

ROCCO *(zu Leonore)* Geh, entferne dich!

LEONORE *(in größter Verwirrung)* Wer? – Ich? – Und Ihr?

ROCCO Muß ich nicht dem Gefangenen die Eisen abnehmen? Geh, geh!

Leonore entfernt sich in den Hintergrund und nähert sich allmählich wieder im Schatten gegen Florestan, die Augen immer auf Pizarro gerichtet.

PIZARRO *(beiseite, einen Blick auf Rocco und Leonore werfend)* Die muß ich mir noch heute beide vom Halse schaffen, damit alles verborgen bleibt.

ROCCO *(zu Pizarro)* Soll ich ihm die Ketten abnehmen?

PIZARRO Nein, aber schließe ihn von dem Stein los. *(Beiseite)* Die Zeit ist dringend. *(Er zieht einen Dolch.)*

Er sterbe! – Doch er soll erst wissen, *Nr. 14: Quartett*
Wer ihm sein stolzes Herz zerfleischt.
Der Rache Dunkel sei zerrissen,
Sieh her! Du hast dich nicht getäuscht!
(Er schlägt den Mantel auf.)
Pizarro, den du stürzen wolltest,
Pizarro, den du fürchten solltest,
Steht nun als Rächer hier.

FLORESTAN *(gefaßt)* Ein Mörder steht vor mir!

PIZARRO Noch einmal ruf ich dir,
Was du getan, zurück;
Nur noch ein Augenblick,
Und dieser Dolch –
(Er will Florestan durchbohren.)

LEONORE *(stürzt mit einem durchdringenden Schrei hervor*

und bedeckt Florestan mit ihrem Leibe)
Zurück!

FLORESTAN O Gott!

ROCCO Was soll?

LEONORE Durchbohren
Mußt du erst diese Brust.
Der Tod sei dir geschworen
Für deine Mörderlust.

PIZARRO *(schleudert sie fort)* Wahnsinniger!

ROCCO *(zu Leonore)* Halt ein!

PIZARRO Er soll bestrafet sein.

LEONORE *(noch einmal ihren Mann deckend)*
Töt erst sein Weib!

ROCCO, PIZARRO Sein Weib?

FLORESTAN Mein Weib!

LEONORE *(zu Florestan)* Ja, sieh hier Leonoren!

FLORESTAN Leonore!

LEONORE *(zu den anderen)*
Ich bin sein Weib, geschworen
Hab ich ihm Trost, Verderben dir!

PIZARRO *(zu Leonore)*
Welch unerhörter Mut!

FLORESTAN *(zu Leonore)*
Vor Freude starrt mein Blut!

ROCCO *(für sich)*
Mir starrt vor Angst mein Blut!

LEONORE *(für sich)* Ich trotze seiner Wut!

PIZARRO Soll ich vor einem Weibe beben?

LEONORE Der Tod sei dir geschworen.

PIZARRO So opfr' ich beide meinem Grimm.
(Er dringt wieder auf sie und Florestan ein.)

LEONORE Durchbohren mußt du erst diese Brust!

PIZARRO Geteilt hast du mit ihm das Leben,
So teile nun den Tod mit ihm.

LEONORE *(ihm schnell eine Pistole vorhaltend)*
Noch einen Laut – und du bist tot!
(Man hört die Trompete von dem Turm.)

LEONORE *(hängt an Florestans Hals)*
Ach, du bist gerettet! Großer Gott!

FLORESTAN Ach, ich bin gerettet! Großer Gott!

PIZARRO *(betäubt)*
Ha, der Minister! Höll' und Tod!
ROCCO *(betäubt)* O was ist das, gerechter Gott!
(Man hört die Trompete stärker.)

Vierter Auftritt

Vorige. Jaquino. Soldaten mit Fackeln erscheinen an der obersten Gitteröffnung der Treppe.

JAQUINO Vater Rocco! Der Herr Minister kommt an. Sein Gefolge ist schon vor dem Schloßtor. *Dialog*

ROCCO *(freudig und überrascht, für sich)* Gelobt sei Gott! *(Zu Jaquino sehr laut)* Wir kommen – ja, wir kommen augenblicklich. Und diese Leute mit Fackeln sollen heruntersteigen und den Herrn Gouverneur hinaufbegleiten.

Die Soldaten kommen bis an die Tür herunter. Jaquino geht ab.

LEONORE, FLORESTAN *Nr. 14: Quartett (Forts.)*
Es schlägt der Rache Stunde!
Du sollst gerettet sein;
Ich soll gerettet sein;
Die Liebe wird im Bunde
Mit Mute dich befrein.
Mit Mute mich befrein.
PIZARRO Verflucht sei diese Stunde!
Die Heuchler spotten mein;
Verzweiflung wird im Bunde
Mit meiner Rache sein.
ROCCO O fürchterliche Stunde!
O Gott, was wartet mein?
Ich will nicht mehr im Bunde
Mit diesem Wütrich sein.

Pizarro stürzt ab. Rocco gibt im Abgehen Leonore beruhigende Winke. Soldaten mit Fackeln vorauf.

Fünfter Auftritt

Leonore. Florestan.

FLORESTAN Meine Leonore! Geliebtes Weib! Engel, den Gott wie ein Wunder zu meiner Rettung mir gesendet, laß an dies Herz dich drücken. *(Umarmung)* Aber dürfen wir noch hoffen? *Dialog*

LEONORE Wir dürfen es. Die Ankunft des Ministers, den wir kennen, Pizarros Verwirrung und vor allem Vater Roccos tröstende Zeichen sind mir ebenso viele Gründe, zu glauben, unser Leiden sei am Ziele und die Zeit unseres Glückes wolle beginnen.

FLORESTAN Sprich, wie kamst du hierher?

LEONORE *(schnell)* Ich verließ Sevilla, ich kam zu Fuß in Manneskleidern, der Kerkermeister nahm mich in seine Dienste, dein Verfolger selbst machte mich zum Schließer.

FLORESTAN Treues Weib! Frau ohnegleichen! Was hast du meinetwegen erduldet!

LEONORE Nichts, mein Florestan! Meine Seele war mit dir; wie hätte der Körper sich nicht stark gefühlt, indem er für sein besseres Selbst kämpfte?

Nr. 15: Duett

LEONORE O namenlose Freude!
Mein Mann an meiner Brust!

FLORESTAN O namenlose Freude!
An Leonorens Brust!

BEIDE Nach unnennbarem Leide
So übergroße Lust!

LEONORE Du wieder nun in meinen Armen!

FLORESTAN O Gott, wie groß ist dein Erbarmen!

BEIDE O Dank dir, Gott, für diese Lust!
Mein Mann, mein Mann an meiner Brust!
Mein Weib, mein Weib an meiner Brust!

FLORESTAN Du bist's!

LEONORE Ich bin's!

FLORESTAN O himmlisches Entzücken!
Leonore!

LEONORE Florestan.

BEIDE O namenlose Freude!
Nach unnennbarem Leide
So übergroße Lust!

Sechster Auftritt

Vorige. Rocco.

ROCCO *(hereinstürzend)* Gute Botschaft, ihr armen Leidenden! Der Herr Minister hat eine Liste aller Gefangenen mit sich; alle sollen ihm vorgeführt werden. Jaquino öffnet die oberen Gefängnisse. Ihr allein *(zu Florestan)* seid nicht erwähnt. Euer Aufenthalt hier ist eine Eigenmächtigkeit des Gouverneurs. Kommt, folgt mir hinauf. Auch Ihr, gnädige Frau. Und gibt Gott meinen Worten Kraft und lohnt er die Heldentat der edelsten Gattin, so werdet Ihr frei, und Euer Glück ist mein Werk. *Dialog*

FLORESTAN Leonore!

LEONORE Durch welche Wunder!

ROCCO Fort, zögert nicht! Oben werdet ihr alles erfahren. Auch diese Fesseln behaltet noch. Gott gebe, daß sie Euch Mitleid erflehen und dem Grausamen angelegt werden, der Euch so viele Leiden bereitete.
(Alle drei ab.)

Verwandlung
Paradeplatz des Schlosses mit der Statue des Königs

Siebenter Auftritt

Die Schloßwachen marschieren auf und bilden ein offenes Viereck. Dann erscheint von der Seite der Minister Don Fernando, von Pizarro und Offizieren begleitet. Volk eilt herzu. Von der anderen Seite treten, von Jaquino und Marzelline geführt, die Staatsgefangenen ein, die vor Fernando niederknien.

CHOR *(der Gefangenen und des Volkes)* — *Nr. 16: Finale*
Heil sei dem Tag, Heil sei der Stunde,
Die lang ersehnt, doch unvermeint,
Gerechtigkeit mit Huld im Bunde
Vor unsres Grabes Tor erscheint!

FERNANDO Des besten Königs Wink und Wille
Führt mich zu euch, ihr Armen, her,
Daß ich der Frevel Nacht enthülle,
Die all umfangen schwarz und schwer.
Nein, nicht länger knieet sklavisch nieder,
(Die Gefangenen stehen auf.)
Tyrannenstrenge sei mir fern.
Es sucht der Bruder seine Brüder,
Und kann er helfen, hilft er gern.

CHOR Heil sei dem Tag, Heil sei der Stunde!

FERNANDO *(wiederholt)*
Es sucht der Bruder seine Brüder,
Und kann er helfen, hilft er gern.

Achter Auftritt

Vorige. Rocco, durch die Wachen dringend, hinter ihm Leonore und Florestan.

ROCCO Wohlan, so helfet! Helft den Armen!

PIZARRO Was seh ich? Ha!

ROCCO *(zu Pizarro)* Bewegt es dich?
PIZARRO *(zu Rocco)* Fort! fort!
FERNANDO *(zu Rocco)* Nein, rede!
ROCCO All Erbarmen
Vereine diesem Paare sich.
(Florestan vorführend)
Don Florestan –
FERNANDO *(staunend)* Der Totgeglaubte,
Der Edle, der für Wahrheit stritt?
ROCCO Und Qualen ohne Zahl erlitt.
FERNANDO Mein Freund! Mein Freund! Der Totgeglaubte? –
Gefesselt, bleich steht er vor mir.
ROCCO, LEONORE Ja, Florestan, Ihr seht ihn hier.
ROCCO *(Leonore vorstellend)* Und Leonore –
FERNANDO *(noch mehr betroffen)* Leonore?
ROCCO Der Frauen Zierde führ ich vor.
Sie kam hierher –
PIZARRO Zwei Worte sagen –
FERNANDO Kein Wort! *(Zu Rocco)* Sie kam –
ROCCO dort an mein Tor
Und trat als Knecht in meine Dienste
Und tat so brave, treue Dienste,
Daß ich – zum Eidam sie erkor.
MARZELLINE O weh mir, was vernimmt mein Ohr!
ROCCO Der Unmensch wollt' in dieser Stunde
Vollziehn an Florestan den Mord.
PIZARRO *(in größter Wut)* Vollziehn mit ihm!
ROCCO *(auf sich und Leonore zeigend)*
Mit uns im Bunde!
(Zu Fernando) Nur Euer Kommen rief ihn fort.
CHOR *(sehr lebhaft)* Bestrafet sei der Bösewicht,
Der Unschuld unterdrückt.
Gerechtigkeit hält zum Gericht
Der Rache Schwert gezückt.
(Pizarro wird auf einen Wink Fernandos von der Wache abgeführt.)
FERNANDO *(zu Rocco)* Du schlossest auf des Edlen Grab,
Jetzt nimm ihm seine Ketten ab –

Doch halt! – Euch, edle Frau, allein,
Euch geziemt es, ganz ihn zu befrein.

LEONORE *(nimmt die Schlüssel, löst in größter Bewegung Florestan die Ketten ab; er sinkt in Leonores Arme)* O Gott! – Welch ein Augenblick!

FLORESTAN O unaussprechlich süßes Glück!

FERNANDO Gerecht, o Gott, ist dein Gericht!

MARZELLINE, ROCCO
Du prüfest, du verläßt uns nicht.

ALLE O Gott! o welch ein Augenblick!
O unaussprechlich süßes Glück!
Gerecht, o Gott, ist dein Gericht,
Du prüfest, du verläßt uns nicht!

CHOR Wer ein holdes Weib errungen,
Stimm' in unsern Jubel ein!
Nie wird es zu hoch besungen,
Retterin des Gatten sein.

FLORESTAN Deine Treu' erhielt mein Leben,
Tugend schreckt den Bösewicht.

LEONORE Liebe führte mein Bestreben,
Wahre Liebe fürchtet nicht.

CHOR Preist mit hoher Freude Glut
Leonorens edlen Mut.

FLORESTAN *(vortretend und auf Leonore weisend)*
Wer ein solches Weib errungen,
Stimm' in unsern Jubel ein!
Nie wird es zu hoch besungen,
Retterin des Gatten sein.

LEONORE *(ihn umarmend)*
Liebend ist es mir gelungen,
Dich aus Ketten zu befrein.
Liebend sei es hoch besungen:
Florestan ist wieder mein!

CHOR Wer ein holdes Weib errungen,
Stimm' in unsern Jubel ein!
Nie wird es zu hoch besungen,
Retterin des Gatten sein.

LEONORE Liebend sei es hoch besungen:
Florestan ist wieder mein!

ALLE ÜBRIGEN Nie wird es zu hoch besungen,
Retterin des Gatten sein.

Dokumentation

I. Die Stoffvorlage des ‹Fidelio›

Jean Nicolas Bouilly

Aus den Memoiren

C'était surtout lorsque j'avais la jouissance de sauver des ci-devant nobles et grand propriétaires que je faisais rugir la haine de leurs persécuteurs. (II, 63).

Le trait de dévouement admirable d'un porteur d'eau, envers un magistrat de mes parents, qui fut sauvé sous la terreur, comme par miracle, m'inspira l'idée de donner au peuple une leçon d'humanité! Je composai donc, en très peu de temps, ma pièce intitulée: *Les deux Journées*, que je confiai avec empressement à Cherubini. (II, 179).

O! quelle étude désespérante je fis alors du cœur humain! Sans le dévouement héroïque des femmes de tous les rangs, de tous les âges; sans leur inépuisable constance à servir le malheur, je n'eusse pas eu peut-être la force de supporter la barbarie et l'avilissement des hommes, qui m'offraient alors l'affreux spectacle de loups affamés pénétrant dans une bergerie. (II, 64)

(*Als ich die Freude hatte, ehemalige Adelige und Großgrundbesitzer zu retten, brachte ich den Haß ihrer Verfolger erst recht zum Toben. (II, 63)*

Das Zeichen von bewundernswürdiger Ergebenheit eines Wasserträgers für einen Gerichtsbeamten meiner Eltern, der unter dem Schrecken wie durch ein Wunder gerettet worden war, gab mir die Idee ein, dem Volk eine Lektion der Menschlichkeit zu erteilen! Ich verfaßte also in sehr kurzer Zeit ein Stück mit dem Titel: Die zwei Tage, *das ich mit Begeisterung Cherubini anvertraute. (II, 179)*

Oh, welch trostlose Studie des menschlichen Herzens machte ich da! Ohne die heldenmütige Opferbereitschaft der Frauen aller Stände, aller Generationen; ohne ihre unerschöpfliche Ausdauer dem Unglück zu dienen, hätte ich vielleicht nicht die Kraft gehabt, die Barbarei, die Erniedri-

gung der Menschen zu ertragen, die mir damals das Schauspiel von ausgehungerten Wölfen, die in einen Schafstall eindringen, boten. (II, 64))

Je travaillais à cette époque, autant que mes labourieuses fonctions pouvaient me permettre ... à ma pièce intitulée: Léonore, ou l'Amour conjugal: trait sublime d'héroïsme et de dévouement d'une des dames de la Touraine, dont j'avais eu le bonheur, de seconder les généreux efforts; ouvrage qui, peu de temps après le règne de la terreur, eut au théâtre Feydeau un succès de vogue, tant par l'expression vraie de la musique de Gaveaux, que par l'admirable talent de madame Scio, devenue la nouvelle Saint-Huberti de notre scène lyrique. Ce fut donc à La Plaine que je fis la première lecture de cet ouvrage: elle produisit un effet très remarquable sur tous mes auditeurs; mais aucun d'eux ne me parut sentir aussi vivement le noble élan de mon héroïne, que la belle Eugénie. Ses regards attachés sur les miens, semblaient me dire quelle ne serait pas moins, dévouée à son époux, que ne l'était Léonore ...

(*Zu der Zeit arbeitete ich, soweit es mir meine mühsamen Aufgaben erlauben konnten ... an meinem Stück mit dem Titel: Leonore oder die eheliche Liebe: eine erhabene, heldenmütige und selbstlose Handlung einer Dame aus der Touraine, deren großmütigen Bemühungen ich glücklicherweise behilflich sein durfte; ein Werk, das wenige Zeit nach der Schreckensherrschaft im Théâtre Feydeau einen zugkräftigen Erfolg hatte, sowohl wegen des wahrhaftigen Ausdrucks der Musik von Gaveaux als auch wegen des bewundernswürdigen Talents von Mme Scio, die die neue Saint Huberti unserer lyrischen Bühne geworden war. Ich hielt also in La Plaine die erste Lesung dieses Werkes: Sie machte einen sehr bemerkenswerten Eindruck auf alle meine Hörer; aber keiner unter ihnen schien die edle Regung meiner Heldin so lebhaft zu empfinden wie die schöne Eugénie. Ihre Blicke, die auf meine geheftet waren, schienen mir zu sagen, daß sie ihrem Gatten nicht weniger ergeben sei, als es Leonore war ...*)

(Übersetzung Veronika Sellier)

Jean Nicolas Bouilly (1763–1842), der Librettist der Oper ‹Léonore ou L'Amour conjugal› (Leonore oder die eheliche Liebe), die mit der Musik von Pierre Gaveaux (1761–1825) am 19. Februar 1798 im Theater der Rue Feydeau in Paris uraufgeführt wurde.
Der Stoff dieser Oper, der auf einer wahren Begebenheit beruht, war die unmittelbare Vorlage für das Textbuch zu Beethovens einziger Oper ‹Fidelio›.

Werner Wolf

Zur Vorgeschichte des Leonore-Stoffes

Die Handlung der ‹*Leonore*› Bouillys geht auf ein widerspruchsvolles persönliches Erlebnis des französischen Textdichters während des letzten Revolutionsjahres zurück, bei dem dieser selbst eine zwiespältige Rolle spielte. Beethoven hatte von diesem Geschehen, das Bouilly erst viel später in seinen Memoiren* beschrieb, keine Kenntnis. Er kannte den Stoff nur aus Bouillys freier dramatischer Gestaltung. Wie er aber diesen Stoff anpackte und wie sich sein Werk über die verschiedenen Versionen, die das Sujet in anderen Vertonungen bereits erhalten hatte, erhob, zeugt davon, wie grundlegend sich Beethoven von den meisten Komponisten der komplizierten Jahre nach der Französischen Revolution unterschied.

Ein Geschehnis aus der Revolution

Bouilly hatte in seinem ersten Opernlibretto ‹*Peter der Große*›, das Ernest Modest Gretry (1742–1813) vertonte, im Jahre 1790 als Royalist noch indirekt Ludwig XVI. und Marie Antoinette besungen (und dafür eine goldene Tabaksdose von ihnen erhalten). Als aber die Revolution einen immer entschiedeneren Verlauf nahm, hielt er es für gut, auf die Seite der Republikaner überzugehen und übernahm 1793 sogar die Stellung eines revolutionären Anklägers in Tours. In dieser Eigenschaft hatte er unter anderen Anklage gegen den Anführer des konterrevolutionären Aufstands in der Vendée, seinen Jugendfreund Graf René de Semblancay, zu führen. Doch dazu verspürte er wenig Neigung. Er verschleppte den Prozeß, während es dem Kerkermeister Pujol gelang, des Grafen Frau Blanche ausfindig zu machen und als Bäuerin verkleidet in das Gefängnis zu bringen.

Pujol und Blanche bemühten sich, Semblancay zur Flucht zu verhelfen, doch dieser Versuch (der übrigens Bouilly wichtige Motive für das Textbuch zum ‹*Wasserträger*› lieferte) mißlang. Inzwischen hatte der Wohlfahrtsausschuß einige Abgesandte beauftragt, über Semblancay und andere Anführer konterrevolutionärer Aufstände Gericht zu halten. Als jene aber zu unsinnigen, zudem politisch unklugen Terrormaßnahmen griffen, sah sich der Wohlfahrtsausschuß veranlaßt, ihre Handlungsweise zu verurteilen und sie wieder abzuberufen.

* *Vgl. S. 77*

Die Erstürmung der Pariser Bastille am 14. Juli 1789. Damit begann die wechselvolle, aber dennoch welthistorisch bedeutende Große Französische Revolution, deren Echo auch zu dem jungen Beethoven der Bonner Zeit drang. Beethoven war zeitlebens ein unbeirrbarer Anhänger der ideologischen und politischen Ziele dieser Revolution: Abschaffung des Feudalismus zugunsten einer republikanischen Konzeption auf der Basis von «Freiheit, Gleichheit und Brüderlichkeit».

In der Vendée war es der Radikalist Carrier, der sich solche Grausamkeiten zuschulden kommen ließ. Er wurde durch Saint-Andrée, einen Beauftragten Robespierres, seines Postens enthoben und unverzüglich nach Paris zurückbeordert. Auf der Fahrt dorthin erfuhr er, daß Semblancay freigelassen werden sollte. Er begab sich deshalb ohne Wissen Saint-Andrées sofort nach Tours zurück, um Semblancay zu töten. In dem Augenblick, da er Semblancay mit dem Dolch durchbohren wollte, sprang dessen Frau, die mit anderen Gefangenen diesem Vorgang beiwohnen sollte, vor, um den Grafen mit ihrem Leib zu decken. Dabei zog sie eine Pistole hervor, und Carrier sank vor Schreck in die Knie. Saint-Andrée, der inzwischen das Verschwinden Carriers bemerkt hatte, erschien gerade zu diesem Zeitpunkt und stellte Semblancay unter den Schutz der Republik.

In der folgenden Zeit gelang es Bouilly, die gerichtliche Verhandlung gegen Semblancay bis zum Sturz Robespierres aufzuschieben. Die neuen Machthaber ließen Semblancay frei. Carrier aber war nach seiner Rückkehr nach Paris mit anderen Hébertisten (einer von Robespierre verurteilten linksradikalen Fraktion, deren Führer Jacques-René Hébert nach einer Verschwörung gegen Robespierre am 24. März 1794 hingerichtet worden war) im plötzlichen Bündnis mit rechten Gruppierungen am Sturz Robespierres beteiligt.

Bouilly wandte sich nach der Revolution ausschließlich dem Theaterschaffen zu. Dabei ließ er es sich angelegen sein, nacheinander die Kaiserinnen Joséphine und Louise (die erste und die zweite Frau Napoleons), die Herzogin von Barry (die Frau eines Neffen Ludwigs XVI., der ab 1814 im wiedereingesetzten Bourbonen-Regime eine unrühmliche Rolle spielte) und die Königin Amalie (die Frau des «Bürgerkönigs» Louis-Philippe) zu besingen.

Die hier geschilderten Erlebnisse dienten Bouilly lediglich dazu, für die ihm befreundete Sängerin Angélique Scio eine neue große Rolle zu schaffen, nachdem diese 1797 bei der Uraufführung von Cherubinis ‹*Medée*› in der Titelpartie einen ungewöhnlichen Triumph hatte erringen können. Sie forderte Bouilly und Pierre Gaveaux (1761–1825), der mit ihr Sänger am Pariser Théâtre de la rue Feydeau und zugleich Singspielkomponist war, auf, ein Stück mit einer neuen Glanzrolle für sie zu schreiben. Als ihr Bouilly sein Erlebnis von Tours erzählte, spürte sie sofort die darin liegenden großen dramatischen Möglichkeiten und drängte, es zum Gegenstand einer Oper zu machen.

Die «Leonore» von Bouilly und Gaveaux

Bei der Gestaltung geboten im Jahre 1797 schon Rücksichten auf die noch lebenden Beteiligten am geschilderten Vorgang eine entsprechende Verkleidung. Carrier hatte sich auch in der Zeit des Direktoriums politischen Einfluß zu sichern gewußt und konnte zumindest persönlich gefährlich werden. Ferner konnte Bouilly weder seine eigene Rolle noch die des Grafen de Semblancay zu einer Zeit preisgeben, in der royalistische Aufstände noch verfolgt wurden. Vor allem aber lag es Bouilly gar nicht im Sinn, ein revolutionäres Drama zu schaffen und etwa die Revolutionsoper neu zu beleben.

So verlegte er zunächst erst einmal das ganze Geschehen ohne Zeitangabe nach Spanien. Aus dem konterrevolutionären Grafen de Semblancay wurde Florestan, ein Opfer tyrannischer Willkür, ein Kämpfer für Wahrheit und Recht. Die als Bäuerin verkleidete Frau des Grafen diente dem Kerkermeister Roc als Schließer. Carrier wurde in den Tyrannen Dom Pizar verwandelt und erhielt nur eine kurze Sprechrolle. Saint-Andrée erschien unter dem Namen Dom Fernand als Minister eines ungenannten Königs im Spanien des 17. Jahrhunderts.

Als weitere Gestalten führte Bouilly des Kerkermeisters Tochter Marcelline und den Gefängnisschließer Jacquino als deren Liebhaber im Sinne eines Buffopaares ein. Damit stellte er das Ganze in eine harmlose familiäre Umgebung und gab ihm mit der Zuneigung Marcellines zu der als Fidelio verkleideten Leonore auch noch einen Schuß Pikanterie.

Zu Beginn des zweiaktigen Stückes träumt Marcelline von der Ehe mit Fidelio, während Jacquino ihr zu wiederholten Malen einen Heiratsantrag machen möchte. Roc dagegen denkt an eine Heirat seiner Tochter mit dem vermeintlichen Jüngling, der endlich die Erlaubnis haben möchte, mit in die Kerker gehen zu dürfen. Da erscheint Pizar mit Wachen, gibt Anweisungen und geht sogleich wieder (in Begleitung Rocs) ab. Dessen Plan zur Ermordung Florestans wird lediglich in einer verdeckten Handlung hinter der Szene besprochen, während sich Leonore auf der Bühne die Schwärmereien Marcellines anhören muß. Nachdem sie durch Roc vom Plan Pizars erfahren hat, bekräftigt sie den schon vorher gefaßten Entschluß, Florestan zu retten oder mit ihm zu sterben. Den Abschluß des ersten Akts bildet ein Auftritt der Gefangenen, die ihren täglichen Rundgang ausführen und dabei einen recht harmlosen, etwas sentimentalen Chor singen.

Der zweite Akt spielt im Kerker Florestans und ist im Szenischen bis zum Abgang Pizars schon ähnlich angelegt wie in der endgültigen Fassung Beethovens. Indem aber beim entscheidenden Auftritt Pizars die Musik schweigt, besitzt das Geschehen auch nicht annähernd die Dramatik wie bei Beethoven.

Beim Abgang mit Pizar nimmt Roc Fidelio die Pistole ab. Ein von außen ertönender Chor «Rache! Rache!» jagt Leonore und Florestan nochmals Schrecken ein, bevor Dom Fernand, Pizar, Roc, Marcelline, Jacquino, Gefangene, Volk und Wachen im Kerker erscheinen und das Vorgefallene aufgeklärt wird. Florestan wird befreit. Fernand (der in einer matten Sprechrolle als deus ex machina auftritt) befiehlt, Pizar die gleiche Zeit wie Florestan einzukerkern. Marcelline und Jacquino werden ein glückliches Paar. Zum Preis Leonores ertönt ein Schlußchor. Das gesamte Geschehen ist also lediglich als ein Willkürakt Pizars gegenüber Florestan dargestellt.

Wie die szenische Einkleidung vermeidet auch die Musik (in jedem der beiden Akte sechs Gesangsnummern) jede Ausweitung zu einer dramatischen Auseinandersetzung. Der Komponist Pierre Gaveaux besaß zudem auch in keiner Weise das Format, dem Stoff musikalisch jenes Gepräge zu geben, auf das es Beethoven gerade ankam. Am ehesten gelangen ihm die singspielhaften Nummern des Anfangs. Für eine musikalische Charakterisierung Pizars fehlte ihm jedes Vermögen, so daß die Anlage als Sprechrolle die beste Lösung war, abgesehen davon, daß dies auch der Konzeption Bouillys entsprach.

Doch dank der Spannung, die der Stoff an sich bot, und des Könnens der Scio in der Titelpartie wurde die Uraufführung dieser Oper ‹*Leonore oder Die eheliche Liebe*› am 19. Februar 1798 im Pariser Théâtre de la rue Feydeau zu einem großen Erfolg. (Für Gaveaux war er der größte seines Lebens.) Das Werk fand über Paris hinaus Beachtung, andere Komponisten bekundeten Interesse für den Stoff.

Die «Leonoren»-Opern von Ferdinando Paër und Simon Mayr

Am 3. Oktober 1804 (ein Jahr vor der Uraufführung des Beethovenschen ‹*Fidelio*›) erschien in Dresden eine Oper ‹*Leonore oder Die eheliche Liebe*› des aus Italien stammenden Hofkapellmeistes Ferdinando Paër (1771–1839) in italienischer Sprache. War schon Bouilly darauf bedacht gewesen, das Geschehen in eine private Sphäre zu ziehen, so geschah dies in dem als Dramma semiserio bezeichneten zweiaktigen Textbuch von G. Schmidt noch weitergehend.

Neben Marzelline und Jaquino ist nun auch Rocco als Buffo-Figur behandelt. Der bei Bouilly/Gaveaux bescheidene Chor der Gefangenen fehlt in dieser Oper völlig. Dafür unterhält sich an dieser Stelle des Handlungsablaufs Jaquino ausführlich mit Marzelline über seine Heiratspläne. Marzelline verfolgt «ihren» Fidelio als Rettungsengel auch noch in den Kerker und ringt ihm nach Pizarros Abgang in einem neu eingefügten Duett vor dem fassungslosen Florestan eine erneute Liebeserklärung ab.

Was vom Text noch hätte anstößig wirken können, wurde durch die brillante, gefällige Musik Paërs entschärft. Das verrät bereits die Ouvertüre, die kaum etwas anderes als eine vergnügliche Buffo-Oper erwarten läßt. In den Gesangsnummern erhalten die Solisten ausführlich Gelegenheit, sich in brillanten Koloraturen zu zeigen. Auch Florestan ist da nicht ausgenommen und darf sich am Ende seiner Kerkerarie mit einer zehn Takte langen Roulade erfreuen. Pizarro avancierte vom Sprecher bei Bouilly/Gaveaux zum Tenor und glänzt mit einer effektvollen Bravour-Arie. Paër benutzte also das Textbuch – ganz im Sinne sei-

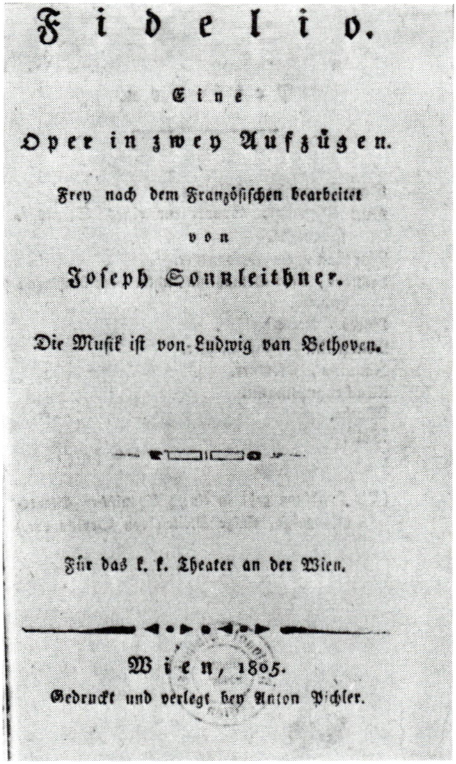

Fidelio.

Eine

Oper in zwey Aufzügen.

Frey nach dem Französischen bearbeitet

von

Joseph Sonnleithner.

Die Musik ist von Ludwig van Bethoven.

Für das k. k. Theater an der Wien.

Wien, 1805.

Gedruckt und verlegt bey Anton Pichler.

Titelblatt der im Jahre 1805 gedruckten Ausgabe des Librettos zur ersten Fassung der Oper ‹Fidelio›. Gegen Beethovens Wunsch war die Oper statt mit dem Titel ‹Leonore› mit ‹Fidelio› auf dem Theaterzettel (vgl. S. 115) und auf dem hier abgebildeten Textbuch versehen worden, wohl um eine Verwechslung mit der französischen Vorlage und der ebenfalls danach ausgearbeiteten italienischen Oper ‹Leonora› von Ferdinando Paër (1771–1839) zu vermeiden, die am 3. Oktober 1804 in Dresden uraufgeführt worden war.

ner höfischen Auftrags- und Brotgeber –, um für das Hoftheaterpublikum schöne Melodien zu schreiben. Ganz gleich, wer diese singt und wo sie gesungen werden, es sind immer wieder die gleichen einschmeichelnden Wendungen und glatten Formen. Der Erfolg war groß. Bald führten auch Prag, München und Darmstadt das Werk auf, italienische Bühnen folgten.

Noch weiter in dieser Richtung gingen der Librettist Gaetano Rossi und der aus Bayern stammende, aber in Italien lebende und ganz im italienischen Stil komponierende Simon Mayr (1763–1845) mit ihrer Oper ‹*Die eheliche Liebe*›, die 1805 in Padua herauskam. Die Verlegung der Handlung nach Polen und die Änderung der Namen hätte auf den Inhalt keinen Einfluß haben müssen. Durch die Streichung der Gestalt Jacquinos und das Straffen des Geschehens auf einen Akt wären sogar Vorzüge gegenüber der Vorlage Bouillys denkbar gewesen. Doch Rossi verwandelte das gesamte Geschehen in eine ganz private Geschichte eines skurpellosen Gefängnisdirektors, der Florestan lediglich einkerkert, um ihm seine Frau in aller Ruhe abspenstig machen zu können. Zwar könnte auch da noch die Willkür des Gefängnisdirektors bloßgestellt werden, doch dient alles in erster Linie nur einer reißerischen Opernhandlung.

Die Musik zeigt sich der Paërs verwandt. Beide Werke beweisen deutlich, was damals von den herrschenden Kreisen und von den Theaterbesuchern gewünscht wurde: Werke, die möglichst amüsant unterhielten, auch etwas Spannung besaßen, vor allem aber durch schöne Musik das Ohr und das Gemüt erfreuen. Die Furcht der restaurativen Kräfte in Europa vor Napoleon, der damals weithin als Erbe der Französischen Revolution galt, sollte im Theater wenigstens für einige Stunden vergessen gemacht werden. Und eben in dieser Situation ging Beethoven 1803 daran, mit völlig entgegengesetzten Absichten diesen Stoff erneut zu vertonen.

Adolf Sandberger *

‹Léonore› von Bouilly und ihre Bearbeitung für Beethoven durch Joseph Sonnleithner [1]

Keinen geringeren Eindruck als die Musik der in Bonn aufgeführten opéras comiques übten auf unseren jungen Meister deren Texte. Die Stoffwelt, in die Beethoven hier eingeführt wurde, ist dieselbe Sphäre, der auch das Buch des ‹*Fidelio*› entstammt. Schon in jungen Jahren mußte Beethoven inne werden, daß sich die Franzosen vortrefflich aufs Theater verstanden, daß ihre Libretti zumeist die geschicktesten und wirksamsten waren.

In seinen ‹*Beiträgen zur Geschichte der Theater Wiens*›[2] teilt nun Karl Glossy aus den Wiener Theater-Zensurakten folgende Notiz mit:

2. Oktober 1805.

Hofsekretär Josef Sonnleithner bittet das am 30. September d. J. erfolgte Verbot der Oper Fidelio aufzuheben, da diese Oper nach dem französischen Original des Boully [sic] (‹*Léonore, ou l'amour conjugal*› betitelt) *vorzüglich deshalb bearbeitet worden sei, weil die Kaiserin das Original sehr schön gefunden und versichert habe,* kein Opernstoff hätte ihr jemals so viel Vergnügen gemacht; zweitens: diese Oper vom Kapellmeister *Paër* nach dem italienischen Text bearbeitet, schon zu Prag und Dresden gegeben worden sei; drittens: *Beethoven* über eineinhalb Jahre mit der Komposition zugebracht habe, auch da man nicht im geringsten ein Verbot besorgte, bereits Proben gehalten und alle übrigen Veranstaltungen getroffen worden seien, um diese Oper zum Namensfeste der Kaiserin zu geben; viertens: die Handlung im 16. Jahrhundert [!] vorgehe, also gar keiner Beziehung unterliegen könne, endlich fünftens: ein so großer Mangel an guten Opernbüchern besteht, das gegenwärtige aber das rührendste Gemälde der weiblichen Tugend darstelle und der bösgesinnte Gouverneur nur eine Privatrache, wie Pedrarias in Balbao ausübe.

* *Adolf Sandberger (1864–1943), einer der Begründer der modernen Musikwissenschaft. Wirkte an der Münchner Universität von 1894–1929, zunächst als Privatdozent, später als außerordentlicher und ab 1909 als ordentlicher Professor der Musikwissenschaft. Er war der Lehrer einer ganzen Generation von Musikforschern (u. a. Ernst Bücken, Alfred Einstein, Hans Engel). In den Jahren 1924–1942 war er Herausgeber des «Neuen Beethoven-Jahrbuches». Außerdem leitete er die Herausgabe der «Denkmäler der Tonkunst in Bayern». Seine gesammelten Schriften erschienen in zwei Bänden.*

1 Archiv für Musikwissenschaft 1920; auf Grund eines im Jahre 1911 in der K. B. Akademie der Wissenschaften in München gehaltenen Vortrags.

2 I (1801–20), Jahrbuch der Grillparzer-Gesellschaft 1915, S. 83 ff.

In einem Brief an den Staatsrat v. Stahl vom 3. Oktober bittet Sonnleithner um dessen Fürsprache. «Sie werden S. [!] M. die Kaiserin, das Publikum, das sich merklich vom Theater entwöhnt, weil es nicht nach seinem Wunsch bedient werden kann und schon lange auf eine Opernmusik von Beethoven wartet, und das Theater, das sich immer zur Pflicht macht, allen Wünschen der hohen Behörden aufs tätigste nachzukommen, unendlich verbinden. Es ist wahr, ein Minister [!] mißbraucht seine Gewalt, aber nur zur Privatrache – in Spanien – im 16. Jahrhunderte – aber er wird bestraft, durch den Hof [!] bestraft, und der Heroismus der weiblichen Tugend steht gegenüber.

Am 5. Oktober wurde die Aufführung ‹nach einiger Abänderung der grellsten Szenen› bewilligt.»

Ist aus dieser aktenmäßigen Notiz nun etwa zu schließen, daß Beethoven an der Wahl des Textbuchs unbeteiligt sei und daß wir vielmehr der Kaiserin (Marie Therese von Sizilien, Tochter der Königin Karoline von Neapel, † 13. April 1807) zu verdanken hätten, daß Beethoven diesen Stoff ergriff?

Das erscheint denn doch wenig wahrscheinlich. Zunächst zwingt der Wortlaut durchaus nicht zu dieser Deutung; weiter aber sehen wir einerseits gerade in den Jahren vor Inangriffnahme des ‹*Fidelio*› Beethoven wieder mit Werken der opéra comique beschäftigt und finden ihn andererseits nach dem ‹*Fidelio*› immer wieder eifrig auf der Suche nach einem neuen Operntext begriffen. Die erneute Befassung mit der opéra comique geschah insbesondere durch Cherubinis Opern, welche seit 1802 in Wien gegeben wurden. Beethoven sagte bekanntlich, er sei entzückt von jedem neuen Werk des italienisch-französischen Meisters und nehme daran größeren Anteil als an seinen eigenen Arbeiten und hat überdies das Buch des ‹*Wasserträgers*› mit dem von Spontinis ‹*Vestalin*› als beste der existierenden Operntexte bezeichnet.

Mit ‹*Lodoisca*›, ‹*Wasserträger*› usw. fühlte sich Beethoven wieder versetzt in jene Welt wunderbarer Schicksale und rührenden Edelmuts, die er schon in seiner Jugend in der opéra comique kennengelernt hatte, und insbesondere mit dem ‹*Wasserträger*›, der ja (gleich ‹*Lodoisca*›) aus der Feder N. Bouillys stammt, stand Beethoven wie bei ‹*Léonore*› vor einer wunderbaren Errettung aus höchster Gefahr, die hier und dort aus ethischen Motiven betrieben wird und durch selbstlose Einsetzung von Leib und Leben für den Wohltäter bzw. geliebten Mann gelingt. Kufferath[3] mag recht haben, wenn er diese Texte mit den durch Diderot eingeführten bürgerlichen Tragödien in Verbindung bringt, in denen frei-

[3] Fidelio de L. van Beethoven, Paris 1912, S. 9.

Joseph Ferdinand von Sonnleithner (1766–1835), Sekretär des Hoftheaters in Wien, verfaßte das Textbuch zur ersten Fassung des ‹Fidelio› in unmittelbarer Anlehnung an Bouillys Vorlage.

lich Schlegel den «Ursprung so vieler Tränenbrüche» erblickt, die auch die deutsche Bühne überschwemmten.[4] Im besonderen sah Beethoven in Bouillys Ergreifung eines (gleich dem Vorwurf zum ‹*Wasserträger*›) dem Leben entnommenen Vorgangs, in seiner Verherrlichung jener heroischen dame de Tourraine, die ihren Gatten unter des Dichters Augen in den schweren Nöten der Jakobinerherrschaft errettet hatte, mit ‹*Léonore ou l'amour conjugal*› auf der Opernbühne* jene ethische Auffassung von der Ehe, von der Verpflichtung unbedingter Kameradschaft, von der Unverbrüchlichkeit und Heiligkeit des geschlossenen Bundes geltend gemacht, begegnete also der Auffassung, die ihm selbst zeitlebens – es sei nur an den bekannten Brief an Frau Bigot erinnert – als sittliches Postulat vorschwebte.

Wer diese Momente berücksichtigt, entschließt sich schwer zur Annahme, daß Beethoven bei der Wahl seines Buches unbeteiligt gewesen sein könne und sich das Buch habe in die Hand stecken lassen, um mit Weber zu reden, wie der Schuljunge den Apfel.[5] Glaubhafter erscheint, daß Sonnleithner als Hoftheatersekretär seine Gründe hatte, der politisch sehr einflußreichen[6] Kaiserin das Buch vorzulegen, und daß ihm deren einem gesunden Urteil entsprungene Äußerung jetzt vortrefflich geeignet erschien, im Kampf mit der Zensurbehörde als zugkräftiges Argument und wirksame Waffe zu dienen.

Im *Journal de Paris* wurde seinerzeit Bouilly der Vorwurf gemacht, daß er die Lösung des dramatischen Knotens nicht vollständig durchgeführt habe:

«Nous observons cependant que le dénouement est incomplet. Au premier acte la fille du geolier est recherchée par le porte clef quelle refuse à cause de son amour pour Fidelio, quelle veut avoir pour mari, et qui son père lui accorde. Il est dans les règles dramatiques que le spectateur conaisse le sort des personnages qui l'ont interessé pendant le cours de la pièce. Dans celle ci on ignore l'effet, qu'a produit sur la fille du geolier et sur son premier amant la conversion de Fidelio en Mme de Florestan, et ce que vont devinir ces deux personnages, pour lesquels on s'est interessé pendant le cours entier du premier acte.»

[4] Suchier u. Birch-Kirschfeld, Geschichte der französischen Literatur, Leipzig 1900, S. 57.

[5] Sonnleithners Neffe war der Meinung, es habe vielleicht Paër 1803 Beethoven den Stoff erzählt. Vgl. Frimmel, Beethoven-Forschungen, Heft IV, S. 128.

[6] Vgl. Wertheimer, Eduard, Die drei ersten Frauen des Kaisers Franz, Leipzig 1893, S. 28ff. – Sonnleithner betrieb auch die Übersetzung französischer Lustspiele mit großem Eifer.

* *Das französische Textbuch Bouillys ist abgedruckt in: Adolf Sandberger, Ausgewählte Aufsätze zur Musikgeschichte, 2. Band, München 1924, S. 281–324.*

(Wir stellen jedoch fest, daß die Lösung unvollständig ist. Im ersten Akt wird um die Tocher des Kerkermeisters vom Schlüsselträger gefreit, den sie wegen ihrer Liebe zu Fidelio zurückweist, den sie zum Ehemann will und der ihr von ihrem Vater zugesprochen wird. Es gehört zu den dramatischen Regeln, daß der Zuschauer das Schicksal der Personen kennt, die ihn im Verlaufe eines Stückes interessiert haben. Bei diesem kennt man weder die Wirkung, die die Verwandlung von Fidelio in Mme Florestan auf die Tochter des Kerkermeisters und ihren ersten Liebhaber hatte, noch weiß man, was aus diesen beiden Figuren wird, für die die Zuschauer sich während des ganzen ersten Aktes interessiert haben.)

Daran ist wohl etwas Wahres; Bouilly hat aber keineswegs seine Pflicht dabei übersehen, er hat sie nur auf die Weise befolgt, die ihm am richtigsten dünkte. Er wollte Marcellinens Entschlüsse in suspenso lassen; und das ist jedenfalls besser, als wenn sich Marcelline heute (nicht nach der Anordnung Treitschkes*, aber der vieler Regisseure) Jacquino gleich wieder an den Hals wirft. Bouilly hat die Angelegenheit auf folgende Weise erledigt:

LÉONORE, *à Marceline* Et toi, charmante créature, dont j'ai trahi la confiance et trompé la bonne foi ... *(Elle designe Florestan.)* Mais voilà mon excuse ...	LEONORE *zu Marcelline* Und du bezauberndes Wesen, dessen Vertrauen ich verraten und dessen Gutgläubigkeit ich getäuscht habe ... *(sie zeigt auf Florestan)* Aber da ist meine Entschuldigung ...
MARCELINE Ah! je n'vous en veux pas ... Mais où trouver jamais un vrai Fidelio?	MARCELLINE Ah, ich bin Ihnen nicht böse ... Aber wo soll ich je einen wahren Fidelio finden?
JACQUINO Si al' vouloit s'contenter d'queuq-z-un qui rafolît d'elle ...	JACQUINO Wenn sie sich mit einem zufrieden gäbe, der verrückt nach ihr ist ... [Anm. d. Übers.: Akzent, vergleichbar mit Plattdeutsch.]
LÉONORE Quel que soit l'époux quelle choisisse; je me charge de sa dot, et lui voue rendre à jamais la plus tendre amitié!	LEONORE Wer auch der Gatte ihrer Wahl sei, ich übernehme ihre Mitgift und gelobe, ihr für immer die liebevollste Freundschaft zu erweisen!

* *Zur Person Georg Friedrich Treitschkes vgl. im vorliegenden Buch S. 139.*

Auch Widmann* verweist auf einen Schönheitsfehler in Bouillys Text; als die Trompete ertönte, sagte Pizarro (avec le plus grand'égarment): «O rage, o contretems funeste! ... (à part) Il faut que je paroisse au plustot devant lui ... que je quitte ce déguisement ... (Roc) Viens, sortons; nous reviendrons ici quand il en sera tems (il emmène Roc).

(*Pizarro (in größter Verwirrung): O Zorn, o welch verhängnisvolles Mißgeschick! ... (zur Seite) Ich muß sogleich vor ihm erscheinen ... diese Verkleidung ablegen ... (Roc) Komm, gehen wir hinaus, wir kehren hierher zurück, wenn die Zeit dazu da ist. (Er nimmt Roc mit sich)*)

Die Bemerkung Pizarros, daß er sich noch umkleiden müsse, bezeichnet Widmann als «unglaublich prosaisch»; sie wäre ohne Zweifel besser unterblieben, während die Ankunft des Ministers und die Notwendigkeit, sogleich vor ihm zu erscheinen, vor allem also die verräterische Verkleidung abzuwerfen, doch entgegen Widmann für Pizarro Grund genug ist, sich nun sogleich und ohne Aufenthalt zu entfernen.

Als einen moralisierenden und pseudowitzigen Zug, als Mißgriff empfinde ich die uns überraschende Ansprache des Ministers am Schluß des Ganzen an die Damen des Publikums:

Vous, qui de Léonore	Ihr, die ihr der Mühe der Leonore
applaudissez le zèle,	Beifall zollt,
La patience et l'intrépidité,	der Geduld, der Unverzagtheit,
Femmes, prenez-la pour modèle,	Frauen, nehmt sie euch als Beispiel
Et faites consister, comme elle,	und laßt wie sie
Votre bonheur dans la fidélité.	Euer Glück in der Treue bestehen

Weiter benutzt Bouilly die naive Sinnlichkeit der Marcelline zur Herbeiführung einer uns unwürdig dünkenden Szene, in der Leonore mit einstimmen muß bei Marcellinens Vergnügen über den zu erwartenden «kleinen Fidelio»:

MARCELINE	MARCELLINE
Et puis il faudra que nature	Und dann ist es an der Natur
Vienne à son tour serrer nos noeuds.	unsere Bande fest zu knüpfen.
Va, va laisse-moi faire;	Geh, geh, laß mich nur machen;
Pour combler tous nos voeux,	Um all unsere Wünsche zu erfüllen,
	mach ich dich bald zum Vater eines

**J. V. Widmann, Bouillys Leonore und der Text zu Beethovens Fidelio, in: Deutsche Kunst- und Musikzeitung 1895, S. 19–20 und in: Die Nation, Jahrgang 12 (7. September 1895), S. 710–712*

D'un petit Fidelio je te ferai bientot père. Le premier mot qu'il prononcera	kleinen Fidelio. Das erste Wort, das er spricht
LÉONORE	LEONORE
Sera maman	wird Mama sein
MARCELINE	MARCELLINE
Sera papa usw.	wird Papa sein usw.

Diese Schwächen sind Bouilly aber keineswegs unfreiwillig und versehentlich unterlaufen; es sind vielmehr zweifellos beabsichtigte Wirkungen, Zugeständnisse an den Zeitgeschmack. Schlußresümees mit moralisierender Hervorhebung des Grundgedankens der Handlung sind zum Beispiel in der opéra comique ein beliebtes Requisit. Es wird aber auch schwer halten, Bouilly überhaupt darüber zu ertappen, daß er sich irgendein Moment seiner Handlung nicht wohl überlegt, das Ganze nicht bis in alle Einzelheiten gründlich durchgedacht und alles wohl motiviert hätte. Sein Rocco ist eine durchaus einheitliche, logisch gezeichnete Figur und wird in diesem Betracht von keiner der späteren Bearbeitungen erreicht. Bouilly läßt Pizarro nicht vor unseren Augen und Ohren den Versuch machen, Rocco zu gewinnen; wir erfahren von der Absprache der beiden und wie sich Rocco zu Pizarros Plänen stellte, aus Roccos Mund. Am Schluß der Szene mit den Wachen ruft Pizarro den Kerkermeister:

ROC	ROC
Seigneur.	Mein Herr.
PIZARE	PIZARRO
Suis moi; j'ai quelque chose d'important à te communiquer.	Folge mir, ich habe dir etwas Wichtiges mitzuteilen.
ROC, *avec étonnement*	ROC *mit Erstaunen*
À moi, seigneur?	Mir, Herr?
PIZARE, *brusquement*	PIZARRO, *schroff*
Suis moi, te dis je. *(Il sort par l'arcade qui est ouverte: Roc le suit).*	Folge mir, sage ich dir. *(Er geht durch den offenen Durchgang ab. Roc folgt ihm.)*

In Szene VII erfährt dann Leonore, was Rocco aufgetragen ist. Davon, daß Rocco den Mord vollziehen solle, wie das Sonnleithners Pizarro zuerst verlangt, ist keine Rede; Rocco hat nur den Zugang zur Zisterne freizumachen und das Signal zu geben; dann «se pré sentera un homme masqué que nous introduirons dans le souterrain ... et qui ... qui achevera le reste» (*wird sich ein maskierter Mann zeigen, den wir in das Kellergewölbe führen werden ... und ... der ... der den Rest erledigen wird*). Daß Pizarro selbst als vermummter Mann erscheinen werde, weiß entgegen Sonnleithner Bouillys Rocco keineswegs, kommt also nicht in die Lage, die Ungeheuerlichkeit glauben zu sollen, daß im Staatsinteresse der Gouverneur selbst zum Dolch greifen müsse. Ganz wohl ist allerdings auch Bouillys Rocco nicht bei der Sache, aber erst nach Pizarros Demaskierung dämmert ihm, daß es sich um ein Verbrechen handelt, obwohl ihm Leonore vorher den Gedanken schüchtern einzugeben trachtete, freilich mit sofortiger scheinbarer Rücknahme der Andeutung «... et quand bien même il s'agiroit d'une crime ... (elle frisonne) ce que je suis loin de penser ...» (... *und wenn es sich sogar um ein Verbrechen handeln würde ... (ihr schaudert) ich bin weit entfernt, daran zu denken.*)

Auch ist bei Bouilly neben dem interêt de l'état kein zweiter Grund für die Beseitigung Florestans angegeben: «qu'il y va r'pos et de l'honneur d'une des premières familles d'Espagne» (*es geht um den Frieden und die Ehre einer der ersten Familien Spaniens*). Demgegenüber mache man sich einmal völlig klar, zu was sich Rocco herbeigelassen hat, wenn er heute Leonore (fortissimo) erklärt: «Der Gouverneur kommt selbst hinab» oder Pizarro begütigt: «Der unten stirbt ... für jenen sei der Zorn gespart» oder meint, «ihn töten, heißt ihn retten».[7] Mit Recht heißt Rocco einmal in Cornelius' Briefen der «faux bonhomme» (*falscher Biedermann*); und es ist interessant, zu beobachten, wie sich die Darsteller und Interpreten mit seiner Charakterisierung abfinden. Devrient gab Rocco «als schwachen, furchtsamen Greis, der dem gebieterischen Einfluß eines mächtigen Tyrannen aus gewohnter Unterwürfigkeit nachgibt, ohne in sich den geheimen Widerwillen gegen die Tat überwinden zu können»[8].

Auch manche Feinheit des Dialogs, manches andere subtile Detail psychologischer Beobachtung hat Sonnleithner beschädigt oder beseitigt. Hingegen hat er das hübsche Motiv mit dem Bildnis Leonorens, das Florestan im Kerker noch hervorzieht, beibehalten. Treitschke hat bekanntlich diese Szene völlig ändern müssen; in der Vision des Engels, der Leonorens Züge trägt, klingt jedoch das ursprüngliche Motiv noch an. Auch eine hübsche Episode ist erst durch Treitschke beseitigt worden: Marcelline hat Leonore *im Schlaf sprechen hören*. Leonore erschrickt aufs höchste; hat sie vielleicht gar ihr Geheimnis verraten? (Bouilly I, 5; Sonnleithner II, 2 S. 30.)

[7] Dementsprechend sagt auch Sonnleithners, nicht Bouillys Rocco: «O Gott, was wartet mein? / Ich will nicht mehr im Bunde / Mit diesem Wüthrich seyn!» (s. S. 360)

[8] Rellstab, Beurteilungen 1861, S. 171.

LÉONORE, *avec alteration*
En rêvant ... Moi j'ai parlé en rêvant.

MARCELINE
Certainement; et bien distinctement encore ... Tu venois d'faire tes commissions: accablé de fatique et d'chaleur, tu t'etois endormi sous les arbres qui sont dans cette cour. *(Elle designe l'arcade qui est ouvert.)* Je m'approchai bien doucement, bien doucement, persuadée que tu jouissois d'un sommeil paisible ... Mais tu me parus agité; de longs soupirs sortoient du fond de ta poitrine, et avec ce ton ... là ... de quelqu'un bon en peine, tu prononças ces mots ... «Je la découvrirai ... oui, oui, je le découvrirai.»

LÉONORE, *avec le plus grand trouble*
Et ... je ne dis rien autre chose!

MARCELINE
Je n'entendis que cela.

LEONORE *mit gebrochener Stimme*
Im Traum ... Ich habe im Traum gesprochen.

MARCELLINE
Sicherlich und dazu sehr deutlich ... Du hattest gerade deine Aufträge erledigt und von Müdigkeit und Hitze ermattet warst du unter den Bäumen in diesem Hof eingeschlafen *(sie zeigt auf den offenen Durchgang)*. Ich näherte mich leise, ganz leise, überzeugt, daß du dich eines friedlichen Schlafes erfreuen würdest ... Aber du schienst mir sehr erregt zu sein; lange Seufzer kamen aus der Tiefe deiner Brust und mit diesem Ton ... da ... wie jemand in großer Not sprachst du diese Worte aus ... «Ich werde ihn auffinden ... ja, ja, ich werde ihn auffinden.»

LEONORE, *in höchster Verwirrung*
Und ... ich habe nichts anderes gesagt!

MARCELLINE
Ich habe nur das gehört.
(Übersetzung: Veronika Sellier)

Leonore weiß natürlich auch diese «neue Verlegenheit» zu überwinden. Sie überzeugt Marcelline leicht, daß sie, ein Kind unbekannter Herkunft, das zu sein sie vorgibt, trachte, nach ihrer Familie zu forschen. Ihre Worte hätten ihrem Vater gegolten. Mit dieser Episode begegnet Bouilly von vornherein dem Bedenken, es sei doch unwahrscheinlich, daß Leonore binnen langer Monate niemals sollte Gefahr gelaufen sein, etwas von dem zu verraten, das ihr Innerstes bewegt. Zur Tätigkeit Sonnleithners sei schließlich im Hinblick auf die Würdigung Bulthaupts[9] noch bemerkt: er hatte vor allem an Stelle der zwölf Musiknummern bei Bouilly–Gaveaux deren achtzehn vorzusehen. Seine Auf-

[9] Dramaturgie der Oper I (1902), S. 270ff.

gabe war, der Musik neue Angriffspunkte zu schaffen, ihr Ressort zu erweitern oder aber bei einzelnen Nummern die textliche Unterlage zu verbreitern, damit auf ihr ein Musikstück von bedeutenderer Anlage, von ansehnlicherem Aufbau errichtet werden könne. Daß dabei Sonnleithner Beethoven auch Gelegenheit darbot, den dramatischen Höhepunkt des Stücks, der in der opéra comique gerne im Dialog erreicht wird, zu komponieren, sei ihm besonders gedankt. –

Ich füge zum Schluß noch eine Anzahl Beispiele an als übersichtlichen Beleg, wieviel von Bouillys einzelnen Wendungen noch in Treitschkes Text, in *unserem ‹Fidelio›*, erhalten erscheint.

Fidelio, mon doux ami,	O wäre ich schon mit dir vereint
Qu'il me tarde, d'être ta femme!	Und dürfte Mann dich nennen,
Fille, hélas! ne peut qu'a demi	Ein Mädchen darf ja, was es meint,
Avouer c'qui s' passe en son ame.	Zur Hälfte nur bekennen.

Si le seul espoir de bonheur	Die Hoffnung schon erfüllt die Brust
De plaisir fait battre mon cœur.	Mit unaussprechlich süßer Lust.

Mon petit bijou, ma petite belle	Jetzt, Schätzchen, jetzt sind wir allein
J'voudrais bien causer avec toi.	Wir können vertraulich nun plaudern.

Slans un peu d'or	Hat man nicht auch Gold beineben
Un peu d'aisance	Kann man nicht ganz glücklich sein,
Retenez bien cette leçon	Traurig schleppt sich fort das Leben,
Dans la misère & l'abandon	Mancher Kummer stellt sich ein.
On traine une triste existence	
On obtient tout avec de l'or	Und stillet das kühnste Verlangen.
Oh' la bonne chose que l'or!	Es ist ein wichtig Ding, das Gold.

Il faut que ce soit un grand criminel. (R.) Ou quil aît des grands ennemis; cela revient à peu près au même.	Er muß ein großer Verbrecher sein. (R.) Oder er muß große Feinde haben; das kommt auf Eines heraus.
Mais, comme dans mon état il faut se donner le moins qu'on peut de s'crets à garder, j'nai pas voilà l'entendre ... Oh! il n'me tourment'ra pas longtemps celui-là ... il ne peut aller loin.	Für unser Einen ist's am besten, so wenig Geheimnisse als möglich zu wissen; darum hab' ich ihn auch nie angehört ... Nun er wird mich nicht lange mehr quälen! – Es kann nicht mehr lange mit ihm dauern.
Depuis un mois dom Pizare me fait réduire chaque jour sa portion ... il n'a plus que deux onces de pain noir par vingtquatres heures, et une demi mesure d'eau ... Jamais d'lumière que celle d'ma lanterne ... Pas d'paille ... rien ...	Seit einem Monat schon muß ich auf Pizarros Befehl seine Portionen kleiner machen. – Jetzt hat er binnen 24 Stunden nicht mehr als zwei Unzen schwarzes Brot und eine halbe Maß Wasser; kein Licht als den Schein der Lampe – kein Stroh mehr – nichts –
Ah! gardez-vous bien d'y conduire mon Fidelio, ce spectacle affreux lui f'roit trop de mal ...	O lieber Vater, führe Fidelio ja nicht zu ihm, diesen Anblick könnte er nicht ertragen.
Pourquoi donc? ... Oh! j'ai de la force et du courage ...	Warum denn nicht, ich habe Mut und Stärke!

Trois sentinelles sur le rempart ... douze hommes nuit et jour à l'entrée du pontlevis ... autant du côté du parc ... et surtout qu'on amène devant moi quiconque s'approcheroit des murs de ca château. Allez! Y a-t-il quelque chose de nouveau?	Drei Schildwachen auf den Wall, sechs Mann Tag und Nacht auf der Zugbrücke – ebenso viele gegen den Garten zu – und Jedermann, der sich dem Graben der Festung nähert, werde sogleich zu mir gebracht. – Ist etwas Neues vorgefallen?
Toujours des recommandations ou des reproches ... Je n'en fini-	Immer Empfehlungen und Vorwürfe. Wenn ich auf das alles das

rois pas si je voulois écouter tout cela. – Mais que vois-je! – Je crois connaître cette écriture. Lisons ... le signal à l'instant même – la plus grande exactitude surtout; vous répondez de tout sur votre tête ...	achten wollte, würde ich nie damit zu Ende kommen. – Mir dünkt, ich kenne diese Schrift. Laß sehen! ... Verstehen Sie, augenblicklich ein Signal. Ich erwarte die größte Pünktlichkeit, Sie haften mir mit Ihrem Kopf dafür.
Mais livrons-nous à l'esperance Peut-être un jour la providence Pourra de notre sort adoucir la rigueur Et nous rendre l'indépendance	Wir wollen mit Vertrauen Auf Gottes Hilfe bauen, Die Hoffnung flüstert sanft uns zu: Wir werden frei, wir finden Ruh.
Parlez plus bas ... de la prudence!	Sprecht leise, haltet Euch zurück.
Dieu! quelle obscurité! ... quel eternel silence!	Gott! welch' Dunkel hier! O grauenvolle Stille!
Comme il fait froid dans ce souterrain! Ça n'est pas etonnant – Il est profond ...	Wie kalt ist es in diesem unterirdischen Gewölbe! Das ist natürlich, es ist ja so tief ...
J'ai cru que nous n'en trouverions jamais l'entrée ...	Ich glaubte schon, wir würden den Eingang nicht finden.
Tout mon cœur s'élance vers lui! Ressurez vous, vous dis-je – souvenez vous bien quoi que vous puissiez voir ou entendre, souvenez vous que partout il est une providence ... oui, oui, il est une providence!	Mein ganzes Herz reißt mich zu ihm hin! – Sei ruhig, sag ich dir – Vergiß nicht – was du auch hören und sehen magst – vergiß nicht, daß überall eine Vorsehung ist ja – ja –, es gibt eine Vorsehung.
Tout est-il pret? Oui, il ne s'agit plus que d'ouvrir la citerne. C'est bon ... Fais retirer ce jeune homme.	Ist alles bereit? Ja, die Zisterne braucht nur geöffnet zu werden. Gut, der Jüngling soll sich entfernen.

Allons, éloigne-toi.	Geh', entferne dich.
Qui! ... moi? ... et vous?	Wer? – Ich – und Ihr?
Ne faut-il pas que je detache les fers du prisonniers? Allons, allons, éloigne toi!	Muß ich nicht dem Gefangenen die Eisen abnehmen? Geh, geh!
Oui, pour que tout soit à jamais enseveli dans l'ombre, je me déferai d'eux avant la fin du jour.	Die muß ich mir heute noch beide vom Halse schaffen, damit alles auf immer im Dunkel bleibt ...
C'est à vous, femme rare et magnanime, c'est à vous seule qu'appartient l'honneur de délivrer votre epouse.	Euch, edle Frau, allein, Euch ziemt es, ganz ihn zu befrein!

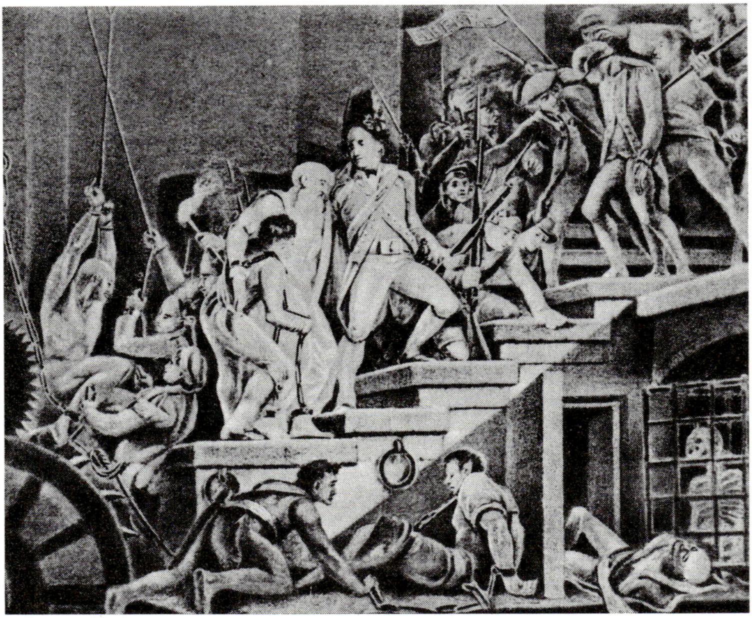

Befreiung der politischen Gefangenen aus der Pariser Bastille. In der Befreiung aller Gefangenen gipfelt auch Beethovens Oper ‹Fidelio›.

II. Zur Entstehungsgeschichte des ‹Fidelio›

Harry Goldschmidt*

Die Ur-Leonore

1

Wie man weiß, ist der *‹Fidelio›* Beethovens einzige Oper geblieben. Trotz aller Operationen, die ihre jahrelange Leidensgeschichte widerspiegeln, trotz aller Bemühungen, zu einem annähernd ähnlich idealen Textbuch noch ein zweites Mal zu kommen, der Fall wiederholte sich nicht, wo Stoff und Komponist derart eins wurden. Wer weiß von den, wer kennt sogar die übrigen Vertonungen dieser als wahr überlieferten historischen Begebenheit? Daß es innerhalb von acht Jahren nicht weniger als deren vier waren, muß nicht unbedingt für die zeitgeschichtliche Aktualität sprechen. Denn diese wurde teilweise übel zugerichtet (Paër, Dresden 1804; Simon Mayr, Parma 1805), ein Beutestück des unersättlichen Hungers nach neuen wirkungsvollen Opernstoffen. Bei Beethoven war das denn doch etwas anderes. Die selten anzutreffende Einheit politischer Aktion und moralischer Größe mußte den Stoff unweigerlich zu dem seinen machen. Auch wenn es ihn nachweislich Überwindung kostete, wiederholt von neuem zu ihm zurückzukehren, so fühlte er deutlich genug, daß er diese Änderungen sich schuldig war. Diese «Leonore» gehörte ihm allein. Mit keinem zweiten war sie zu teilen. Allein die vier Ouvertüren, die es zu dieser Oper von ihm gibt, beweisen, um welche

* *Harry Goldschmidt (1910–87), war einer der profiliertesten Musikforscher der DDR. Seit 1948 arbeitete er in Ost-Berlin. In den Jahren 1950–1955 war er Professor für Musikgeschichte an der dortigen Deutschen Hochschule für Musik und von 1961–1965 Leiter des Zentralinstituts für Musikforschung beim Verband deutscher Komponisten und Musikwissenschaftler. Goldschmidt war einer der wichtigsten Vertreter der marxistischen Musikästhetik und hat in den letzten Jahren in zunehmendem Maße entscheidend in die Beethoven-Forschung eingegriffen.*

Leitgestalt seines geistigen Daseins sie kreisten.

Dennoch: die Geschichte der Überarbeitungen des ‹*Fidelio*› ist nicht die Geschichte ihrer linearen Vervollkommnung. Als sie 1814 schließlich in ihrer endgültigen Version den lang versagten Erfolg errang, war in vielem eine andere Oper zustande gekommen. Andere Akzente waren gesetzt, die Zusammenziehung in zwei Akte (die schon das Werk der ersten Bearbeitung von 1806 gewesen war), neue Finali hatten das Gesicht merklich verändert. Welcher dramaturgische und möglicherweise auch musikalische Preis dafür bezahlt wurde, kann nur aus dem Vergleich mit der «Ur-Leonore» sichtbar werden. Das ist aber keine Frage für Operndramaturgen, die sich den Kopf darüber zu zerbrechen haben, wie sie mit den neuen Schwierigkeiten der letzten Fassung fertig werden. Das Problem reicht viel weiter. Im Grunde genommen stellt der ‹*Fidelio*› von 1814 weitgehend eine zweite Oper neben der ‹*Leonore*› von 1805 dar, während man die ausschließlich auf Kürzungen berechnete Fassung von 1806 aus dem Spiel lassen kann.[1] Ein werkgerechtes Verständnis der einen setzt die Kenntnis der anderen voraus. Dem Hörer wird es hier nicht anders ergehen. Was er auf der einen Seite an genialen neuen Zügen vermissen wird, sieht er wettgemacht durch manche nicht weniger überzeugende Episoden, die der Bearbeitung und nicht selten der Verunklärung zum Opfer fielen. Seit der denkwürdigen Lebensarbeit Erich Priegers (s. Fußnote) haben sich daher immer wieder berufene Stimmen gemeldet, die der ‹*Leonore*› – und nur um sie kann es sich bei der sogenannten «Ur-Leonore» handeln – vor dem ‹*Fidelio*› sogar den Vorzug geben. Was sie musikalisch voraushat, das ist ihre ungebrochene Entfaltungskraft, «das ungehemmte breite Ausströmen der Melodien in den mächtiger ausgeführten Sätzen, wie es sich namentlich in den Terzetten so machtvoll erweist» (Prieger).

[1] Dazu bemerkt Otto Jahn im Vorwort zu dem von ihm herausgegebenen Klavierauszug dieser Version (Leipzig 1910): «Eine aufmerksame Vergleichung wird jedem zeigen, daß im allgemeinen die erste Bearbeitung [Fassung. H. G.] nicht nur die *längste*, sondern auch die *größte* war. Wenn es nicht zu leugnen ist, daß an einigen Stellen Längen durch die zweite Bearbeitung beseitigt worden sind, so stand doch Beethoven bei dieser Operation, die er gegen seine Überzeugung und Neigung vornahm, zu sehr unter dem Eindruck des absoluten Kürzens. Mehrere Stücke sind dabei fast verstümmelt ... Einige dieser Übelstände sind im ‹*Fidelio*› wieder beseitigt, allein es ist zu bedauern, daß Beethoven bei dieser Bearbeitung nicht die erste zugrunde gelegt hat.» Die wahre Ursache scheint darin gelegen zu haben, daß die Partitur zur ersten Fassung unauffindbar war. In fünfundzwanzigjähriger Arbeit ist es dann Erich Prieger gelungen, die einzelnen Stücke der «Ur-Leonore» wiederherzustellen und 1905 als Klavierauszug, bald darauf auch als Partitur, herauszubringen. In dieser Gestalt erlebte sie, hundert Jahre nach ihrer Wiener Uraufführung, in demselben Jahr ihre Wiedererweckung durch die Berliner Oper (Dirigent war Richard Strauss).

2

Man kennt die Hauptschwierigkeit des ‹*Fidelio*›, den vielbenannten «Bruch» zwischen der großen heroischen Rettungshandlung und der Welt des kleinbürgerlichen Singspiels, die uns den willfährigen Kerkermeister in seinen besten Eigenschaften als besorgten Familienvater vorführt. Die ‹*Leonore*› von 1805 mutet uns darin sogar einiges mehr zu als der ‹*Fidelio*› von 1814, worin manches stark gekürzt und ein Terzett und ein Duett gestrichen sind. Trotzdem wird man sich der Feststellung nicht entziehen können, daß Beethoven den Singspielton nicht weniger getroffen hat als die großen Auftritte Leonorens, Florestans oder Pizarros. Der wahre Sachverhalt ist keineswegs mit der bequemen Vereinfachung verträglich, daß er die «kleine» der «großen» Welt zuliebe in Kauf genommen habe. Auch mit einer historischen Rückblende auf seine Bonner Jahre, wo er als Orchestermitglied sozusagen mit dem kompletten deutschen Singspiel einschließlich den neuen Zugstücken der opéra comique vertraut wurde, dürfte jener noch nicht hinreichend erklärt sein. Maßgeblich für den zugrunde liegenden französischen Stoff war das sogenannte *gemischte Genre*, in dem das Heroische vom bürgerlichen Alltagsleben nicht mehr getrennt, dieses aber auch nicht mehr als «niedere Sphäre» losgelöst von allen großen Handlungen der Belächlung preisgegeben wurde. «Schaffen Sie Komödien der ernsthaften Gattung, schaffen Sie Tragödien des häuslichen Alltagslebens, Sie dürfen sicher sein, daß Zustimmung und Unsterblichkeit Ihrer warten.» So hatte Diderot die bürgerlichen Autoren ermutigt, nicht ohne in seiner revolutionären Forderung fortzufahren: «Glauben Sie noch, daß das vergangene Jahrhundert dem unseren nichts mehr zu tun übriggelassen hat? Die bürgerliche Tragödie des häuslichen Alltags ist zu schaffen. Der ernste Charakter ist zu vervollkommnen. Die Verhältnisse des Menschen (les conditions) haben an die Stelle der Charaktere zu treten, vielleicht in allen Gattungen.»

Mit dieser realistischen Forderung war nicht beabsichtigt, das Milieu an die Stelle der Individuen zu setzen, sondern die Individuen historisch und vor allem sozial zu konditionieren. Der Siegeszug der französischen opéra comique, an dem auch der Leonoren-Stoff teilhat, erbrachte die historische Bestätigung. ‹*Léonore ou l'amour conjugal*› war ein Musterbeispiel des neuen gemischten Genres. Die kleinbürgerliche Familienwelt des Kerkermeisters gehört ebenso dazu wie die des von eigener Gattin befreiten Citoyen. Ja, mit der Verherrlichung der ehelichen Liebe wurde dem aristokratischen Libertinismus ein Kernstück bürgerlicher Klassenmoral entgegengehalten. «Dem Volk eine Lehre von Menschenwürde geben», war das erklärte Ziel des Verfassers, J. N. Bouilly.

In der Verquickung der beiden Sphären wird in der ‹*Leonore*› noch ein Besonderes geleistet. Seit jeher wurde die Peinlichkeit empfunden, daß die rückhaltlosen Gefühle für eine Frau in Hosenrolle das Mädchen Marzelline so schmählich von jedem weiblichen Instinkt verlassen haben: die echte Ergebenheit des zu ihr gehörenden Jaquino wird blind in den Wind geschlagen. In Sonnleithners Wiener Bearbeitung endet der erste Akt sogar damit, daß Rocco die Hände Marzellines und Fidelios zum Ehebund ineinanderlegt. Das an den Schluß gestellte Terzett endet mit den Versen:

ROCCO	MARZELLINE	FIDELIO
Gebt euch die Hand	Ein festes Band	Ich gab die Hand
Und schließt den Bund	Mit Herz und Hand!	Zum süßen Band,
In süßen Freudentränen.	O süße, süße Tränen!	Es kostet bittre Tränen.

Weiter kann die Irreführung nicht getrieben werden. (So sollte man meinen. Tatsächlich wird sie im zweiten Akt noch einen Schritt darüber hinausgehen!) Und dennoch steht sie nicht neben der Hauptaktion. Um ihren Rettungsplan auszuführen, muß Leonore, das heldenhafte Weib, selbst diesen menschlichen Betrug auf sich nehmen. Ohne sich in die Familie des Kerkermeisters eingeschlichen zu haben, besteht für sie keine Aussicht, in die Tiefen des Staatsgefängnisses einzudringen.

Die «zweite Ebene» der Oper, die ganze Singspiel-Hemisphäre erweist sich somit dramaturgisch und dialektisch als der erste Widerstand. Die übermenschlichen Prüfungen beginnen für Leonore bereits in der Wohnstube des Kerkermeisters.

3

Die französische Originalversion mit der Musik von Gaveaux geht darin noch weiter. Zum Unterschied von Leonore, Florestan und dem Gouverneur läßt Bouilly Roc(co), Marceline und Jacquino in unverfälschter Mundart, dem sogenannten Argot* sprechen. Die Forderung Diderots nach sozialer «Konditionierung» wird bis in die Redeweise befolgt. Mit ihren eigenen Problemen verkörpern sie wirklich die «kleinen Leute». Die repräsentative Gestalt ist ohne Frage Rocco. Für die unermüdlichen Versuche, den Kerkermeister zu sentimentalisieren und ihn unter dem Einfluß Fidelios sich eines zunehmenden Konflikts bis zu seiner Lossa-

* *Es handelt sich um Pâtois, eine Bauernmundart aus der Touraine.*

gung bewußt werden zu lassen, bietet das französische Modell jedenfalls nicht den bescheidensten Anhaltspunkt. Natürlich ist er kein Unmensch; natürlich weiß er, besser als seine ganze Umgebung, daß es sich bei Florestan um keinen Verbrecher, sondern um einen ganz persönlichen Widersacher seines Dienstherrn handelt; natürlich ist er nahe daran, sich erweichen zu lassen. Zwanzigmal hat die verkleidete Leonore daran gedacht, sich ihm zu offenbaren. Denn: «Durch seine rauhe Schale hindurch trägt er ein empfindendes Herz.» Dennoch wagt sie es nicht, sich ihm zu verraten. «Er ist zu sehr auf seine Berufsvorteile bedacht.» (Rocco verschafft sich nämlich nach alter Tradition Provisionen aus den Verpflegungsgeldern für die Gefangenen.) «Er fürchtet zu sehr die Macht und Ungerührtheit des Gouverneurs, um mich nicht diesem Barbaren zu opfern.» Mit entwaffnender Offenheit sagt er von sich zu Florestan: «Was wollen Sie, daß ich tue? Ich führe die Befehle aus, die man mir gibt; das ist mein Beruf.» Nur der Gedanke an Geld macht ihn schwankend. Die beiden erhaltenen Geldbörsen wirft er Pizarro erst in Gegenwart des Ministers vor die Füße, nachdem das Blatt sich gewendet hat. Seine Worte:

«Hier das Geld, das ich von dir nahm; ich gestehe es, ich liebte dieses schmutzige Metall. Aber du hast mich für immer degoutiert.»

Und an die Adresse Leonorens gerichtet, der er im dramatischen Handgemenge die Pistole entrissen hat, bevor er seinem Herrn hinauffolgt, gibt er im Nachhinein zur Begründung an, er habe die beiden nur um so sicherer retten und vor einem verzweifelten Schritt bewahren wollen.

Das klingt nicht sehr heroisch. Dafür ist es um so realistischer. Von armen Getretenen erwarten zu wollen, für die Großen dieser Welt ihre Haut zu riskieren, hieße von ihnen zu verlangen, ihrer elementarsten Klassenerfahrung zuwiderzuhandeln. Roccos vielgerügte Gold-Arie ist nur das Kernstück dieser Philosophie der ewig Gestoßenen und Betrogenen. In der französischen Originalfassung wird das alles in viel ungeschminkteren Versen gesagt:

	(Wörtlich:)
Sans un peu d'or, un peu d'aisance,	Ohne Geld (= Gold) und etwas Wohlstand,
Retenez bien cette leçon,	Merkt euch wohl diese Lektion,
Dans la misère et l'abandon	Führt man nur eine triste Existenz
On traine une triste existence.	Im Elend und in der Verlassenheit.
Mais le moindre petit trésor	Allein das bescheidenste kleine Vermögen

Rend heureux, fait aimer la vie.	Macht glücklich, läßt das Leben lieben.
Emploi, crédit, puvoir, château, femme jolie:	Beschäftigung, Kredit, Macht, Schloß, eine hübsche Frau:
On obtient tout avec de l'or,	Alles ist zu haben mit dem Geld,
Oh la bonne chose que l'or!	Was für eine gute Sache ist doch das Geld!

In der deutschen Literatur mußte man offenbar erst bis auf Brecht und sein ‹*Lied von der belebenden Wirkung des Geldes*› warten, ehe man in dieser Haltung nichts Ehrenrühriges mehr fand.

Dabei ist hervorzuheben, daß bei aller Glättung und «Entrealisierung» des Textes der Rocco der ‹*Leonore*› seinem französischen Urbild noch erheblich näher steht als im späteren ‹*Fidelio*›. Das Bestreben, ihn mit menschlicheren Zügen auszustatten – man denke an seinen Konflikt mit dem Gouverneur wegen der ins Freie gelassenen Gefangenen oder die Beseitigung seines Handgemenges mit Leonore –, hat die Widersprüche dieser plebejischen Kleinbürgergestalt nur vermehrt, ohne sie überzeugender zu machen.

4

Dasselbe muß von der Handlung im ganzen gesagt werden. Zum Unterschied vom ‹*Fidelio*› schließt die ‹*Leonore*› noch im Kerker. Dem Racheruf des Volks und der befreiten Staatsgefangenen wird vom Minister auf der Stelle stattgegeben. Pizarro wird an denselben Stein gekettet, an dem er das Opfer seiner Willkür zwei Jahre hate schmachten lassen. Allerdings macht sich schon hier der Abstand zum französischen Original bemerkbar. Vergeblich bemühen sich Florestan und Leonore, die hochherzigen Opfer, um Gnade für ihren Peiniger. Der Minister bleibt unerweichlich. «Nein, nein, man kann dem Irrtum verzeihen, der Unerfahrenheit ja, aber nicht einem Unmensch, der sich am barbarischen Vergnügen weidete, seinesgleichen zu ermorden ... Bald werde ich ihn im Namen der Gesetze dazu verurteilen lassen, während derselben Zeit die Torturen zu ertragen, die seine eigene Barbarei erfand.»

Bei Sonnleithner dagegen sieht man die jakobinische Härte josephinisch geglättet. Die Fürsprache des hochherzigen Paares verfehlt ihre Wirkung nicht. Don Fernando: «Der König wird sein Richter sein.»

Noch vager bleibt Pizarros Strafe im ‹*Fidelio*›. Er wird einfach abgeführt. So unterbleibt auch der Rekurs auf den König. Dafür schreibt die Verwandlung des Bühnenbildes vor: «Paradeplatz des Schlosses mit der

Statue des Königs.» Zum Unterschied von der französischen Version wird in den beiden deutschen die simulierte spanische Umgebung beim Wort genommen.[2] Der Zahn der Aktualität erscheint herausgebrochen. Der Fall Pizarro, der persönliche Mißbrauch staatlich delegierter Machtbefugnisse, ist hier kein Zwischenfall der jungen Republik, geschweige denn der Revolution, sondern der aufgeklärten Monarchie. Im ‹*Fidelio*› macht sich Don Fernando zum singenden Sprecher des Systems:

Des besten Königs Wink und Wille
führt mich zu euch, ihr Armen, her,
daß ich der Frevel Nacht enthülle,
die alle umfangen schwarz und schwer.

Nicht länger kniet sklavisch nieder,
Tyrannenstrenge sei mir fern.
Es sucht der Bruder seine Brüder,
und kann er helfen, hilft er gern.

Der französische Revolutionsstoff wird in den deutschen Humanismus eingepaßt, der an die bestehenden Machtverhältnisse nicht rührt. Kein Wunder, daß sich Sonnleithner in seiner Eingabe an die Wiener Zensur, welche die Aufführung der Oper zunächst verboten hatte, sogar auf die Zustimmung der Kaiserin zu dem politisch bedenklichen Textbuch berufen kann.*

In einem Brief an den Staatsrat v. Stahl, worin dieser angegangen wird, sich für die Aufhebung des Verbotes zu verwenden, geht Sonnleithner sogar noch weiter: «Es ist wahr, ein Minister mißbraucht seine Gewalt, aber nur zur Privatrache – in Spanien – im 16. Jahrhunderte – aber er wird bestraft, durch den Hof bestraft, und der Heroismus der weiblichen Tugend steht gegenüber.»

Schließlich noch ein sprachliches Detail: Vergeblich wird man im französischen Original die ständige Berufung auf Gott und seinen Willen finden. Auch hierin hinkt die deutsche Ideologie merklich hinter der französischen hinterdrein. Hand in Hand mit der «Abhobelung» des realistischen Sprachgebrauchs in der Vorlage geht eine allgemeine Sentimentalisierung, in der ‹*Fidelio*›-Bearbeitung Treitschkes noch weichmütiger als

[2] Mit Recht ist neuerdings darauf aufmerksam gemacht worden (von Friedrich Dieckmann in «Theater der Zeit», 1/1970), daß dadurch die ganze Rettungsaktion Leonores, der Nerv der Handlung, eigentlich hinfällig wird. Statt das riskante Abenteuer auf sich zu nehmen, hätte sie bloß den befreundeten Don Fernando in Sevilla aufzusuchen brauchen, um ungleich mühe- und gefahrloser zu demselben Erfolg zu kommen. – Für eine solche Belastung war die spanische Wandverkleidung der Handlung auch gar nicht gedacht. Alle Versuche, sie musiktheatralisch zu versteifen, werden daher immer nur darauf hinauslaufen, den angeblich antijakobinischen französische Revolutionsstoff dahinter verschämt zum Verschwinden zu bringen.

* *Der Text dieser Eingabe ist im vorliegenden Buch abgedruckt, S. 87.*

in der Version Sonnleithners. Das Umsichgreifen der Restauration ist auf die Bearbeitungen somit nicht ohne merkliche Spuren geblieben.

5

Eine ähnliche Akzentverschiebung widerfuhr der Oper bei ihrer Aufnahme. Als sie im November 1805 vor halbleerem Haus – das deutsche Parkettpublikum hatte vor der napoleonischen Besetzung das Weite gesucht – in der Hauptsache vor französischen Offizieren gegeben wurde, blieb ihr der Erfolg versagt, obwohl die französischen Gäste in der Wiederherstellung der Gerechtigkeit durch den «besten König» doch unschwer die Hand ihres Kaisers erblicken konnten.[3] – Anders am 23. Mai 1814: Jetzt wurde im Taumel der Befreiung die Tyrannenwillkür auf Napoleon bezogen, während «die besten Könige» sich bald darauf in Wien zu ihrem Maulkorbkongreß für die Völker hinter verschlossenen Türen versammelten.

In Wirklichkeit war aber die ‹*Leonore*› ein republikanischer Stoff, nicht anders als der ‹*Wasserträger*›, der denselben Bouilly zum Librettisten hatte, demselben Kreis von Begebenheiten entnommen war und in der Vertonung Cherubinis 1802 in Wien auch Beethovens ungeteilten Beifall gefunden hatte. Aus Bouillys Erinnerungen ‹*Mes Récapitulations*› erfährt man denn auch, daß das spanische Milieu reine Tarnung war, weil «gewisse Personen» – gemeint waren etliche Konventskommissare aus der Schreckenszeit – immer noch am Leben waren. Um ihre Haut zu retten, hatten sie sogar wie die berüchtigten Fouché und Carrier persönlich zum Sturz Robespierres am 7. Juli (9. Thermidor) 1794 beigetragen. Auf seine Veranlassung waren im Frühling dieses Jahres die Institution der sogenannten «Prokonsuln», das heißt der Provinzkommissare mit praktisch unbeschränkten Vollmachten, aufgelöst und diese zurückberufen worden. Noch am Vorabend des 9. Thermidor erklärte er: «Ich bin da, um das Verbrechen zu bekämpfen, nicht um es zu regieren.

[3] Die Oper brachte es auf ganze drei Aufführungen. Wäre sie, wie ursprünglich vorgesehen, am 30. September und nicht erst am 20. November, eine Woche nach dem französischen Einmarsch, gegeben worden, wäre ihr ohne Frage eine andere Aufnahme beschieden gewesen. Insofern hat das Aufführungsverbot durch die Zensur, die das Werk erst nach «einiger Abänderung der grellsten Szenen» freigab, ihm eben doch tödlich mitgespielt. Diese Feststellung wird auch durch den naheliegenden Einwand, bei der Wiederaufnahme in der gekürzten Überarbeitung mit Hilfe Breunings habe es die ‹*Leonore*› sogar nur auf zwei Aufführungen gebracht, nicht entkräftet. Diesmal lag es eindeutig an Beethoven, der nach einem Wortwechsel mit dem Intendanten die Partitur zurückforderte und sich dabei selbst den größten Schaden zufügte.

Die Zeit ist noch nicht reif, wo gutgesinnte Männer ungestraft dem Vaterland dienen können; *die Verteidiger der Freiheit werden Verfolgte bleiben, solange eine Horde von Schurken triumphiert.*»[4] Tatsächlich hatte er die überlebenden Girondisten, die vom Konvent ausgeschlossen worden waren, persönlich vor der Hinrichtung geschützt.

Die historische Wahrheit sieht also etwas anders aus, sobald man sie aus der Nähe betrachtet. Jedenfalls verbietet sie, die ‹*Leonore*› unbedenklich als ein Stück gegen die Jakobinerherrschaft zu bezeichnen.*

Die Errettungsgeschichten aus der Schreckenszeit der Revolution waren zweifellos das Aktuellste und Erregendste, was damals auf die Bühne gelangte. Mit einem Schlag waren die bis dahin so unentbehrlichen mythologischen Helden und Heldinnen entthront. (Bouilly beschreibt, wie die gefeierte Tragödin Mme. Scio, damals «die Bürgerin Scio», noch an dem gleichen Abend, an dem sie beim Theater Feydeau in Cherubinis neuester Oper ‹*Medea*› die Titelrolle kreiert hatte, mit derselben Begründung den Anstoß zu dem Zeitstoff gab. Sogar die Idee, Leonore statt als Magd als Burschen verkleidet in Hosen auftreten zu lassen und

[4] In dieser Rede findet man auch die folgenden kapitalen Sätze: «Ich habe die Erfahrung der Vergangenheit und sehe die Zukunft. Welcher Freund des Vaterlandes wird noch länger leben wollen, wenn es nicht mehr erlaubt ist, ihm zu dienen und die unterdrückte Unschuld zu verteidigen? Warum in einem Zustand steckenbleiben, wo die Intrige ewig über die Wahrheit triumphiert, wo die Gerechtigkeit eine Lüge ist, wo die schmutzigsten Leidenschaften, wo die lächerlichsten Befürchtungen in den Herzen die Stelle der heiligsten Interessen der Menschheit einnehmen? ... Sie haben geglaubt, es gehe nur darum für sie, das Vaterland als eine Beute zu verteilen, statt es frei und prosperierend zu machen ... Ich gebe zu, daß es für die verbündeten Tyrannen der Welt ein Einfaches ist, einen einzigen Mann zu beschuldigen; aber ich weiß auch, welches die Pflichten eines Mannes sind, der zu sterben bereit ist, wenn es um die Sache des Menschengeschlechtes geht ...

Volk, denke daran, daß, wenn in der Republik nicht absolute Gerechtigkeit herrscht und wenn dieses Wort nicht Liebe zur Gleichheit und Vaterland bedeutet die Freiheit nichts als ein leeres Wort ist. Volk! Du, das man fürchtet, dem man schmeichelt und das man verachtet – du, anerkannter Souverän, den man immer noch als Sklaven behandelt, erinnere dich daran, daß überall, wo die Gerechtigkeit nicht herrscht, das Volk seine Ketten getauscht hat und nicht sein Geschick! ...

Werden wir sagen, daß alles gut sei? Werden wir fortfahren, aus Gewohnheit oder Bequemlichkeit zu loben, was schlecht ist? Wir würden das Vaterland preisgeben. Werden wir die verborgenen Mißbräuche aufdecken? Werden wir die Verräter entlarven? Man wird uns sagen, daß wir die verfassungsmäßigen Autoritäten dadurch erschüttert, daß wir auf ihre Kosten einen persönlichen Einfluß uns aneignen wollen. Was werden wir tun? Unsere Pflicht. Was kann man vorbringen gegen den, der die Wahrheit sagen will und bereit ist, für sie zu sterben? ...»

Ein «Testament ohne Illusionen» hat Jean Massin diese letzte Rede Robespierres genannt.

* *Zur Erläuterung der näheren historischen Umstände vergleiche im vorliegenden Buch Seite 80f.*

ihm in Anlehnung an Shakespeares ‹*Cymbeline*› den Namen Fidelio zu geben, ging von ihr aus.) Sie als gegenrevolutionär auszugeben, kann man nur fertigbringen, sofern man sich über die dramatischen Episodenwechsel der Revolutionsgeschichte hinwegsetzt. Die zitierten Sätze Robespierres könnten Wort für Wort der ‹*Leonore*› als Motto dienen. Tatsächlich legt Bouilly zuletzt dem Minister die Sätze in den Mund:

«Verlassen wir diese traurige Stätte, wo das Verbrechen endlich demaskiert wurde. Strengen wir uns an, die Erinnerung daran auszulöschen durch die unmittelbare Wiederkehr der Gerechtigkeit und der Wahrheit.»

Freiheit, Gerechtigkeit, Wahrheit, eheliche Gattenliebe – alles republikanische Bürgertugenden, ebenso unvereinbar mit dem Ancien régime wie Gleichheit und Brüderlichkeit. Selbst nach dem 9. Thermidor hat die französische Bourgeoisie sich zwar schamlos bereichert, damit aber weder die Konterrevolution eingeleitet noch die Rückkehr feudalabsolutistischer Verhältnisse begünstigt, die ihrer historischen Aufgabe, den Kapitalismus durchzusetzen, ebenso hinderlich im Wege gestanden hätte. Dazu bedurfte es erst des Sturzes Napoleons. Belustigt hält der alte Bouilly in seinen Erinnerungen die Episode fest, wie der Darsteller des Jacquino vom Parterre korrigiert wurde, als er es versehentlich wagte, seinen fremden Rivalen als «Monsieur Fidélio» zu bezeichnen. Er mußte sich wiederholen und «Citoyen Fidélio» sagen. Das war noch 1798.

6

Bis heute ist nicht geklärt, auf welchem Weg Beethoven zu dem Stoff gekommen ist. «Fidelio – das ist ein französisches und italienisches Buch», sagte er 1823. Damit war er offen genug, die Priorität der Paërschen ‹*Leonora*› vor seiner eigenen zuzugeben, die am 3. Oktober 1804 in Dresden (vor Prag) zur Aufführung kam. Im Frühjahr 1803 hatte sich Paër für einige Wochen in Wien aufgehalten, wo er auch mit Beethoven in Verbindung trat. Bei dieser Gelegenheit soll Beethoven einem später in Paris kursierenden Bonmot zufolge zu Paër geäußert haben: «Ihre Oper gefällt mir, ich werde sie komponieren.» Damit konnte allenfalls nur das Textbuch gemeint sein, denn zu dieser Zeit war Paërs Oper noch gar nicht geschrieben.

Wahrscheinlicher ist ein weniger anekdotischer Zusammenhang. Nach dem großen Erfolg des ‹*Wasserträgers*› lag es gleichsam in der Luft, auch an die (zwei Jahre früher entstandene) ‹*Leonore*› für die Wiener Hofoper zu denken, zumal Sonnleithner, Theatersekretär und Hausübersetzer, sich besonders auf französische Stoffe verlegt hatte.

Das Haupthindernis lag darin, daß Gaveaux eben kein Cherubini war! Mit seiner bescheidenen Singspielmusik konnte der Erfolg des ‹*Wasserträgers*› nicht fortgesetzt werden. Was lag also näher als der Gedanke an Beethoven, um so eher, als Sonnleithner darüber im Bilde sein mußte, daß Beethoven sich immer noch mit einem vertraglich aufgenötigten Textbuch Schikaneders herumschlug, das ihm nicht behagte. In der Tat sehen wir Beethoven im Frühjahr 1804 ‹*Vestas Feuer*› von Schikaneder endgültig fallenlassen und sich dafür mit eigenem Feuer an die ‹*Leonore*› machen, eine Arbeit, die ihn immerhin anderthalb Jahre in Atem hielt. Nur wenige Instrumentalwerke sind daneben entstanden, darunter freilich solche vom Format der ‹*Waldstein-Sonate*› und der ‹*Appassionata*›. Unter den wenigen Auserwählten, denen er aus der Partitur vorspielte, befand sich eine Frau. Heute weiß man sogar, daß er ihr in den Fortgang der Komposition regelmäßigen Einblick gewährte. Nicht um die frivole Kontessa Giulietta Guicciardi handelt es sich, wie Schindler noch vermutete, sondern um deren ernste Kusine Josephine von Brunsvik, seit Februar 1804 verwitwete Gräfin Deym und Mutter vierer Kinder. Seitdem wir wissen, welchen Vorrang diese Frau in Beethovens innerem Leben dieser Jahre einnahm, mit welcher verzweifelten Ausdauer er vergeblich um sie gerungen hat, wird man darum nicht mehr so abweisend den Zusammenhang zwischen dem «Hohen Lied der Gattenliebe» und Beethovens eigenem Liebeswerben gerade in diesen Jahren in den Bereich der Romanliteratur verbannen. Freilich wird man Josephine nicht zum Vorwurf machen wollen, daß sie die ihr zugedachte Rolle nicht übernahm.

Für Beethoven bleibt es jedenfalls bezeichnend, daß er sich hartnäkkig weigerte, der durch die Theaterdirektion aus Rücksicht auf die inzwischen stattgefundenen Aufführungen von Paërs ‹*Leonora*› in Dresden und Prag für notwendig erachteten Umbenennung in ‹*Fidelio*› seine Zustimmung zu geben. Für ihn blieb jedenfalls sein «Schmerzenskind» die ‹*Leonore*›. Sie hatte unbedingte Leitbildfunktion über ihn gewonnen. Erst nach 1814, als auch der große Traum der «Unsterblichen Geliebten» für ihn begraben war, fand er sich mit dem aufgezwungenen Titel ab.

Unwandelbar blieb die Idealkonkurrenz zwischen Liebe und politischer Tat. Vergessen wir nicht, daß Leonore über ihr Ziel hinauswächst. An ihren eigenen unerkannten Mann gerichtet, singt sie: «Wer du auch seist, ich will dich retten.» Mit der Befreiung aller Gefangenen, der Aufsprengung des Staatsgefängnisses, trage dieses nun den Namen «Bastille» oder «Spielberg», verbindet sich das Motiv der persönlichen Handlung. Dieser Übergröße war musikalisch kein Gaveaux, kein Paër oder

Simon Mayr gewachsen. Eine solche heroische Synthese war nur einem einzigen komponierenden Zeitgenossen vorbehalten, und der hieß nicht einmal Cherubini, sondern Beethoven. Wo fand sich ein zweiter, der ähnlich souverän über die Amalgamierung des Textbuchs mit den restaurativen österreichischen Verhältnissen hinwegkomponiert und den schamhaft verkleideten revolutionären Akzent neu gesetzt hätte? Auch Pizarros barbarische Gegengestalt hätte niemals solche Überdimension angenommen, wäre in ihr nichts weiter als ein singulärer Unmensch verkörpert gewesen. Nein, die ‹*Leonore*› ist wie kein zweites Werk Beethovens «in tyrannos» geschrieben. Dahinter stand der Absolutismus als zum Untergang verurteiltes System. Nicht zufällig hat Beethoven das Wort «feudal» als Schimpfwort gebraucht. Auch ohne Kenntnis von Jakobinern, Girondisten, Sansculotten, Hébertisten und Thermidorianern deckte sich sein unkorrumpiertes Klassenbewußtsein trotz täglichen Umgangs mit dem Wiener Hochadel (oder vielleicht gerade darum) mit dem Citoyenideal und den französischen Bürgertugenden. Es wäre aussichtslos, diese musikalische Evidenz durch die Kompromisse des Textbuchs in Frage zu stellen. Die neuen Haltungen sind unzweideutig. Sie verdanken sich ausschließlich der Musik.

Nirgends kommt der revolutionäre Gestus darum so rein zu Wort wie dort, wo das Wort entfällt, nämlich in den *Ouvertüren*. Man versteht heute, warum die zuerst komponierte keine Gnade vor seinen Augen fand. Florestans Leidenstöne («In des Lebens Frühlingstagen ist das Leben mir entflohn») erklingen zwar hier schon zum programmatischen Ouvertüren-Zitat erhoben, desgleichen kann an der jubelnden Vereinigung von Retterin und Gerettetem nicht gezweifelt werden. Dennoch sind die Dimensionen zu eng geraten. Die Peripetien des säkularen Befreiungsdramas bleiben unvollzogen. Mit der völlig neu entworfenen Ouvertüre, die Beethoven den Aufführungen von 1805 voranstellte – der sogenannten Leonoren-Ouvertüre Nr. 2 –, wurde das Gegenextrem erreicht. Die Ausmaße waren derart ins Kolossalische gewachsen, daß sie die gesamte Singspielaktion des anschließenden ersten Aktes erschlagen mußten. Und doch markiert sie in Beethovens Entwicklung ein einschneidendes Ereignis. Mit ihr nimmt die festgeprägte Werkgruppe der programmatisch-dramatischen Ouvertüren ihren Anfang, in denen sich nicht zufällig jedesmal ein persönliches Schicksal in der historisch-politischen Dimension vollzieht (1807 ‹*Coriolan*›, 1810 ‹*Egmont*›). Die ratlosen Zeitgenossen scheinen sie allerdings anders aufgenommen zu haben. Der Korrespondent der *Leipziger Allgemeinen musikalischen Zeitung* meinte: «Die Ouvertüre besteht aus einem sehr langen, in alle Tonarten ausschweifenden Adagio, worauf ein Allegro aus C-Dur ein-

Das K. K. Theater an der Wien, in dem die Uraufführungen der ersten beiden Fassungen des ‹Fidelio› stattfanden.

Der Zuschauerraum des Theaters an der Wien.

tritt, das ebenfalls nicht vorzüglich ist und mit anderen Beethovenschen Instrumentalcompositionen – auch nur z. B. mit seiner Ouvertüre zum Ballett Prometheus (!) – keine Vergleichung aushält.» Andere Kritiker sprachen ihr das Vorhandensein einer erkennbaren Grundtonart schlechtweg ab. Auf die Einwände ist Beethoven in einer Überarbeitung teilweise eingegangen, die als Leonoren-Ouvertüre Nr. 3 vor allem den Konzertsaal erobert hat. Diese Fassung vedankt ihr Entstehen der allgemeinen Revision für die Aufführungen 1806. Anders verfuhr Beethoven für die ‹*Fidelio*›-Aufführungen 1814. Die knappgefaßte Ouvertüre – diesmal in deutlich festgeschienten E-Dur-Bahnen – sieht von vornherein davon ab, das Drama musikalisch vorwegzunehmen. Das kühne Wagnis bleibt an die ‹*Leonore*› gebunden.

7

So hebt sich selbst bis in die Ouvertüren-Konzeption die ‹*Leonore*› vom ‹*Fidelio*› ab. Auch Sonnleithners Verteilung auf drei Akte hat hier noch eine deutlich erkennbare andere Funktion. Von der Bühne losgelöst, läßt sie sogar unleugbare Vorteile erkennen. Statt die «kleine» Welt, den Bereich des Singspiels mit der großen heroischen Aktion zu vermengen, wird er ihr geschlossen in einem eigenen Akt vorangestellt. Um das Vertrauen des Kerkermeisters Schritt für Schritt zu erobern, muß die verkleidete Leonore sich bis zur Selbstaufgabe in das Milieu integrieren. Ganz folgerichtig fällt der erste Auftritt an die liebende Marzelline allein. Ihre schöne Hoffnungsarie «O wär' ich schon mit dir vereint und dürfte Mann dich nennen» (Nr. 1) geht ihrem Duett mit dem verschmähten Jaquino voraus (Nr. 2). Mit Roccos Hinzutreten verwickelt sich die Familiensituation noch mehr; das Ensemble erweitert sich zum Terzett (Nr. 3, im ‹*Fidelio*› gestrichen). Mit großen Feinheiten ausgestattet, ist es ein echter Beitrag zur durchaus nicht komischen opéra comique. Seine musikalische Pointe: das mehrsinnige Spiel mit dem kritischen Wörtchen «nein». Jeder der drei Singenden gebraucht es in anderer Verwendung, Rocco, um sich vor Jaquino dem väterlichen Jawort zu entziehen («drum rat' ich euch, sagt nein»); Jaquino wiederum, sich auf das gegebene Ja zu berufen («als wir alleine waren, da sprach sie nicht: nein, nein»); Marzelline hingegen, schon im Banne Fidelios: «Ich will mir Gram ersparen, ich sage jetzt nein, nein.» – In der zweiten Coupletstrophe kehren sich die Bedeutungen um. Jetzt singt Jaquino: «Sie scheint mir nicht zu scherzen, sie sagt im Ernste nein.» Marzelline wiederum, schon weiter in ihren Gedanken: «Dann will ich ernstlich scherzen, dann sag' ich nicht: nein, nein.»

K. auch K. K. pr. Schauspielh. a. d. Wien

Neue Oper.

Heute Mittwoch den 20. November 1805
Wird in dem k. auch k. k. priv. Schauspielhaus an der Wien
gegeben:
Zum Erstenmal:

Fidelio,

oder:

Die eheliche Liebe.

Eine Oper in 3 Akten, frey nach dem Französischen bearbeitet
von Joseph Sonnleitner.
Die Musik ist von Ludwig van Beethoven.

Personen.

Don Fernando, Minister	Hr. Weinkopf.
Don Pizarro, Gouverneur eines Staatsgefängnißes	Hr. Meier.
Florestan, ein Gefangener	Hr. Demmer.
Leonore, seine Gemahlinn unter dem Namen Fidelio	Dlle. Milder.
Rocco, Kerkermeister	Hr. Rothe.
Marzelline, seine Tochter	Dlle Müller.
Jaquino, Pförtner	Hr. Caché.
Wachehauptmann	Hr. Meister.
Gefangene.	
Wache. Volk.	

Die Handlung geht in einem Spanischen Staatsgefängnisse, einige Meilen von Sevilla vor.

Die Bücher sind an der Kassa für 15 kr. zu haben.

Preise der Plätze:

	fl.	kr.
Große Loge	10 —	
Kleine Loge	4 —	30
Erstes Parterre und erste Gallerie	—	42
Ersten Parterre und erste Gallerie ein gesperter Sitz	—	56
Zweite Gallerie	—	30
Zweiten Gallerie ein gesperter Sitz	—	42
Zweites Parterre und dritte Gallerie	—	24
Vierte Gallerie	—	12

Die Logen und gesperrten Sitze sind bey dem Kassier des k. auch k. k. National-Theaters zu haben

Der Anfang um halb 7 Uhr.

Theaterzettel zur Uraufführung der ersten Fassung des ‹Fidelio› am 20. November 1805.

Erst jetzt ist auch musikalisch der Augenblick gekommen, um Fidelio auftreten zu lassen. Die Kette der Ensemblesätze vermehrt sich um eine weitere Stimme zum Quartett (Nr. 4). Die Beteiligten vereinigen ihre Stimmen sogar zum Kanon. Aber welche Wendung im Ton! Die Singspiel-Sphäre ist wie weggeblasen. Mit Leonores Gegenwart werden ganz andere seelische Bereiche aufgerissen. Das fassungslose Wort «Mir ist so wunderbar» teilt sich allen vier Stimmen in anderer Tiefendimension mit. Der Dialektik des Ensembles wird ihr Äußerstes abgenötigt: Zum Kanon vereinigt, singt jeder von sich und für sich.

Mit Roccos Coupletarie von der Unentbehrlichkeit des Goldes (Nr. 5) wird die unterbrochene Singspiel-Sphäre wiederhergestellt. Leonore steht kurz vor ihrem Ziel: Es bedarf nur noch der Zustimmung des Gouverneurs, bis sie den Kerkermeister hinabbegleiten darf. Der Tribut für ihre Gattenliebe ist zweischneidig bis zur Unerträglichkeit: Sie muß Marzelline die Hand zum Ehebund reichen. Das Terzett, das sie mit Tochter und Vater vereinigt (Nr. 6) – Rocco spricht sie darin schon als «Söhnchen» an –, ist der äußerste Preis für diesen Konflikt. Die ganze Singspiel-Sphäre kommt zu Bruch.

8

Ebenso geschlossen und konsequent ist der zweite Akt bei Sonnleithner angelegt. Fast die gesamte Aktion geht hier an den finsteren Gegenspieler über. Bis auf die kontrastierenden Auftritte in der Mitte diktiert Pizarro die Szene. Erst jetzt stehen wir mitten im Gefängnishof. Die Soldaten marschieren auf. Pizarro überfliegt die von Rocco überreichte Post; von einem Schreiben gewarnt, erteilt er seine Befehle. Die Soldaten beziehen die Wache. Vor dem Chor seiner Offiziere kommt es zu der furchtbaren Explosion tobender Rachegefühle (Nr. 8). Der widerstrebende Rocco wird mit Geld zum Komplicen des Mordplans gemacht (Duett, Nr. 9). Man sieht ihn dem Gouverneur ins Innere der Festung folgen. – In dieser Version hat Leonore noch nichts von dem tödlichen Anschlag vernommen («Abscheulicher, wo eilst du hin?»). Statt dessen sieht sie sich von neuem von Marzelline bedrängt, die schon von ihrem gemeinsamen Familienglück träumt. Qualerfüllt muß sie sich mit ihr in das Duett «Um in der Ehe froh zu leben, muß man vor allem treu sich sein» teilen (Nr. 10). (In der französischen Originalfassung darf sie sogar die gemeinsamen zukünftigen Kinderfreuden mit ihr besingen!) So sanft dieses schöne Frauenduett, so herb seine Ironie. Das Preislied der Gattentreue, in das *sie* einstimmt, gilt einem anderen. Erst allein gelassen, darf sie es aussprechen:

Ich folg' dem inneren Triebe,
ich wanke nicht,
mich stärkt die Pflicht
der treuen Gattenliebe.

Freilich geht ihrer großen Arie hier ein anderes Rezitativ voraus, kein gesprochenes Gesangsstück des Zorns und Abscheus wie im ‹*Fidelio*›, sondern der Erschöpfung über solche übermenschliche Belastungsproben:

O brich noch nicht, du mattes Herz!
Du hast in Schreckenstagen
mit jeder Stunde neuen Schmerz
und neue Furcht getragen. (Nr. 11)

In ein nicht minder deutliches Kontrastverhältnis wird Leonores große Soloszene mit dem vorausgegangenen Duett musikalisch gebracht. Dieses ist ganz in den schwärmerischen Ton des berühmten Septetts op. 20 getaucht, mit dessen Neun-Achtel-Adagio es auffallend viele Berührungspunkte aufweist. Sogar die mitduettierenden instrumentalen Soli fehlen nicht (Violine, Vioncello). Leonores große Arie einschließlich ihres schmerzgezeichneten Rezitativs ist nicht nur in der wechselvollen Anlage, sondern auch im hochdramatischen Ton ganz auf Konflikt und Größe eingestellt. Selbst das Rivalisieren instrumentaler Figuration und vokaler Koloratur – in der Urfassung noch viel weniger zurückgebunden als im ‹*Fidelio*›[5] – dient einzig der gedanklichen Überhöhung.

Mit dem Abgang der zu allem entschlossenen Leonore setzt das Finale des zweiten Aktes ein. Die Gefangenen treten aus den geöffneten Kasematten ans Tageslicht heraus. Zum Unterschied von «Fidelio» sind sie hier nur mit *einem* Chor (dem ersten) bedacht. Rocco kürzt ihnen den Aufenthalt im Gefängnishof ab. Er steht bereits unter dem bestialischen Befehl Pizarros, der in stündlicher Erwartung des Ministers zu größter Eile treibt. Leonore kann gerade noch erfahren, daß sie das Grab ihres Gatten mit graben darf, da stürzt Marzelline schon herein, um die Rückkehr des schäumenden Gouverneurs anzukündigen. Der Kerkermeister

[5] Später berichtete die damals noch nicht zwanzigjährige Heroine Anna Milder-Hauptmann, die in so hohem Grade zum Leitbild dieser Rolle beitrug, daß sie wegen der ihrem Organ noch widerstrebenden Passagen im Adagio dieser Arie harte Kämpfe mit dem Meister zu bestehen gehabt – «jedoch vergeblich, bis sie 1814 entschieden erklärte, mit jener so gestalteten Arie nicht wieder die Bühne betreten zu wollen. Das wirkte» (Schindler).

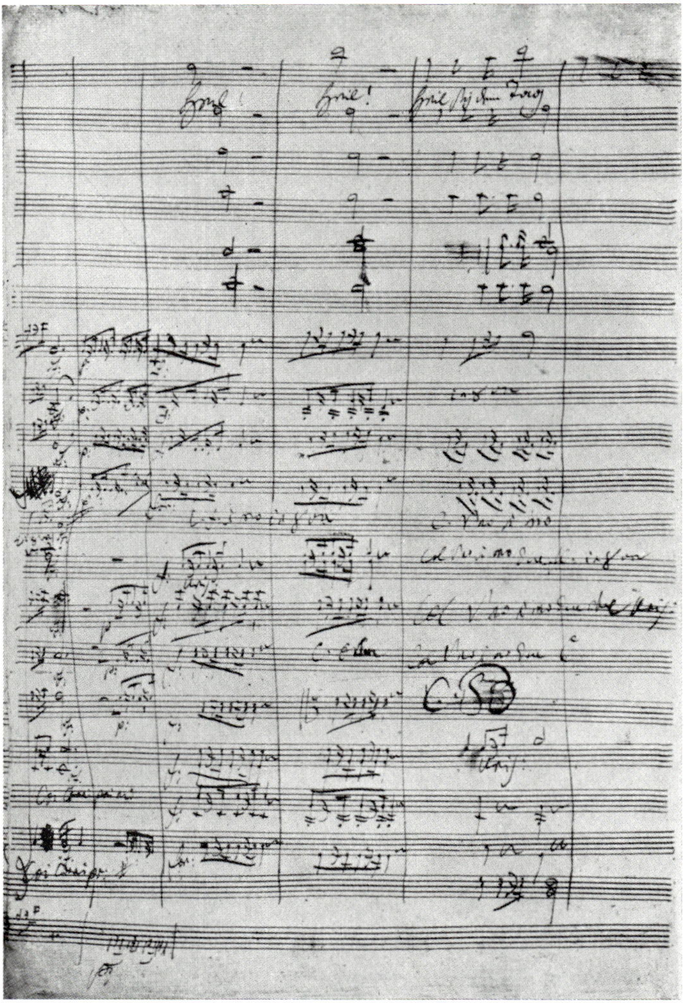

Partiturseite aus dem letzten Finale der Oper ‹Fidelio› in Beethovens Handschrift.

wird selbst mit dem Tode bedroht, wenn er die Ausführung des Befehls noch länger verzögert. Den einzigen Verlaß sieht Pizarro in seinen Soldaten.

Auf euch nur will ich bauen,
seid streng auf eurer Hut,
rechtfertigt mein Vertrauen,
sonst fürchtet meine Wut.

Das Puppenhaft-Mechanische, musikalische Zeichensprache für das willenlose Werkzeug in der Hand ihres Kommandanten, hatte schon den ersten Aufzug der Soldaten und Offiziere geprägt (Nr. 7). Jetzt, im Finale, feiert die blinde Unterwerfung unter die blutrünstige Tyrannenherrschaft wütende Orgien. Pizarro und seine Soldaten steigern sich gegenseitig in einen wahren Blutrausch.

9

Immer schärfer treten die Konturen hervor, in denen die ‹*Leonore*› sich vom ‹*Fidelio*› unterscheidet. Dem bürgerlichen Familienstück mit seinem doppelten Boden, das den ersten Akt bestreitet, steht ein ebenso geschlossener Pizarro-Akt an zweiter Stelle gegenüber, dem auch die Zwischenauftritte (Marzelline–Leonore–Gefangene–Rocco) nichts von seiner Wucht zu nehmen vermögen. Der Despot beherrscht die Bühne am Anfang und Ende.

Damit ist alles für den *dritten Akt* vorgegeben, der Florestan und Leonore zu den Eckgestalten macht. Ebenso eindeutig die Progression der Szenerie. Der erste Akt spielt in der Wohnstube, der zweite im mauerstrotzenden Festungshof, der dritte führt endlich in den Kerker hinab. Anders als im ‹*Fidelio*› endet Florestans große Schmerzensszene (Nr. 13) noch nicht mit der atemlosen Fiebervision, in der er Leonore als rettenden Engel nahen sieht. Um so enger ist die Nähe zur französischen Vorlage gewahrt. Dort heißt es noch:

Eh quoi, l'abondon, l'esclavage
sont le prix de la vérité?
Pour un destin si déplorable
de quoi suis-je coupable, hélas?
D'un tyran, d'un monstre exécrable j'ai dévoilé les attentats.

(Wörtlich übersetzt:)
Wie, die Verlassenheit, die Sklaverei sollen der Preis der Wahrheit sein? Um ein so beklagenswertes Schicksal zu erleiden, wofür habe ich mich schuldig gemacht?

Von einem Tyrannen, von einem
abscheulichen Monstrum
habe ich die Anschläge enthüllt.

Ô toi dont l'image chérie
seul est témoin de mes douleurs,
ma Léonore, ô tendre amie!
Résigne-toi, sèche tes pleurs:
Si l'on termine ma carrière,
elève ton âme et dis-toi:
«Jusqu' à son heure dernière,
mon époux fut digne de moi.»

(Wörtlich übersetzt:)
O du, deren zärtlich teures Bild
einziger Zeuge meiner Schmerzen,
meine Leonore, sanfte Freundin!
Fasse dich, trockne deine Tränen:
Wenn man meiner Lebensbahn
ein Ende macht, erhebe deine Seele
und sage dir:
«Bis zu seiner letzten Stunde
blieb mein Gatte meiner
würdig.»

Von diesem Citoyenbewußtsein ist noch etwas in den Andante-Teil bei Sonnleithner–Beethoven eingegangen:

Ach, es waren schöne Tage,
als mein Blick an deinem hing,
als ich dich mit frohem Schlage
meines Herzens fest umfing.

Mildre, Liebe, deine Klage,
wandle ruhig deine Bahn,
sage deinem Herzen, sage:
Florestan hat recht getan.

An dem anschließenden Melodram und Duett zwischen Rocco und Leonore (Nr. 14) hat Beethoven später bis auf Kürzungen und neue Textwendungen nur wenig geändert. Daß es sich dabei nicht immer um Verbesserungen handelt, erweist das folgende Terzett (Nr. 15). Leonore singt:

Wie heftig pochet dieses Herz,
es wogt in Freud und scharfem Schmerz.

Dagegen lautet das Verspaar in der ‹*Leonore*›:

Wie zieht er mich so mächtig an,
oh, wenn ich ihn befreien kann.

«Napoleon und seine Truppen bei ihrem Einzug in Wien» (Stich von Le Beau nach Naudet). Das geschah eine Woche vor der Uraufführung der ersten Fassung des ‹Fidelio›. Georg Friedrich Treitschke (1776–1842), der Librettist der späteren dritten Fassung des ‹Fidelio›, berichtet darüber: «Aus der Ferne wälzte sich das Ungewitter eines Krieges gegen Wien und raubte den Zuschauern die zum Genusse eines Kunstwerkes erforderliche Ruhe.» Beethovens Verhältnis zu Napoleon war seit der Uraufführung der 3. Symphonie (7. April 1805), deren Widmung an Napoleon er getilgt hatte, weil er in dessen Kaiserkrönung den Verrat aller republikanischen Ziele der Französischen Revolution erblickte, feindselig geworden («Auch in dem Sch...kerl habe ich mich geirrt»).

Da gerade diese Seite in den mitgehenden Instrumentalstimmen ungemein ausdrucksvoll ausgearbeitet ist, muß sie in der neuen, merklich verflachten Versifizierung dem Verstehen verlorengehen. Die Stelle bietet nicht den einzigen Fall, wo Beethoven 1814 sich an die verstümmelte Fassung von 1806 in der Überarbeitung seines Freundes Breuning statt an die Urfassung von 1805 hielt. Für die Ursache braucht man wahrscheinlich nicht weit zu suchen. Würde sein Streit mit dem Theaterintendanten nicht mit der Rückgabe der Partitur geendet haben, hätte er möglicherweise nicht einmal auf diese zurückgreifen können. Bis auf wenige Nummern blieb die Urschrift der Partitur ebenso wie die zu den Aufführungen 1805 benutzte Abschrift verschollen. Beethoven behauptete, sie seien ihm gestohlen worden.

Wieder vollzieht sich wie im ersten Akt die ständige Ensemblevermehrung:

Nr. 13 Florestan: Rezitativ und Arie

Nr. 14 Rocco und Leonore: Melodram und Duett

Nr. 15 Florestan, Leonore und Rocco: Terzett

Mit Nr. 16 wird das Drama seiner letzten «Eskalation» zugeführt. Pizarro ist eingetreten. Die Szene vollzieht sich im Quartett. Auch an ihr ist manches der verschärften Diktion zuliebe geändert worden; nicht immer mit Gewinn. So kommt in der Episode, wo Pizarro sich seinem Opfer zu erkennen gibt, die spätere Überarbeitung an Elementargewalt nicht mehr an die Urfassung heran; unentrinnbar, mit zermalmender Wucht, schieben sich hier noch die deklamatorisch hervorgestoßenen Sprachtöne über die Stufen der chromatischen Leiter hinauf. Andererseits wird man die brutal nachschlagenden Fortissimoschläge des Nachspiels vermissen. Der Schein trügt jedoch. Sie sind bloß anders geordnet. Ihre dramaturgische Funktion ist auch eine andere. Sie gelten nicht dem Abgang des Wüterichs allein. An dieser Stelle windet Rocco Leonore die gezogene Pistole aus der Hand.

Bei aller menschlichen und musikalischen Überdimension hat die ‹*Fidelio*›-Fassung dieses Aktes immer unter zwei dramaturgischen Schwächen zu leiden, der auch die einfallsreichste Regie nicht Herr zu werden vermag. Das eine ist die Geradlinigkeit der Handlung, das zweite der statisch-oratorische Schluß. Beide sind in der ‹*Leonore*› noch vermieden. Die Rettungshandlung erfährt hier noch eine unerwartete Unterbrechung, als die waffenlose Leonore, so nahe vor dem Ziel, alles verloren glaubt und in Ohnmacht sinkt. Erst jetzt bemerkt Florestan, der alles Vorgefallene für einen Traum hielt, daß er die bewußtlose Gattin vor sich hat. An den Stein gefesselt, kann er sie nicht aufrichten. Die Szene wäre in der französischen Urfassung womöglich noch ergreifender, wenn ihr Beethoven nicht eine ungewöhnlich ausdrucksvolle quasimelodramatische Ausgestaltung gegeben hätte. Nach dem Beispiel seiner unnachahmlichen Solokantate ‹*Adelaide*› ist der Name der Geliebten (bald als «Leonore», bald als «O Leonore») in die innigen Bläserstimmen eingebunden. Mittels dieses wahrhaft orphischen Gebrauchs, der hier von Tönen gemacht wird, gelingt es dem Gefesselten doch, seine eigene Retterin ins Leben zurückzurufen. Erst jetzt stürzt sie an seine Brust. Das große Gattenduett «O namenlose Freude» wird also hier noch durch ein ebenso ausgedehntes, dramatisch motiviertes Rezitativ vorbereitet (Nr. 17).

Die Erfüllung ist überwältigend. Und doch bleibt es dem berühmten Vereinigungsduett nicht anzumerken, daß es als – übrigens nicht die einzige – Entlehnung aus einem anderen Werk übernommen ist. In der fallengelassenen Schikaneder-Oper ‹*Vestas Feuer*› diente es mit nahezu identischen Tönen, in derselben Tonart (G-Dur), mit derselben syllabisch gebrochenen Violinbegleitung einem Terzett über die ungleich besser «sitzenden» Worte:

Nie war ich so froh wie heute,
niemals fühlt' ich diese Freude!

Daher erklärt sich die emphatische Silbenvermehrung in der ‹*Leonore*›: «O namen-, namenlose Freude.»

Auch die Situation stimmt überein: die endliche Vereinigung des gewaltsam getrennten Liebespaares. In der ‹*Leonore*›-Fassung kommt die Übernahme dem Original sogar noch näher als im ‹*Fidelio*›: die Stimmen der beiden Liebenden werden nicht alternativ, sondern sofort als Stimmenpaar geführt. Ihre regelmäßige «Beantwortung» fällt hier noch an die instrumentalen Repliken. Dennoch wurde die feine Beobachtung geltend gemacht, daß die «sinnlosen» Wortwiederholungen in der ‹*Leonore*› und, nochmals modifiziert, im ‹*Fidelio*› den Sinn weit besser treffen als ihr wortangepaßteres Modell. «Wahre Freude braucht wenig Worte, denn – Gedanken stehen zu fern» (G. Nottebohm).

Der zweite entscheidende dramaturgische Punkt betrifft das Finale. Entgegen der ‹*Fidelio*›-Fassung von 1814 ändert sich das Bühnenbild nicht. Keine Verwandlung. Kein freier Platz unter freiem Himmel, mit oder ohne Standbild des Königs. Die Befreiung vollzieht sich im Kerker. Von fern ein Getöse, nach Rache schreiende Stimmen. Florestan und Leonore halten sich für verloren. Umschlungen singen sie:

Gehn wir dem Tod entgegen,
ich sterb in seinem (ihrem) Arm.

Es ist gleichsam die legendäre Situation der Jünglinge im Feuerofen, nur auf ein liebendes Gattenpaar bezogen. Erst mit dem Erscheinen Don Fernandos, des Ministers und Freundes, erkennen die sich für todgeweiht Haltenden, daß die Racherufe nicht ihnen, sondern Pizarro galten. Auf sein Geheiß löst Leonore Florestan von seinen Ketten. Was die ‹*Fidelio*›-Fassung nur noch zum Zitat verkürzt mit sich führt, ist hier noch in seiner überwältigenden Urgestalt zu vernehmen. Diesmal greift Beethoven sogar auf ein Jugendwerk zurück! Während Leonore ihren Gatten befreit, stimmt der Chorus der Bläser, bald von den Streichern abgelöst, den großen Hymnus aus der Bonner Kantate auf den Tod Josephs II. an:

Da stiegen die Menschen ans Licht,
da drehte sich glücklicher
die Erd' um die Sonne.

Ohne jede Streichung wird der Chor den Instrumenten zugewiesen. was den Menschen zu singen gegeben wird, bleibt gleichsam «hineinkomponiert». Von den übrigen ergriffen sekundiert, stammelt Leonore:

O Gott, o welch ein Augenblick!
O unaussprechlich süßes Glück!

Dem äußeren Höhepunkt folgt der innere. Immer machtvoller dehnt sich der Instrumentalchor aus. Die Menschenstimmen – Soli und Chor – fügen sich mit einem zweiten Verspaar ein:

Gerecht, o Gott, ist dein Gericht,
du prüfest, du verläßt uns nicht.

Die ungesungenen Worte «da stiegen die Menschen ans Licht» erlangen ihre leuchtendste Symbolkraft. Sie ist zwiefach. Einmal steht die Kerkertür für alle Gefangenen weit geöffnet. In Nacht und Tiefe gestoßen, werden sie, der Freiheit zurückgegeben, hinauf ans Tageslicht steigen. Mit dem Aufstieg zum Licht verbindet sich zugleich nach klassischer Aufklärungssymbolik – Beethovens Lehrer Christian Gottlob Neefe war ein aktives Mitglied des verbotenen Illuminaten-Ordens – der Weg zur Emanzipation und Menschenwürde.[6] Die Ungeheuer der Nacht

[6] Ein anderer Lehrer Beethovens, der Literaturprofessor Eulogius Schneider, der die ‹*Josephs-Kantate*› veranlaßt hatte, war am Tage nach der Nachricht vom Bastillesturm mit folgendem Gedicht vor seine Studenten getreten, unter denen sich auch der junge Beethoven befand: «Gefallen ist des Despotismus Kette / Beglücktes Volk, von deiner Hand! / Der Fürsten Thron ward dir zur Freiheitsstätte. / Das Königreich zum Vaterland. / Kein Federzug, kein ‹Dies ist unser Wille› / Entscheidet mehr des Bürgers Los. / Dort liegt sie im Schutte, die Bastille, / Ein freier Mann ist der Franzos.»

Staatsfest auf dem Pariser Marsfeld 1790. Ein solches «stehendes Bild» komponierte Beethoven im letzten Finale seiner Oper ‹Fidelio›.

– Despotismus und Fanatismus – werden in jener Kantate ausgetreten. Und in demselben Spanien, das dem französischen Revolutionsstoff als Verkleidung zu dienen hat, wurde um die gleiche Zeit von einem Maler namens Goya ein Sepia-Blatt mit dem Titel ‹*Der Schlaf der Vernunft erzeugt Monstren*› geschaffen. Ein solches Monstrum will Bouillys Textbuch in Pizarro an den Pranger stellen. Der Wille des Volkes gebietet, ihn an denselben Stein gefesselt zu sehen, der ihm zur Peinigung Florestans diente. Das Gattenpaar legt seine Stimme für ihn ein. Sonnleithners Minister relegiert das Urteil an den König. Die Stimme der Revolution verschafft sich in Beethovens Textbuch kein Gehör. Dagegen wird die Sprache *Schillers* beschworen:

Wem der große Wurf gelungen,
eines Freundes Freund zu sein,
wer ein holdes Weib errungen,
Mische seinen Jubel ein.

Sonnleithner:

Wer ein holdes Weib errungen,
stimm in unsern Jubel ein,
nie wird es zu hoch besungen,
Retterin des Gatten (zu) sein.[7]

Im deutschen Idealismus wird die Französische Revolution «veredelt». Beethoven weiß freilich nichts von solcher Kosmetik. Seine Musik kennt keinen Bruch. Das Hohelied auf die Gattenliebe, Leitbild persönlichster Lebenserwartung und heroischen Klassenbewußtseins, ist vom Hymnus auf Freiheit und unaufhaltsamen Aufstieg zum Licht überstrahlt.

Eine Uraufführungskritik der 1. Fassung des ‹Fidelio›

Das Einrücken der Franzosen in Wien war für die Wiener eine Erscheinung, an die man sich anfangs gar nicht gewöhnen konnte, und es herrschte einige Wochen lang eine ganz ungewöhnliche Stille. Der Hof, die Hofstellen, die meisten großen Güterbesitzer hatten sich wegbegeben; statt daß sonst das unaufhörliche Gerassel der Kutschen betäubend sich durch die Straßen wälzt, hörte man jetzt selten einen Wagen schleichen. Die Gassen waren größtenteils von französischen Soldaten bevölkert, welche im Ganzen gute Mannszucht hielten. In der Stadt selbst wurden beinahe durchaus Officiers einquartiert; die Gemeinen hatte man in die Vorstädte gelegt.

Natürlich war es, daß man wenig an Zeitvertreib dachte, wo die Sorge für die Erhaltung so mächtig wirkte, und die Furcht vor möglichen Collisionen und unangenehmen Auftritten so Manchen und Manche zu Hause erhielt. Auch waren die Theater anfangs ganz leer; nach und nach erst fingen die Franzosen an, das Schauspiel zu besuchen, und sie sind es noch jetzt, welche die größte Anzahl der Zuseher ausmachen.

Man hat in den letzten Zeiten wenig Neues von Bedeutung gegeben. Eine neue Beethovensche Oper: Fidelio, oder Die eheliche Liebe, gefiel nicht. Sie wurde nur einige Male aufgeführt und blieb gleich nach der ersten Vorstellung ganz leer. Auch ist die Musik wirklich weit unter den

[7] Beethoven benutzt beide Zeilenversionen.

Anna Milder-Hauptmann (1785–1838) sang die Leonore in den Uraufführungen aller drei Fassungen der Oper. Wenn auch erst mit Wilhelmine Schröder-Devrient (vgl. S. 149) eine kongeniale Auffassung der Rolle erreicht war, so hat Beethoven die Partie immerhin für eine Sängerin geschrieben, von der Joseph Haydn gesagt hat: «Liebes Kind! Sie haben eine Stimme wie ein Haus!»

Erwartungen, wozu sich Kenner und Liebhaber berechtigt glaubten. Die Melodien sowohl als die Characteristik vermissen, so gesucht auch manches darin ist, doch jenen glücklichen, treffenden, unwiderstehlichen Ausdruck der Leidenschaft, der uns in Mozartschen und Cherubinischen Werken so unwiderstehlich ergreift. Die Musik hat einige hübsche Stellen, aber sie ist sehr weit entfernt ein vollkommenes, ja auch ein gelungenes Werk zu sein. Der Text, von Sonnleithner übersetzt, besteht aus einer Befreiungsgeschichte, dergleichen seit Cherubinis *Deux Journées* in die Mode gekommen sind.

(Aus: *Der Freimüthige*, 26. Dezember 1805)

Brief Stephan von Breunings zu seiner Umarbeitung des Librettos (Fassung 1806)

Wien, den 2ten Juni 1806.

Liebe Schwester und lieber Wegeler*!

Über Beethovens Oper habe ich Euch in meinem letzten Briefe, so viel ich mich erinnere, zu schreiben versprochen. Da es Euch gewiß interessirt, so will ich dieses Versprechen erfüllen. Die Musik ist eine der schönsten und vollkommensten, die man hören kann; das Sujet ist interessant; denn es stellt die Befreiung eines Gefangenen durch die Treue und den Muth seiner Gattinn vor; aber bei dem Allen hat Nichts wohl Beethoven so viel Verdruß gemacht, als dieses Werk, dessen Werth man in der Zukunft erst vollkommen schätzen wird. Zuerst wurde sie sieben Tage nach dem Einmarsche der französischen Truppen, also im allerungünstigsten Zeitpunkte, gegeben. Natürlich waren die Theater leer und Beethoven, der zugleich einige Unvollkommenheiten in der Behandlung des Textes bemerkte, zog die Oper nach dreimaliger Aufführung zurück. Nach der Rückkehr der Ordnung nahmen er und ich** sie wieder vor. Ich arbeitete ihm das ganze Buch um, wodurch die Handlung lebhafter und schneller wurde; er verkürzte viele Stücke, und sie ward hierauf dreimal*** mit dem größten Beifall aufgeführt. Nun standen aber

* *Franz Gerhard Wegeler (1765–1848), Mediziner und Schriftsteller, einer der besten Jugendfreunde Beethovens. Zusammen mit Beethovens Schüler Ferdinand Ries (1784–1838) gab er im Jahre 1838 die «Biographischen Notizen über Ludwig van Beethoven» heraus.*

** *Vgl. den Bericht des Sängers Joseph August Röckel S. 133.*

*** *Irrtum Breunings, denn die 2. Fassung des ‹Fidelio› wurde nach der ersten Wiederholung bereits abgesetzt (vgl. S 137).*

Fritz Demmer, der Florestan in der Uraufführung der ersten Fassung des ‹Fidelio›.

seine Feinde bei dem Theater auf und da er mehrere, besonders bei der zweiten Vorstellung beleidigte, so haben diese es dahin gebracht, daß sie seitdem nicht weiter mehr gegeben worden ist. Schon vorher hatte man ihm viele Schwierigkeiten in den Weg gelegt und der einzige Umstand mag Euch zum Beweise der übrigen dienen, daß er bei der zweiten Aufführung nicht einmal erhalten konnte, daß die Ankündigung der Oper unter dem veränderten Titel: ‹*Fidelio*› wie sie auch in dem französischen Original heißt und unter dem sie nach den gemachten Änderungen gedruckt worden ist, geschah. Gegen Wort und Versprechen fand sich bei den Vorstellungen der erste Titel: ‹*Leonore*› auf dem Anschlagezettel.* Die Kabale ist für Beethoven um so unangenehmer, da er durch die Nichtaufführung der Oper, auf deren Ertrag er nach Procenten mit seiner Bezahlung angewiesen war, in seinen ökonomischen Verhältnissen ziemlich zurück geworfen ist und sich um so langsamer wieder erholen wird, da er einen großen Theil seiner Lust und Liebe zur Arbeit durch die erlittene Behandlung verloren hat. Die meiste Freude habe ich vielleicht ihm gemacht, da ich, ohne daß er etwas davon wußte, sowohl im November, als bei der Aufführung am Ende März, ein kleines Gedicht drucken und in dem Theater austheilen ließ. Für Wegelern will ich beide hier abschreiben, weil ich von alten Zeiten weiß, daß er etwas auf dergleichen Dinge hält; und da ich einst Verse auf seine Erhebung zum Rector magnificus celeberrimae aniversitatis Bonnensis machte, so kann er nun durch Vergleichung sehen, ob ich in meinem poetischen Gelegenheits-Genie Fortschritte gemacht habe. Das erste kleine Gedicht war in reimlosen Jamben:

Sei uns gegrüßt auf einer größern Bahn,
Worauf der Kenner Stimme laut Dich rief,
Da Schüchternheit zu lang zurück Dich hielt!
Du gehst sie kaum, und schon blüht Dir der Kranz,
Und ältre Kämpfer öffnen froh den Kreis.
Wie mächtig wirkt nicht Deiner Töne Kraft;
Die Fülle strömt, gleich einem reichen Fluß;
Im schönen Bund schlingt Kunst und Anmuth sich,
Und eigne Rührung lehrt Dich Herzen rühren.

* *Ebenfalls ein Irrtum Breunings; der Titel hätte nach Beethovens ausdrücklichem Wunsch nicht, wie auf dem Theaterzettel angegeben, ‹Fidelio›, sondern eben gerade ‹Leonore› lauten müssen.*

Stephan von Breuning (1774–1827), Freund Beethovens und Librettist der Umarbeitung des ‹Fidelio› zur zweiten Fassung von 1806.

Es hob, es regten wechselnd unsre Brust
Lenorens Muth, ihr Lieben, ihre Thränen;
Laut schallt nun Jubel ihrer seltnen Treu,
Und süßer Wonne weichet bange Angst.
Fahr' muthig fort; dem späten Enkel scheint
Ergriffen wunderbar von Deinen Tönen,
Selbst Thebens Bau dann keine Fabel mehr.

Das zweite besteht aus zwei Stanzen und enthält eine Anspielung auf die Anwesenheit der französischen Truppen zur Zeit der ersten Aufführung der Oper:

Noch einmal sei gegrüßt auf dieser Bahn,
Die Du betrat'st in bangen Schreckenstagen
Wo trübe Wirklichkeit von süßem Wahn
Die Zauberbinde riß und furchtbar Zagen
Nun All' ergriff, wie wann den schwachen Kahn
Des wilden Sturm's gewalt'ge Wellen schlagen;
Die Kunst floh scheu vor rohen Krieges-Sczenen,
Der Rührung nicht, aus Jammer flossen Thränen.

Dein Gang voll eigner Kraft muß hoch uns freu'n,
Dein Blick, der sich auf's höchste Ziel nur wendet,
Wo Kunst sich und Empfindung innig reih'n.
Ja, schaue hin! der Musen schönste spendet
Dort Kränze Dir, indeß vom Lorbeerhain
Apollo selbst den Strahl der Weihung sendet.
Die ruh' noch spät auf Dir! in Deinen Tönen
Zeig' immer sich die Macht des wahren Schönen!

Diese Abschrift hat mich aber wirklich ganz ermüdet; ich kann daher wohl diesen ohnehin langen Brief schließen. Ich will Euch nur noch die Nachricht schreiben, daß Lichnowsky die Oper jetzt an die Königinn von Preußen geschickt hat und daß ich hoffe, die Vorstellungen in Berlin werden den Wienern erst zeigen, was sie hier haben.

Kleines Zwischenspiel mit Noten und Banknoten

«Ich lebe nur in meinen Noten»…

...schrieb Beethoven einmal, aber ihm war «die ganze Sache mit der Oper die mühsamste von der Welt».

Dennoch, für 2400 Gulden wäre er bereit gewesen, «jährlich wenigstens eine große Oper, dazu eine kleine Operette oder ein Divertissement, Chöre oder Gelegenheitsstücke nach Verlangen und Bedarf zu komponieren». Das Ersuchen wurde von der Theaterdirektion in Wien abgelehnt.

«Ich schreibe nur das nicht, was ich am liebsten möchte, sondern des Geldes wegen, das ich brauche», klagte er. Und: «Noten sind besser als Nöte» – auch auf dem Umweg über Banknoten.

Joseph August Röckel*

Bericht über die Umarbeitung des ‹Fidelio› zur 2. Fassung von 1806

Es war im December 1805 – das Opernhaus «an der Wien» und beide Hoftheater Wiens standen zu jener Zeit unter der Intendanz des Baron Braun, des Hofbanquiers – als Herr Meyer, der Schwager Mozart's und Regisseur der Oper an der Wien, zu mir kam und mich zu einer Abendgesellschaft im Palaste des Fürsten Karl Lichnowsky, des großen Beschützers von Beethoven, einlud. *‹Fidelio›* war schon einen Monat vorher an der Wien aufgeführt worden, unglücklicherweise gerade nach dem Einmarsche der Franzosen, als die eigentliche Stadt gegen die Vorstädte abgeschlossen war.

Das ganze Theater war von den Franzosen besetzt, und nur wenige Freunde Beethoven's wagten, die Oper zu hören. Diese Freunde waren damals in jener Gesellschaft, um Beethoven zu bewegen, zu den Veränderungen seine Zustimmung zu geben, welche in der Oper vorgenommen werden mußten, um die Schwerfälligkeit des ersten Actes zu beseitigen. Die Nothwendigkeit dieser Verbesserungen war zwischen ihnen bereits anerkannt und festgestellt; Meyer hatte mich auf den bevorstehenden Sturm vorbereitet, wenn Beethoven hören würde, daß drei ganze Nummern im ersten Acte ausfallen müßten.

In der Gesellschaft waren zugegen Fürst Lichnowsky und die Fürstin, seine Frau, Beethoven und sein Bruder Caspar, [Stephan] von Breuning, [Heinrich] v. Collin, der Dichter, der Schauspieler Lange (ein anderer Schwager Mozart's), Treitschke, Clement, der Dirigent des Orchesters, Meyer und ich; ob Capellmeister v. Seyfried anwesend war, dessen bin ich nicht mehr ganz gewiß, doch möchte ich es glauben. Ich war erst kurze Zeit vorher nach Wien gekommen und traf Beethoven dort zum ersten Male.

Da die ganze Oper durchgenommen werden sollte, so gingen wir gleich an's Werk. Fürstin Lichnowsky spielte auf dem Flügel die große Partitur der Oper, und Clement, der in einer Ecke des Zimmers saß, begleitet mit seiner Violine die ganze Oper auswendig, indem er alle Solos der verschiedenen Instrumente spielte. Da das ungewöhnliche Gedächtniß Clement's allgemein bekannt war, so war niemand außer mir darüber erstaunt. Meyer und ich machten uns dadurch nützlich, daß wir so

* *Joseph August Röckel (1783–1870) war der Florestan in den Aufführungen der 2. Fassung des ‹Fidelio›.*

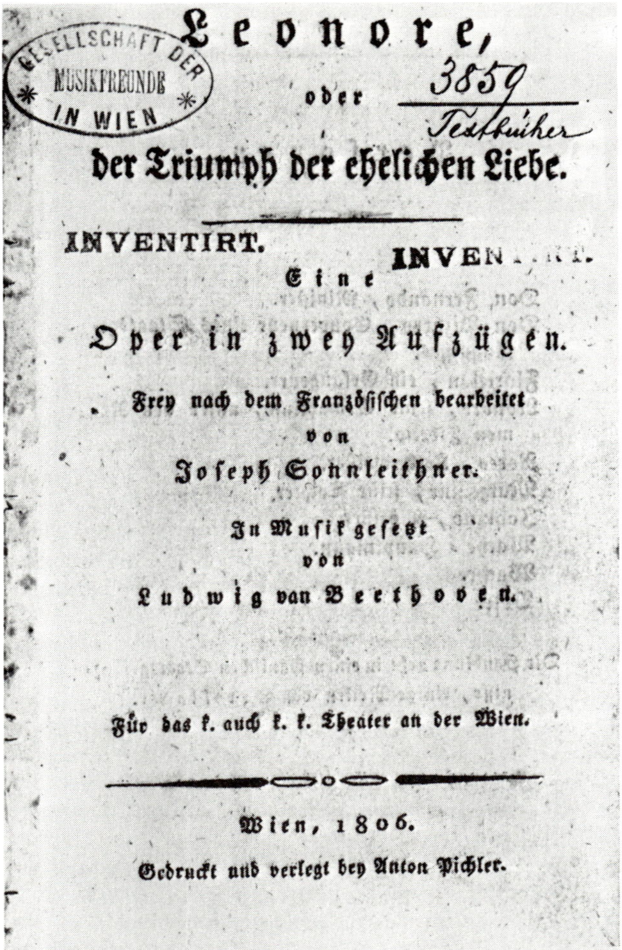

Leonore,

oder

der Triumph der ehelichen Liebe.

Eine

Oper in zwey Aufzügen.

Frey nach dem Französischen bearbeitet

von

Joseph Sonnleithner.

In Musik gesetzt

von

Ludwig van Beethoven.

Für das k. auch k. k. Theater an der Wien.

Wien, 1806.

Gedruckt und verlegt bey Anton Pichler.

Titelblatt der im Jahre 1806 gedruckten Ausgabe des Librettos der umgearbeiteten (zweiten) Fassung des ‹Fidelio› mit dem ursprünglich von Beethoven gewünschten Titel ‹Leonore›. Seltsamerweise ist der Verfasser der Umarbeitung des Sonnleithnerschen Textes, Stephan von Breuning, nicht genannt.

gut wir konnten dazu sangen, er (Baß) die tieferen, ich die höheren Partien der Oper. Obgleich die Freunde Beethoven's auf den bevorstehenden Kampf vollständig vorbereitet waren, hatten sie ihn doch nie früher in *dieser* Aufregung gesehen, und ohne das Bitten und Flehen der sehr zartfühlenden, schwächlichen Fürstin, welche für Beethoven eine zweite Mutter war und von ihm selbst als solche anerkannt wurde, würden seine verbundenen Freunde wahrscheinlich in diesem auch für sie sehr zweifelhaften Unternehmen schwerlich Erfolg gehabt haben. Als aber nach ihren vereinten Besprechungen, die von 7 bis nach 1 Uhr gedauert hatten, die Aufopferung von drei Nummern angenommen war, und als wir, erschöpft, hungrig und durstig, uns anschickten, durch ein glänzendes Souper uns zu restauriren, da war niemand glücklicher und fröhlicher als Beethoven. Hatte ich ihn vorher in seinem Zorne gesehen, so sah ich ihn nunmehr in seiner Laune. Als er mich ihm gegenüber angestrengt mit einem französischen Gerichte beschäftigt sah, und ich auf seine Frage: was ich da äße, antwortete: ich weiß es nicht! da rief er mit seiner Löwenstimme aus: er ißt wie ein Wolf, ohne zu wissen was! Ha! Ha! Ha! – ... Die verurteilten Nummern waren: 1. eine große Arie des Pizarro mit Chor (im Finale des zweiten Akts); 2. ein komisches Duett zwischen Leonore (Fidelio) und Marzelline mit Violin- und Violoncellsolo; 3. ein komisches Terzett zwischen Marzelline, Jacquino und Rocco. Viele Jahre später fand Herr Schindler die Partituren dieser drei Stücke unter dem Abfall von Beethovens Musik und erhielt sie von ihm zum Geschenke.*

Eine Uraufführungskritik der 2. Fassung des ‹Fidelio›

Beethovens Oper ‹*Fidelio*› erschien neu umgearbeitet im Theater an der Wien. Die Umarbeitung besteht in der Zusammenziehung dreier in zwei Akte. Es ist unbegreiflich, wie sich der Kompositeur entschließen konnte, dieses gehaltlose Machwerk Sonnleithner's mit der schönen Musik beleben zu wollen, und daher konnte, die niedrigen Kabalen des ehrenwerten ... nicht mitgerechnet, der Effekt des Ganzen unmöglich von der Art seyn, als sich der Tonkünstler wohl versprochen haben mochte,

* *Diese Angaben sind zu berichtigen: Die von Röckel erwähnten verurteilten Nr. 2 und Nr. 3 wurden im Jahre 1807 (!) gedruckt und erschienen auch im Klavierauszug von 1810. Ferner vergißt Röckel zu erwähnen, daß 1806 auch Roccos Lied («Hat man nicht auch Gold beineben») wegfiel.*

Titelblatt des ersten Klavierauszugs, der jemals von Beethovens ‹Fidelio› erschienen ist. Die im Jahre 1810 gedruckte Ausgabe in der Einrichtung Carl Czernys (1791–1857) enthält die zweite Fassung der Oper (1806), jedoch nach damaligem Brauch ohne die Ouvertüre und die beiden Finales.

da die Sinnlosigkeit der rezitirenden Stellen den schönen Eindruck der abgesungenen ganz oder doch größtenteils verwischte. Es fehlt Hrn. B. gewiß nicht an hoher ästhetischer Einsicht in seine Kunst, da er die in den zu behandelnden Worten liegende Empfindung vortrefflich auszudrücken versteht, aber die Fähigkeit zur Übersicht und Beurteilung des Textes in Hinsicht auf den Totaleffekt scheint ihm ganz zu fehlen. Die Musik ist jedoch meisterhaft, und B. zeigte, was er auf dieser neu angetretenen Bahn in der Zukunft wird leisten können. Vorzüglich gefallen das erste Duett und die beiden Quartetten: die Ouverture hingegen mißfällt wegen der unaufhörlichen Dissonanzen und des überladenen Geschwirres der Geigen fast durchgehends, und ist mehr eine Künstelei als eine wahre Kunst. Mslle. Milder, als verkleideter Fidelio, singt die für ihre liebliche, obwohl wenig gebildete Stimme, genau berechnete Partie recht brav; nur kann sie zuletzt aus den Umarmungen ihres geretteten Gemahls sich gar nicht loswinden; auch die wegen ihrer einstigen äußerst schönen Figur sehr beliebte Mslle. Müller that ihr Möglichstes.

(Aus: *Zeitung für die elegante Welt*, Nr. 56. 10. May 1806. Spalte 455)

Nach der Uraufführung der 2. Fassung am 29. März 1806 wurde der ‹Fidelio› nur noch einmal am 10. April 1806 gegeben. Der Grund dafür, daß er so rasch abgesetzt wurde, obwohl die Wirkung auf das Publikum keineswegs ausgeblieben war – im Unterschied zur 1. Fassung –, war Beethovens Starrsinn: Er glaubte sich finanziell benachteiligt. Da er prozentual am Reinerlös der Aufführungen beteiligt war, verlangte er Einsicht in die Abrechnungen. Als ihm der Baron Braun, Leiter des Theaters an der Wien zu dieser Zeit, die Kassenbelege mit dem Hinweis zeigte, das Haus sei an den beiden fraglichen Abenden auf den mittleren und kleinen Plätzen nur mäßig besetzt gewesen, antwortete Beethoven brüsk in seiner gewohnten Kompromißlosigkeit, er schreibe nicht für die Galerien. Die Unterredung gestaltete sich daraufhin immer heftiger. Sie endete damit, daß Beethoven kategorisch seine Partitur zurückverlangte. Damit war die Aufführungsgeschichte des ‹Fidelio› vorerst beendet.

Georg Friedrich Treitschkes Bericht über seine Textgestaltung der 3. Fassung des ‹Fidelio›

Man ging Beethoven um die Herleihung an, der mit größter Uneigennützigkeit sich bereit erklärte, jedoch zuvor viele Veränderungen ausdrücklich bedingte. Zugleich schlug er meine Wenigkeit zu dieser Arbeit vor. Ich hatte seit einiger Zeit seine nähere Freundschaft erlangt, und mein doppeltes Amt als Opern-Dichter und Regisseur machte mir seinen Wunsch zur teuren Pflicht. Mit Sonnleithners Erlaubnis nahm ich zuerst den Dialog vor, schrieb ihn fast neu, möglichst kurz und bestimmt, ein bei Singspielen stets nötiges Erfordernis ... Der ganze erste Aufzug wurde in einen freien Hofraum verlegt; Nr. 1 und 2 wechselten ihre Stelle; später kam die Wache mit einem neukomponierten* Marsche; Leonorens Arie erhielt eine andere Einleitung, und nur der letzte Satz «O Du, für den ich alles trug» blieb. Die folgende Szene und ein Duett – nach Seyfrieds** Ausdruck «ein reizendes Duettino für Sopranstimmen mit konzertierender Violine und Violoncello, C dur 9/8 Takt» – im alten Buche riß Beethoven aus der Partitur; erstere sei unnötig, letzteres ein Konzertstück; ich mußte ihm beistimmen; es galt, das Ganze zu retten. Nicht besser ging es einem kleinen darauf folgenden Terzette zwischen Rocco, Marzelline und Jaquino («ein höchst melodisches Terzett in Es», wie Seyfried sagt). Alles war handlungsleer und hatte kalt gelassen. Neuer Dialog sollte das folgende erste Finale besser motivieren. Auf einen anderen Schluß desselben drang mein Freund wieder mit Recht. Ich projektierte manches; am Ende wurden wir einig, die Wiederkehr der Gefangenen auf Pizarros Befehl und ihre Klage bei der Rückkehr in den Kerker zusammenzustellen.

Der zweite Aufzug bot gleich anfänglich eine große Schwierigkeit. Beethoven seinerseits wünschte den armen Florestan durch eine Arie*** auszuzeichnen; ich aber äußerte mein Bedenken, daß ein dem Hungertode fast Verfallener unmöglich Bravour singen dürfe. Wir dichteten dieses und jenes; zuletzt traf ich nach seiner Meinung den Nagel auf den Kopf. Ich schrieb Worte, die das letzte Aufflammen des Lebens vor seinem Erlöschen schildern («Und spür' ich nicht linde, sanft säuselnde Luft ...»). Was ich nun erzähle, lebt ewig in meinem Gedächtnisse. Beethoven kam abends gegen 7 Uhr zu mir. Nachdem wir anderes besprochen hatten, erkundigte er sich, wie es mit der Arie stehe. Sie war eben fertig; ich reichte sie ihm. Er las, lief im Zimmer auf und ab, murmelte und brummte, wie er gewöhnlich statt zu singen tat – und riß das Fortepiano auf. Meine Frau hatte ihn oft vergeblich gebeten, zu spielen; heute legte er den Text vor sich und begann wunderbare Fantasien, die leider kein Zaubermittel festhalten konnte. Aus ihnen schien er das Motiv der Arie zu beschwören. Die Stunden schwanden, aber Beethoven fantasierte fort. Das Nachtessen, welches er mit uns teilen wollte, wurde

* *Irrtum Treitschkes, da der Marsch bereits schon in der ersten Fassung steht.*

** *Ignaz von Seyfried (1776–1841), Schüler W.A. Mozarts, war in den Jahren 1797 bis 1801 Kapellmeister am Schikanederschen Theater auf der Wieden und bis zum Tode Beethovens (1827) am Theater an der Wien, in dem er am 29. März und am 10. April die 2. Fassung des ‹Fidelio› (Textbearbeitung Stephan von Breunings) dirigierte. Mit Beethoven verband ihn eine langjährige Freundschaft. Er gab 1832 ‹Beethovens Studien im Generalbaß› heraus mit einem für die Biographie wichtigen Anhang.*

*** *Das ist mißverständlich ausgedrückt, denn auch in den ersten beiden Fassungen hat Florestan eine Arie, die jedoch zum Teil von der neuen erheblich abweicht.*

Georg Friedrich Treitschke (1776–1842), Spielleiter des Theaters an der Wien zur Zeit der Uraufführung der ersten Fassung des ‹Fidelio›, später dortselbst stellvertretender Direktor, arbeitete im Jahre 1814 das Libretto Sonnleithners grundlegend um, indem er es straffte und der Sprache stark bildhafte Züge verlieh.

aufgetragen, aber – er ließ sich nicht stören. Spät erst umarmte er mich, und auf das Mahl verzichtend, eilte er nach Hause. Tages darauf war das treffliche Musikstück fertig.

Fast alles übrige im zweiten Akte beschränkt sich auf Abkürzungen und veränderte Verse. Ich denke, daß eine sorgsame Vergleichung beider gedruckter Texte meine Gründe rechtfertigen werde. Das grandiose Quartett «Er sterbe» usw. wurde von mir durch eine kurze Pause unterbrochen, in der Jaquino mit anderen Leuten die Ankunft des Ministers meldet und die Vollführung des Mordes unmöglich macht, indem er Pizarro abruft. Nach dem nächsten Duett holt Rocco Florestan und Leonore zum Minister ab.

Brief Beethovens an Treitschke über die Komposition der 3. Fassung des ‹Fidelio›

Lieber werter Tr. Die verfluchte Akademie, wozu ich zwar zum Teil durch meine schlechten Umstände gezwungen ward, sie zu geben, hat mich in Rücksicht der Oper zurückgesetzt ...

Nun muß freilich alles auf einmal geschehen, und geschwinder würde ich etwas Neues schreiben, als jetzt das Neue zum Alten – wie ich gewohnt bin zu schreiben. Auch in meiner Instrumental-Musik habe ich immer das Ganze vor Augen; hier ist aber mein Ganzes überall – auf eine gewisse Weise geteilt worden, und ich muß mich neuerdings hineindenken! In 14 Tagen die Oper zu geben, ist wohl unmöglich; ich glaube immer, daß 4 Wochen dazu gehn können.

Der erste Akt ist indessen in einigen Tagen vollendet – allein es ist am 2ten Akt doch viel zu tun; auch eine neue Ouvertüre, welches zwar das Leichteste ist, da ich sie ganz neu machen kann. – Vor meiner Akademie war nur hier und da einiges skizziert sowohl im ersten als 2ten Akt; erst vor einigen Tagen konnte ich anfangen auszuarbeiten. – Die Partitur von der Oper ist so schrecklich geschrieben, als ich je eine gesehen habe; ich mußte Note für Note durchsehn, (sie ist wahrscheinlich gestohlen); kurzum ich versichere Sie, lieber Tr., die Oper erwirbt mir die Märtirkrone; hätten Sie nicht sich so lieb Mühe damit gegeben und so sehr vorteilhaft alles bearbeitet, wofür ich Ihnen ewig danken werde, ich würde mich kaum überwinden können – Sie haben dadurch noch einige gute Reste von einem gestrandeten Schiffe gerettet. –

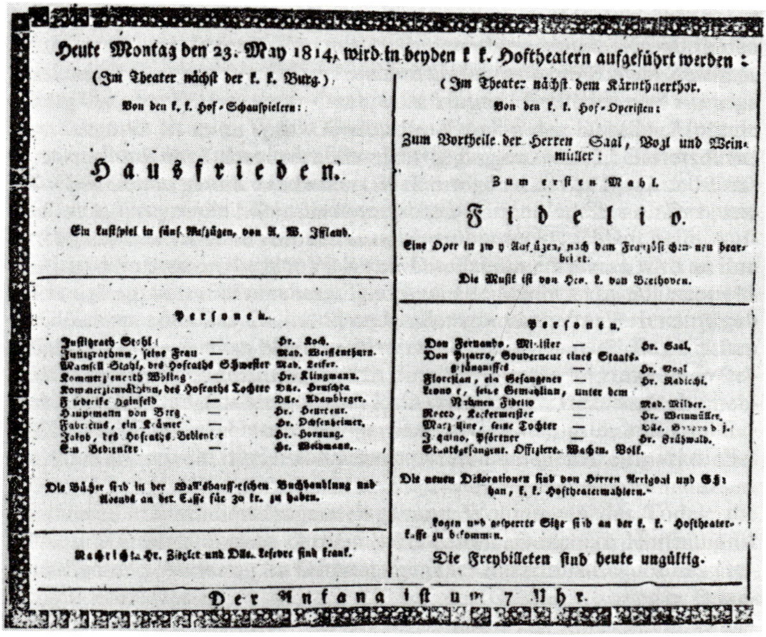

Heute Montag den 23. May 1814, wird in beyden k. k. Hoftheatern aufgeführt werden:

(Im Theater nächst der k. k. Burg.)

Von den k. k. Hof-Schauspielern:

Hausfrieden.

Ein Lustspiel in fünf Aufzügen, von A. W. Iffland.

Personen.

Justizrath Stahl	—	Hr. Koch.
Justizräthinn, seine Frau	—	Mad. Weissenthurn.
Mamsell Stahl, des Hofraths Schwester		Mad. Leifer.
Kommerzienrath Wölling	—	Hr. Klingmann.
Kommerzienräthinn, des Hofraths Tochter		Dlle. Hruschka
Friederike Holnfeld	—	Dlle. Adamberger.
Hauptmann von Berg	—	Hr. Heurteur.
Fabricius, ein Krämer	—	Hr. Ochsenheimer.
Jakob, des Hofraths Bedienter		Hr. Hornung.
Ein Bedienter	—	Hr. Weidmann.

Die Bücher sind in der Wallishausser'schen Buchhandlung und Abends an der Casse für 30 kr. zu haben.

Nachricht. Hr. Ziegler und Dlle. Lefevre sind krank.

(Im Theater nächst dem Kärnthnerthor.)

Von den k. k. Hof-Operisten:

Zum Vortheile der Herren Saal, Vogl und Weinmüller:

Zum ersten Mahl.

Fidelio.

Eine Oper in zwey Aufzügen, nach dem Französischen neu bearbeitet.

Die Musik ist von Hrn. L. van Beethoven.

Personen.

Don Fernando, Minister	—	Hr. Saal.
Don Pizarro, Gouverneur eines Staatsgefängnisses	—	Hr. Vogl.
Florestan, ein Gefangener	—	Hr. Radichi.
Leonore, seine Gemahlinn, unter dem Nahmen Fidelio	—	Mad. Milder.
Rocco, Kerkermeister	—	Hr. Weinmüller.
Marzelline, seine Tochter	—	Dlle. Bondra d. j.
Jaquino, Pförtner	—	Hr. Frühwald.
Staatsgefangene. Offiziere. Wachen. Volk.		

Die neuen Dekorationen sind von Herren Arrigoni und Scharhan, k. k. Hoftheatermahlern.

Logen und gesperrte Sitze sind an der k. k. Hoftheatercasse zu bekommen.

Die Freybilleten sind heute ungültig.

Der Anfang ist um 7 Uhr.

Theaterzettel zur Uraufführung der (endgültigen) dritten Fassung des ‹Fidelio› am 23. Mai 1814.

Die Fassade des «Hoftheaters am Kärntnerthor», in dem die Aufführung der dritten ‹Fidelio›-Fassung stattfand.

Unterdessen, wenn Sie glauben, daß Ihnen der Aufenthalt mit der Oper zu groß wird, so schieben Sie dieselbe auf eine spätere Zeit auf: ich fahre jetzt nun fort, bis alles geendigt ist, und [lasse] auch ganz, wie Sie alles geändert und besser gemacht haben, welches ich jeden Augenblick je mehr und mehr einsehe; allein es geht nicht so geschwinde, als wenn ich etwas Neues schreibe – und in 14 Tagen, das ist unmöglich – handeln Sie, wie es Ihnen am besten dünkt, jedoch aber auch als Freund für mich; an meinem Eifer fehlt es nicht. Ihr

Beethoven.

«Pizarro will Florestan erstechen».
Szene aus dem 2. Akt des ‹Fidelio›. Stich von V. R. Grüner aus dem ‹Wiener Hoftheater-Almanach› (1815).

Eine Uraufführungskritik der 3. Fassung des ‹Fidelio›

Nro. 63.

Theater-Zeitung.

Siebenter Jahrgang.

Lob und Tadel muß ja seyn.
— Göthe —

(Sonnabend den 28. May 1814.)

Bemerkungen über die neuesten Erscheinungen auf unseren Bühnen. Fidelio. — Der neue Gutsherr. — Der Vetter aus Indien. — Fridolin.

In meinem letzten Briefe habe ich dir einige Worte über die Darstellung der „Jäger" und des „Makbeths" mitgetheilt. Ich setze meine Bemerkungen fort, und komme auf die neuesten Erscheinungen unserer Theater.

Am 23. May wurde zum ersten Mohl aufgeführt „Fidelio," eine Oper in zwei Aufzügen, nach dem Französischen neu bearbeitet. Die Musik von Ludwig van Beethoven. Die Einnahme war für die Herrn Opern-Regisseur Saal, Vogel und Weinmüller bestimmt. — Wie uns der Anschlagzettel bekannt machte, erschien diese Oper heute in einer ganz neuen Gestalt. Der Componist war bemüht sie umzuarbeiten, sie mit neuen Musikstücken auszuschmücken, und so gleichsam den letzten Pinselstrich ans Gemählde anzulegen. Wir erfreuten uns daher eines Genusses, der in seiner Art einzig war. Wir bewunderten Beethoven in seiner ganzen Größe, und was noch mehr als dieß war — wir bewunderten den Meister mit einer Zahl von Anbethern, die noch vor der „Schlacht von Vittoria" zu seinen Antagonisten gehört hatten. — Endlich hat das große Genie einmahl durchgedrungen, und vermag es noch bei seinem Leben, sich seiner Werke zu erfreuen. Eine große Seltenheit! Eine seltene Größe unserer tonangebenden Republik im Gebiethe der Kunst. Wie viel große Männer lebten, von denen man erst sprach, wenn sie nicht mehr waren, deren Werke man nach dem Tode mit Tausenden bezahlte, indeß sie bei ihrem Leben nicht so viel erübrigen konnten, sich eine frugaale Mahlzeit zu verschaffen!

Die Musik zu dieser Oper ist ein tiefgedachtes, reinempfundenes Gebilde der schöpferischsten Phantasie, der lautersten Originalität, des göttlichsten Aufschwung des Irdischen in das unbegreifliche Himmlische. Beethoven besitzt die Gewalt seine Töne mit einem solchen Zauber zu verbinden, daß sie wie eine Ode von Klopstock, das Herz mächtig erweitern, wenn man sie genießt, und die Seele mit einer Reihe von Gedanken und Bildern beschäftigen, denen man vorher nie nachhing. Der Rezensent, der sie nach ihren Tonarten zergliedern wollte, würde einen lächerlichen Versuch machen, wäre er auch noch so aufgeblasen und thörigt wie der Herr Sperling aus Krähwinkel, er würde nur einen Maykäfer dem Fluge eines Adlers nachsenden! Armer Sperling, wenn du einmahl selbst fliegen wolltest, du würdest keine Mücke erreichen. Zwar

„Der Esel, wenn er im Ausland schrie
Hält sein J—A für Harmonie,"

darum möge sich unser großer Beethoven immer gefallen lassen, daß ein solches Thier sein J—A schreit, glaubt es doch, es habe ein Recht hiezu. —

Titelblatt des ersten Klavierauszugs der 3. Fassung des ‹Fidelio› von Ignaz Moscheles (1794–1870), erschienen im August 1814.

Ebenso einzigartig wie die Oper ‹Fidelio› selbst ist die Tatsache, daß Beethoven vier Ouvertüren für sie schrieb, deren erste bei keiner Aufführung der Oper erklang. Daher erschien sie erst im Jahre 1838 im Druck. Beethoven hatte sich nach einer privaten Probeaufführung der sogenannten 1. Leonoren-Ouvertüre (op. 138) im Hause des Fürsten Lichnowsky davon überzeugt, daß das Problem der Opernouvertüre mit diesem Stück noch nicht zufriedenstellend gelöst war, da eine entsprechende Wirkung bei den Zuhörern ausblieb. Für die Aufführungen der ersten beiden Fassungen der Oper schuf er zwei Versionen einer anderen Ouvertüre, die «Leonoren-Ouvertüren» Nr. 2 und 3. Während die letztere Version bereits im Jahre 1810 erschien, wurde ihre frühere Alternativfassung erst 1842 gedruckt. Für die 3. Fassung des ‹Fidelio› schrieb Beethoven eine völlig andere Ouvertüre, da in dieser Fassung zum erstenmal das A-dur-Duett zwischen Marzelline und Jaquino die Oper eröffnet, folglich das C-dur der

«Leonoren-Ouvertüre Nr. 1» in C-dur. Titelblatt der Orchesterpartitur.

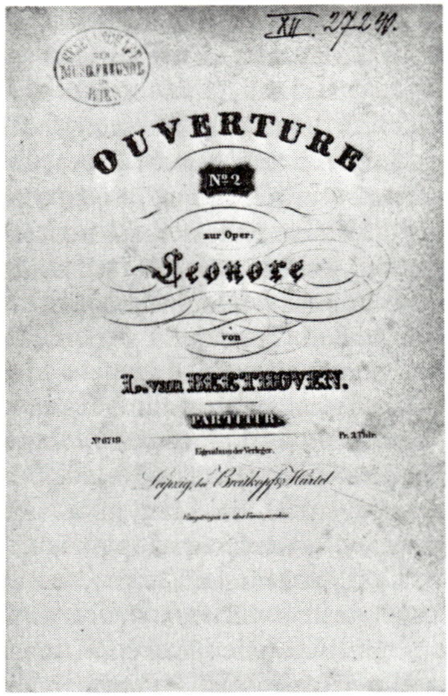

«Leonoren-Ouvertüre Nr. 2» in C-dur. Titelblatt der Orchesterpartitur.

ersten drei Ouvertüren einer neuen Tonart (E-dur) weichen mußte. (Zum Wechsel der inhaltlichen Konzeption der Ouvertüren vgl. S. 112.) Am 11. Januar 1840 dirigierte Felix Mendelssohn Bartholdy in einem Leipziger Gewandhaus-Konzert zum erstenmal alle vier Ouvertüren hintereinander. Robert Schumann schrieb darüber begeistert in seiner Neuen Zeitschrift für Musik:

Mit goldener Schrift sollte es gedruckt werden, was das Leipziger Orchester am letzten Donnerstag ausgeführt; *sämtliche vier Ouverturen zu ‹Fidelio› nacheinander.* Dank euch, Wiener von 1805, daß euch die erste nicht ansprach, bis Beethoven in göttlichem Ingrimme eine nach der andern hervorwühlte. Ist er mir je gewaltig erschienen, so an jenem Abend, wo wir ihn besser als je in seiner Werkstatt, – bildend, verwerfend, abändernd, – immer glühend und heiß, bei seiner Arbeit belauschen konnten. Am riesigsten zeigte er sich wohl beim zweiten Anlauf. Die erste Ouverture wollte nicht gefallen; halt, dachte er, bei der

«Leonoren-Ouvertüre Nr. 3» in C-dur. Titelblatt der Orchesterstimmen.

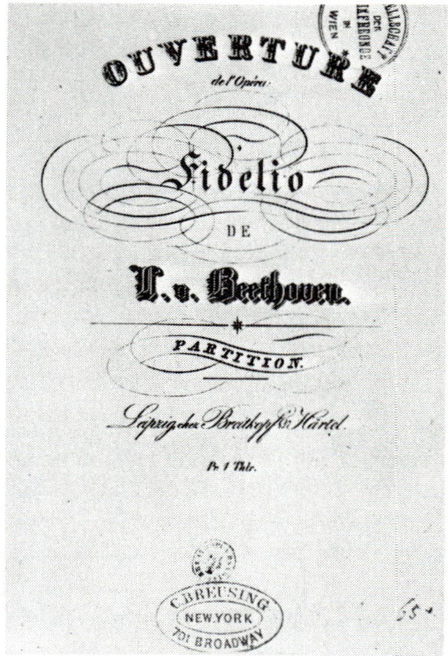

«Ouvertüre zu Fidelio» in E-dur. Titelblatt der Orchesterpartitur (1828 erschienen).

zweiten soll euch das Denken vergehen, – und setzte sich von neuem an die Arbeit, und ließ das erschütternde Drama an sich vorübergehen, und sang die großen Leiden und die große Freude seiner Geliebten noch einmal; sie ist dämonisch, diese zweite, im Einzelnen wohl noch kühner als die dritte, die bekannte große in C dur. Denn auch jene genügte ihm nicht, daß er sie wieder beiseite legte und nur einzelne Stücke beibehielt, aus denen er, beruhigter schon und künstlerischer, jene dritte formte. Später folgte noch jene leichtere und populäre in E dur, die man gewöhnlich im Theater zur Eröffnung hört.

Das ist das große Vier-Ouverturenwerk; ähnlich wie die Natur bildet, sehen wir in ihm zuerst das Wurzelgeflecht, aus dem sich in der zweiten der riesige Stamm hebt, seine Arme links und rechts ausbreitet, und zuletzt mit leichterem Blütengebüsche schließt.

Ludwig van Beethoven. Gerollter Punktierstich von Blasius Höfel, nach einer Bleistiftzeichnung von Louis Letrone, 1814.
Nach zeitgenössischen Angaben ist es eines der besten Porträts des Komponisten.

III. Wilhelmine Schröder-Devrient als Leonore

Alfred von Wolzogen *

Wilhelmine Schröder-Devrients Durchbruch als Leonore

Die Partie ist, wie bekannt, ursprünglich für Anna Milder-Hauptmann geschrieben, welche derselben jedoch, trotz ihrer kolossalen, herrlichen Stimmittel und der angeborenen Würde ihrer Plastik, wohl mit infolge des ihr eigenen etwas phlegmatischen Temperaments, bei den ersten wiener Aufführungen am 20. November 1805 und 29. März 1806[1] keinen besondern Erfolg zu erringen vermocht hatte.

Es ist in der That höchst interessant, die Stimmung des Publikums und der Kritik der Beethoven'schen Oper gegenüber *vor* der Zeit, da unsere Künstlerin die Leonore zu einer Glanzpartie des deutschen Opernrepertoires erhob, und *nach* diesem Ereignisse zu vergleichen. Die unleugbaren Schwächen der Musik, ihre Unsangbarkeit, der Umstand, daß die vielgestaltige Sprache des Orchesters die Cantilene des Sängers fast durchgehends lähmt, deckt und erwürgt, alle jene Merkmale des dem Reize der Menschenstimme eigensinnig den Rücken kehrenden Giganten, der nur Instrumente singen zu lassen verstehen *wollte*, wurden, ehe Wilhelmine Schröder kam, in Deutschland noch überall bei ihrem rechten Namen genannt und ebenso unverhohlen getadelt, wie dies die gediegenen und unparteiischen Kunstrichter des Auslandes ... heute mit vollem Rechte noch thun. Ja sogar dann noch stand unsere vaterländische musikalische Kritik nicht an, den Stab über die Oper zu brechen, als die

* *Alfred von Wolzogen (1823–1883), Schriftsteller von Lustspielen und dramatischen Bearbeitungen, ab 1867 als Hoftheaterintendant in Schwerin, Vater des bekannten Wagner-Apologeten und Herausgebers der «Bayreuther Blätter» Hans von Wolzogen.*

[1] In der jetzigen Form ist die Oper am 23. Mai 1814 in Wien zuerst gegeben worden.

Titelrolle bereits ganz andere Darstellerinnen wie die bequeme Milder gefunden. So lesen wir z. B. in Nr. 89 der *Voß'schen Zeitung* vom Jahre 1823, selbst noch bei Gelegenheit der ersten Vorführung der Leonore durch die allerdings kaum neunzehnjährige Wilhelmine Schröder in Berlin, das unumwundene Urtheil: «Beethoven, dieser musikalische Hercules der Zeit, trug den Himmel der Empfindung in seiner Brust, da er noch mehr dem liebenswürdigen Genius der Natürlichkeit als den staunenerregenden Mitteln der Künstlichkeit huldigte. Dies Urtheil würde jeder einsichtsvolle Verehrer der Musik unterschreiben, gesetzt auch, daß er nichts weiter von ihm gehört hätte als seine seelenvolle ‹*Adelaide*›. Neuerdings aber, wo er sich oft darin gefiel, dem Genius der Kunst Schwierigkeiten aufzugeben, hat sich das menschliche Herz zuweilen dadurch an ihm gerächt, daß es seine wahre einfache Sprache nicht selten ihn verfehlen ließ. Die Beweise dazu sind selbst in seinem so berühmt gewordenen und in einzelnen Theilen so vortrefflichen ‹*Fidelio*› zu finden. Er dürfte nur den wirklich himmlischen Ausdruck des Chorals, womit der unsterbliche Graun wohlweislich seinen ‹*Tod Jesu*› anfängt, oder die Melodie, welche der berühmte Emanuel Bach dem Sturm'schen Liede ‹Was soll ich ängstlich klagen und in der Noth verzagen› geschenkt hat, mit seinen wenigsagenden Tönen zu den Worten: ‹Ich hab' auf Gott und Recht Vertrauen!›[2] streng kritisch vergleichen, so würde er selbst eingestehen müssen, daß jene trefflichen Künstler echten Wein eingeschenkt haben, während er uns – mit allerdings oft bewunderten Talenten – ein wenig Kunstwasser beimischt. – Welche lobenswerthe Mühe gab sich z. B. Herr Stümer (als Florestan) mit dem Recitativ und der Arie des zweiten Acts ‹Gott, welch Dunkel hier!› bei dem Publikum, dessen Herzen der Theilnahme hier so vorzüglich geöffnet sind, einen recht tiefen Eindruck zu machen? Aber es gelang ihm wenig; man blieb trotz der rührendsten Situation und dem Geklirr der Ketten kalt, weil dem musikalischen Ausdruck die wahre herzliche Tiefe mangelt» u. s. w.

Solche und ähnliche Klagen über die frostige Kälte der ‹*Fidelio*›-Musik wurden damals noch vielfach laut, bis unsere jugendliche Künstlerin zur vollen Beherrschung ihrer Rolle gelangt war und der Welt gezeigt hatte, wie die zwar herrliche, aber doch nicht ganz auf der Höhe der Beethoven'schen Kraft stehende Composition und, setzen wir noch hinzu, auch das immerhin magere Libretto zu retten seien. Sie schuf ihre Leonore, und immer mehr und mehr verstummten die Krittler, und immer mehr und mehr überschwengliches Lob wurde dem Werke gezollt, das

[2] Der Referent meint die Worte der Leonore im Terzett Nr. 5 des ersten Acts.

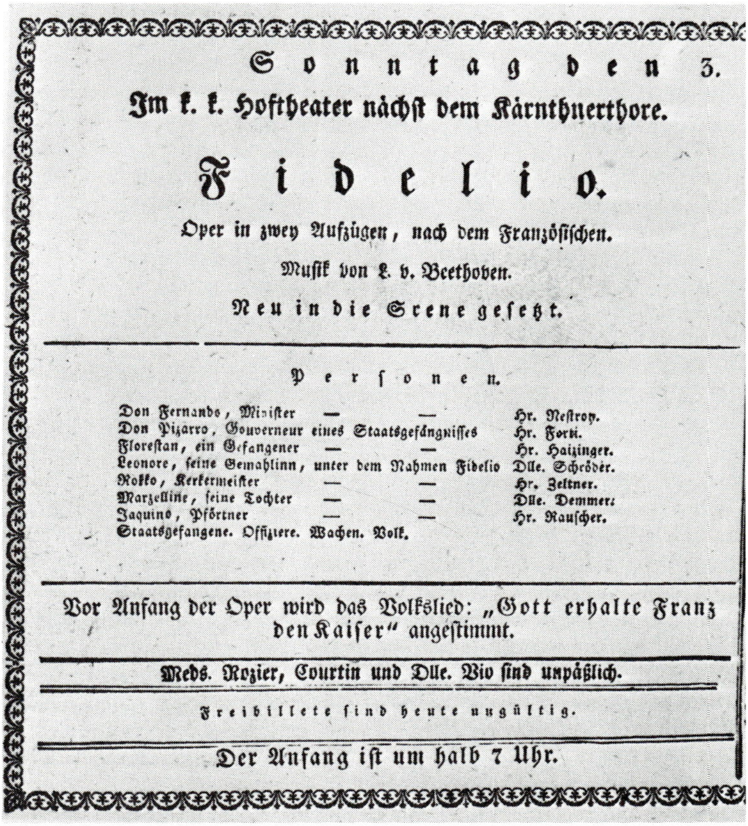

Sonntag den 3.

Im k. k. Hoftheater nächst dem Kärnthnerthore.

Fidelio.

Oper in zwey Aufzügen, nach dem Französischen.

Musik von L. v. Beethoven.

Neu in die Scene gesetzt.

Personen.

Don Fernando, Minister — —	Hr. Nestroy.
Don Pizarro, Gouverneur eines Staatsgefängnisses	Hr. Forti.
Florestan, ein Gefangener — —	Hr. Haizinger.
Leonore, seine Gemahlinn, unter dem Nahmen Fidelio	Dlle. Schröder.
Rokko, Kerkermeister — —	Hr. Zeltner.
Marzelline, seine Tochter — —	Dlle. Demmer.
Jaquino, Pförtner — —	Hr. Rauscher.
Staatsgefangene. Offiziere. Wachen. Volk.	

Vor Anfang der Oper wird das Volkslied: „Gott erhalte Franz den Kaiser" angestimmt.

Meds. Rozier, Courtin und Dlle. Vio sind unpäßlich.

Freibillete sind heute ungültig.

Der Anfang ist um halb 7 Uhr.

Theaterzettel der berühmten Wiederaufführung der Endfassung des ‹Fidelio› am 3. November 1822 im Wiener Kärtnerthor-Theater. Zum erstenmal sang die damals erst siebzehnjährige Wilhelmine Schröder (später Schröder-Devrient) die Rolle der Leonore. Beethoven soll zunächst skeptisch sich darüber geäußert haben, daß man die Rolle einem «solchen Kinde» anvertraut habe.

bereits an die 20 Jahre von allen Parteien, den Italianissimi ebenso gut wie den Gluckisten und Mozartianern, nur mit Vorbehalten jeder Art acceptirt worden war und nirgends durchgeschlagen hatte. Durch *ihr* hinreißendes Spiel, durch *ihre* unerreichte dramatische Gewalt allein ist dies Wunder an Beethoven's ‹*Fidelio*› vollbracht worden. Sie nur hat es erreicht, daß er endlich im Triumph durch die Welt flog und zahllose Augen netzte, zahllose Herzen ewig sich gewann. Und hätte sie weiter nichts gethan in ihrem thatenreichen Leben, ihr Ruhm würde unsterblich sein.

Wenn die oft gehörte französische Phrase vom «créer un rôle» irgendwo eine Wahrheit ist, so muß sie auf die Leonore der Schröder-Devrient angewendet werden. In der dramatischen Darstellung dieser gewaltigen und fürchterlich schweren Partie von keiner andern Künstlerin, sogar von Maria Malibran nicht übertroffen und mit dem Glutstrom ihrer poetischen Begeisterung alles unwiderstehlich mit sich fortreißend, hat sie selbst, was die rein gesangliche Lösung der Aufgabe anlangt, kaum irgendeinen Vergleich zu scheuen nöthig gehabt, und in dieser Hinsicht vielleicht nur den ehernen Glockentönen einer Nannette Schechner den Vorrang einräumen müssen. Nicht als ob sie in der That jede Note der Beethoven'schen Musik in absoluter Vollendung vorgetragen hätte; nein, nur deshalb konnte man auch gegen ihren Gesangsvortrag kaum etwas erinnern, weil ihr großartiges und athemlos fesselndes Spiel den Zuschauer gar nicht dazu kommen ließ, mit dem Ohr allein Kritik zu üben. Größeres noch, als in dem Wort «créer» liegt, hat sie an dem ‹*Fidelio*› gethan; bis weit über die Grenzen des Vaterlandes hinaus, nach Paris und London hat sie seinen Ruhm getragen und so zur allgemeinen Anerkennung des tiefsinnig erhabenen deutschen Meisters überhaupt mehr beigetragen, als irgendeine ihrer größten Rivalinnen, oder selbst irgendein Klavier- und Geigenspieler.

Sehr anziehend und diesmal, wie es scheint, aus unanfechtbarer Quelle, erzählt Claire von Glümer die Geschichte von Wilhelminens erstem Auftreten als Fidelio wie folgt*:

«Die Oper war seit einiger Zeit zurückgelegt, weil es an einer Darstellerin für die Hauptrolle fehlte. Im November 1822 sollte sie zur Namenstagsfeier der Kaiserin zum ersten mal wieder gegeben werden, und der siebzehnjährigen Wilhelmine ward die schwere Rolle des Fidelio übertragen.

Wie es Beethoven erfuhr, soll er sich sehr unzufrieden darüber geäu-

* *Claire von Glümer, Erinnerungen an Wilhelmine Schröder-Devrient, Leipzig* [1]*1862, S. 25–29.*

ßert haben, daß diese erhabene Gestalt ‹einem solchen Kinde› anvertraut wäre. Aber es war einmal bestimmt; Sophie Schröder studirte ihrer Tochter die schwere Partie so gut als möglich ein, und die Proben nahmen ihren Fortgang.

Beethoven hatte sich ausbedungen, die Oper selbst zu dirigiren, und in der Generalprobe führte er den Taktstock. Wilhelmine hatte ihn nie zuvor gesehen – ihr wurde bang ums Herz, als sie den Meister, dessen Ohr schon damals allen irdischen Tönen verschlossen war, heftig gesticulirend, mit wirrem Haar, verstörten Mienen und unheimlich leuchtenden Augen dastehen sah. Sollte piano gespielt werden, so kroch er fast unter das Notenpult, beim forte sprang er auf und stieß die seltsamsten Töne aus. Orchester und Sänger geriethen in Verwirrung, und nach Schluß der Probe mußte der Kapellmeister Umlauf dem Componisten die peinliche Mittheilung machen, daß es unmöglich wäre, ihm die Leitung seiner Oper zu überlassen.

So saß er denn am Abend der Aufführung im Orchester hinter dem Kapellmeister und hatte sich so tief in seinen Mantel gehüllt, daß nur die glühenden Augen daraus hervorleuchteten.

Wilhelmine fürchtete sich vor diesen Augen; es war ihr unaussprechlich bang zu Muthe. Aber kaum hatte sie die ersten Worte gesprochen, als sie sich von wunderbarer Kraft durchströmt fühlte. Beethoven, das ganze Publikum verschwand vor ihren Blicken – alles Zusammengetragene, Einstudirte fiel von ihr ab. Sie selbst war Leonore, sie durchlebte, durchlitt Scene auf Scene.

Bis zum Auftritt im Kerker blieb sie von dieser Illusion erfüllt – aber hier erlahmte ihre Kraft. Die Größe ihrer Aufgabe, die sie erst diesen Abend während des Spiels erkannt hatte, stieg riesenhaft vor ihr auf. Sie wußte jetzt, daß ihre Mittel für das, was sie in dem nächsten Momente darstellen sollte, nicht ausreichten. Die steigende Angst drückte sich in ihrer Haltung, ihren Mienen, ihren Bewegungen aus – aber das alles war der Situation so ganz angemessen, daß es auf das Publikum die erschütterndste Wirkung übte. Über der Versammlung lag jene athemlose Stille, die ebenso mächtig auf den darstellenden Künstler wirkt, wie laute Beifallszeichen.

Leonore rafft sich auf; sie wirft sich zwischen den Gatten und den Dolch des Mörders. Der gefürchtete Augenblick ist da – die Instrumente schweigen, aber der Muth der Verzweiflung ist über sie gekommen; hell und rein, mehr schreiend als singend stößt sie das herzzerreißende ‹Tödt' erst sein Weib!› hervor. Noch einmal will Pizarro sie zurückschleudern, da reißt sie das Terzerol aus dem Busen und hält es dem Mörder entgegen. Er weicht zurück – sie bleibt unbeweglich mit blitzen-

Wilhelmine Schröder-Devrient (1804–1860) studierte mit ihrer Mutter, der Schauspielerin Sophie Schröder, die Rolle der Leonore ein und spielte sie mit solcher Vollendung, daß Robert Schumann begeistert schrieb: «Geht man nicht in den ‹Fidelio› der Schröder wegen?»

den Augen in ihrer drohenden Stellung. Aber jetzt erschallen die Trompeten, die das Ende ihrer Qual, die Ankunft ihres Retters verkündigen, und nun weicht auch die Spannung, die sie so lange aufrecht hielt. Kaum vermochte sie noch mit vorgestrecktem Terzerol den Verbrecher dem Ausgange zuzutreiben, da entsank ihr die Waffe, – sie war todesmatt von der ungeheuern Anstrengung, ihre Knie wankten, sie lehnte sich zurück, ihre Hände griffen krampfhaft nach dem Haupte und unwillkürlich entrang sich ihrer Brust jener berühmte unmusikalische Schrei, den spätere Darsteller des Fidelio aufs unglücklichste nachgeahmt haben. – Bei Wilhelminen war es wirklich ein Aufschrei der von Todesangst befreiten Seele, ein Laut, der Mark und Bein erschütternd in die Herzen der Hörer drang. Erst als Leonore auf Florestan's Klage: ‹Mein Weib, was hast du um mich geduldet!› mit dem halb weinend, halb jubelnd hervorgestoßenen ‹Nichts, nichts, nichts!› in die Arme des Gatten fiel, wich der Zauberbann, der jedes Herz gefangen hielt. Ein Beifallssturm, der nicht enden wollte, brach los – die Künstlerin hatte *ihren* Fidelio gefunden, und soviel und ernstlich sie noch später daran gearbeitet hat, in den Grundzügen ist er derselbe geblieben.

Auch Beethoven hatte seine Leonore in ihr erkannt. Den Ton ihrer Stimme zu hören war ihm versagt, aber die Seele ihres Gesanges offenbarte sich ihm in jeder Miene des von Geist durchleuchteten Gesichts, in dem glühenden Leben der ganzen Erscheinung. Nach der Vorstellung ging er zu ihr – seine sonst so finstern Augen lächelten ihr zu, er klopfte ihr auf die Wangen, dankte ihr für den Fidelio und versprach eine neue Oper für sie zu componiren – ein Versprechen, das leider nicht erfüllt werden sollte. Wilhelmine kam nie wieder mit dem Meister zusammen, aber unter allen Huldigungen, die der berühmten Frau später zu Theil wurden, blieben die Worte der Anerkennung, die ihr Beethoven gesagt hatte, die liebste Erinnerung.»

Wilhelmine Schröder-Devrient über ihre Darstellung der Leonore

Als ich in Wien die Rolle des Fidelio einstudirte, konnte ich dem Momente, wo Leonore, sich vor ihren Gatten stellend, dem Gouverneur die Pistole vorhält, eine naturgemäße Ausdrucksweise nicht abgewinnen, so oft ich den Moment auch überdachte und mich in die Lage eines solchen Weibes zu versetzen suchte. Ich hatte mir wohl ein Bild gemacht, aber es fehlte mir etwas daran, ohne finden zu können, was es sei. So kam der Abend der Aufführung heran, und Gott weiß, die Zuschauer nicht, mit welcher Stimmung ein Künstler, der es ernst mit der Sache nimmt, sich in die Kleider seiner Rolle hüllt. Je näher der Augenblick heranrückte, je mehr Furcht empfand ich vor ihm. Als er endlich eintrat, als ich die verhängnißvollen Worte heraussingen und dem Gouverneur die Pistole vorhalten mußte, gerieth ich über den Gedanken, daß meine Vorstellung nicht richtig sei, in eine solche Angst, daß mein ganzer Körper zu zittern begann, und ich umzusinken glaubte. Und nun denken Sie sich, wie mir zu Muthe wurde, als das ganze Haus – in einen wüthenden Beifallssturm ausbrach, was ich denken mußte, als man nach Beendigung der Vorstellung gerade diesen Moment für einen der gelungensten und ergreifendsten meiner ganzen Darstellung erklärte! Was ich mit aller Anstrengung nicht hatte finden können, das that für mich im entscheidenden Augenblicke – meine wirkliche Furcht und Angst. Diese und die Wirkung, die ich an dem Publikum gewahrte, lehrten mich, wie dieser Moment aufgefaßt und ausgeprägt werden müsse, und was ich das erste mal bewußtlos getroffen, das hielt ich natürlich bei allen meinen Darstellungen dieser Rolle fest.

Wilhelmine Schröder-Devrients Bericht über die Proben zu ‹Fidelio› (Wien 1822)

... Damals war das physische Ohr des Meisters bereits für alle Klänge verschlossen, verwirrten Antlitzes, mit überirdisch begeistertem Auge seinen Taktstock unter heftigen Bewegungen hin und her schwingend, stand er mitten unter den spielenden Musikern und hörte keinen Ton! Sollte nach seiner Meinung «piano» gespielt werden, so kroch er fast unter das Notenpult, und wollte er das «forte», so sprang er hoch empor mit den seltsamsten Gebärden, die wunderlichsten Laute ausstoßend. Mit jedem Musikstück wurde uns ängstlicher zu Mute, und mir war es, als ob ich eine von Hoffmanns phantastischen Figuren vor mir auftauchen sähe. Es konnte nicht fehlen, daß der gehörlose Meister Sänger und Orchester in die größte Konfusion und gänzlich aus dem Takt brachte, und keiner mehr wußte, wo er war. Von alledem aber wußte Beethoven nichts, und so brachten wir die Probe mit Mühe zu Ende, von welcher er ganz befriedigt zu sein schien, denn er legte mit heiterem Lächeln den Taktstock aus der Hand. Unmöglich aber war es, ihm die Aufführung selbst anzuvertrauen, und Kapellmeister Umlauf mußte das herzzerreißende Geschäft übernehmen, ihn darauf aufmerksam zu machen, daß unter seiner Leitung die Oper nicht gehen könne.

IV. Wichtige Stationen der Aufführungsgeschichte des ‹Fidelio› nach Beethovens Tod

Jochem Wolff

Annäherungen an ‹Fidelio›

Zur Geschichte von Beethovens Oper auf der Bühne

Im Jahre 1841 brachte Otto Nicolai an der Wiener Hofoper eine spektakuläre ‹*Fidelio*›-Aufführung heraus. Der Einunddreißigjährige, mittlerweile Hofkapellmeister in Wien, begann hier sein Amt mit Beethovens Oper und spielte zum erstenmal die dritte Leonoren-Ouvertüre vor dem zweiten Akt. Seine Neuerung, die später oftmals aufgegriffen wurde, belohnte das Publikum mit großem Beifall. Als Nicolai in Wien mit dem ‹*Fidelio*› Aufsehen erregte, wurden Beethovens Oper bereits internationale Erfolge zuteil; immer mehr ausländische Bühnen bemühten sich um eigene ‹*Fidelio*›-Aufführungen, nachdem der Operntext in die jeweilige Landessprache übersetzt worden war. Einige Beispiele aus den mittleren Jahrzehnten des 19. Jahrhunderts verdeutlichen diese Entwicklung:

1829	*Kopenhagen*	*1860*	*Paris*
1832	*London*	*1870*	*Prag*
1832	*Stockholm*	*1876*	*Christiana (heute Oslo)*
1839	*New York*	*1876*	*Helsinki*

Zum 100. Geburtstag Beethovens, im Jahre 1870, hielt man in Wien die bedeutendste Beethoven-Feier im 19. Jahrhundert ab. Das Wiener Bürgertum und die angereisten Festgäste feierten ihren «Tonheros» in einem viertägigen Festzyklus. Welcher Art diese Zentenar-Feierlichkeiten waren, überliefert der Feuilletonist, u. a.: «Frl. Wolter als Muse der Tonkunst im griechischen Gewande, die mit einem Lorbeerkranze geschmückte Lyra in der Hand, stieg die Stufen des Tempels herab und

trat in den Vordergrund, wo sie, zu dem Auditorium gewendet, unter Begleitung der Beethoven'schen Musik den Festprolog sprach. Der Prolog zog Beethoven's Neun Symphonien mit den neun Musen in Parallele, hob hervor, daß Beethoven im ‹*Fidelio*› das hohe Lied der Freiheit gesungen und schloß in schwungvoller Weise mit einer Apotheose dieses Tonheros, dessen Andenken zu feiern die Muse der Tonkunst ihren Sternensitz verlassen habe, um die Büste des Meisters mit dem verdienten Lorbeerkranz zu schmücken ... Bei diesen Worten löste Frl. Wolter den Lorbeer von der Lyra, der Chor aus den ‹*Ruinen von Athen*› begann, und bei den weihevollen Klängen rauschten die Vorhänge des Tempels zur Seite und, mit rauschendem Jubel begrüßt, zeigte sich den Blicken des Publikums die von elektrischem Lichte beleuchtete Kolossalbüste Beethoven's, umgeben von einer allegorischen Gruppe, deren Vordergrund Fidelio und Florestan bildeten, während am Sockel der Säule Frl. Jacksch als Göttin der Freiheit lehnte.» Aufgeführt wurden während des Wiener Beethoven-Festes das 5. Klavierkonzert, die 9. Symphonie, die ‹*Egmont*›-Musik, verschiedene Ouvertüren, die ‹*Missa solemnis*› und der ‹*Fidelio*›. Der führende Wiener Musikkritiker Eduard Hanslick faßte in jenen Jahren sein Urteil über den ‹*Fidelio*› in der Schrift ‹*Die moderne Oper*› zusammen: «Ich wüßte aber auch keine Oper, die das Gemüt des Hörers so im Innersten zu packen und aufzuwühlen vermöchte wie dieser ‹*Fidelio*›. Nie pochen Hunderte von Herzen im Publikum einem Deus ex machina aufrichtiger entgegen als dem Trompeter, der gegen den Schluß der Kerkerszene die Ankunft des Ministers signalisiert. Erst sehr spät kommen wir aus den düsteren, qualvollen Stimmungen, aus der beklemmenden Kerkerluft heraus. Mit wahrer Herzensfreude begrüßt man den Dekorationswechsel, die freundliche Gegend der letzten Szene. Wie stattlich und dabei so herzlich froh klingt der erste Satz dieses Finales mit der kleinen gemütvollen Gesangstelle Fernandos! Wie geistreich trifft der sich anschließende zweite Satz in A-Dur (‹Gefesselt ...›) den erzählenden Ton! Doppelt merkwürdig erscheint danach der tiefe Abfall der beiden folgenden Stücke des Finales, welche die Oper schließen. Das F-Dur-Adagio im Dreivierteltakt in seinem ziemlich leblosen Pathos, noch mehr das Schluß-Allegro mit der geradezu zopfigen Stelle ‹Wer ein treues Weib errungen ...› atmen nur einen sehr schwachen Hauch des Genius, welcher die übrige ‹*Fidelio*›-Musik geschrieben ... ‹*Fidelio*› war das erste Meisterwerk, das nach der ‹*Zauberflöte*› auf der deutschen Opernbühne erschienen ist. Spricht man jedoch von populären Meisterwerken, von deutschen Opern, die hoch und niedrig, jung und alt mit ungeteiltem Entzücken hört und nachsingt, so folgt auf die ‹*Zauberflöte*› erst der

‹*Freischütz*›. Zwischen diesen beiden Lieblingsopern der Nation nimmt ‹*Fidelio*› eine viel exklusivere, aristokratische Stelle ein.

Gustav Mahler hatte erste nennenswerte Erfolge mit dem ‹*Fidelio*›, als er 1891 nach Hamburg kam. Hier war er zum ersten Kapellmeister an der Oper ernannt worden. Neben seiner ausdrücklichen Wagner- und Mozart-Pflege widmete er sich in den folgenden Jahren mehrmals dem ‹*Fidelio*›. In der Hansestadt gab er ihn zum erstenmal zum Auftakt seiner Tätigkeit 1891. Dazu die *Hamburger Nachrichten* am 3. September 1891: «In der Leitung der ganzen Aufführung bewährte Herr Mahler seine bekannte Energie und seinen künstlerischen Eifer bis ins Kleinste, einen Eifer, der ihn nur zuweilen bis an die Grenze, wo sich Wahres und Gekünsteltes scheiden, führt; nur im Vorbeigehen eine und die andere nähere Andeutung: seinem Hang, langsame Tempi möglichst zu dehnen, gibt der Dirigent schon in den ersten Adagio-Takten in der Einleitung zur E-Dur-Ouvertüre allzu reichlich nach, er tut es wieder in dem Quartettkanon und mehr noch im ersten Gefangenenchor, während umgekehrt im ersten Finale das ‹Leb wohl, du warmes Sonnenlicht› des Chors wieder durch zu eilfertigen, fröhlichen Vortrag befremdet; auch das von Beethoven vorgeschriebene sotto voce und sempre piano im Kanon und im ersten Gefangenenchor wurde bis auf die äußerste Spitze getrieben und erschien dadurch im Ausdruck mehr affektiert als glaubwürdig.» Mahler ließ weitere Aufführungen folgen, so beispielsweise 1895 und schließlich 1897, als er sich mit diesem Werk von den Hamburgern verabschiedete.

Gustav Mahler war mittlerweile als Direktor der Hofoper nach Wien berufen worden. Hier wagte er mit ‹*Fidelio*› gleich in mehrfacher Hinsicht konzeptionell Neues: er unterteilte den ersten Akt in zwei Bilder (Stube des Kerkermeisters und Gefängnishof), strich die «Gold-Arie» Roccos und placierte die dritte Leonoren-Ouvertüre zwischen Kerker- und Schlußbild (damit modifizierte er die einstige Praxis von Otto Nicolai). All dies vollzog sich in der Wiener ‹*Fidelio*›-Premiere vom 7. Oktober von 1904, einer Inszenierung, die sich neben Mahlers neuen Ideen vor allem durch das exzeptionelle Bühnenbild und die entsprechend neuartige Lichtregie von Alfred Roller auszeichnete.

Die Zusammenarbeit zwischen Mahler und Roller dokumentiert Kurt Blaukopf: «Von Mahlers sogenannter ‹Traditionsfeindlichkeit› legt die Arbeit an Beethovens ‹*Fidelio*› Zeugnis ab. Es ist freilich unrichtig, wenn behauptet wird, Mahler habe Tradition mit Schlamperei identifiziert. Eine Formulierung, die Roller schriftlich überliefert hat, lautet: ‹Was Ihr Theaterleute Tradition nennt, das ist nichts anderes als Eure Bequemlichkeit und Schlamperei.› Dies Wort fiel bei ‹*Fidelio*›-Proben des Jahres 1904. In der alten Inszenierung hatte sich der Gefangenen-

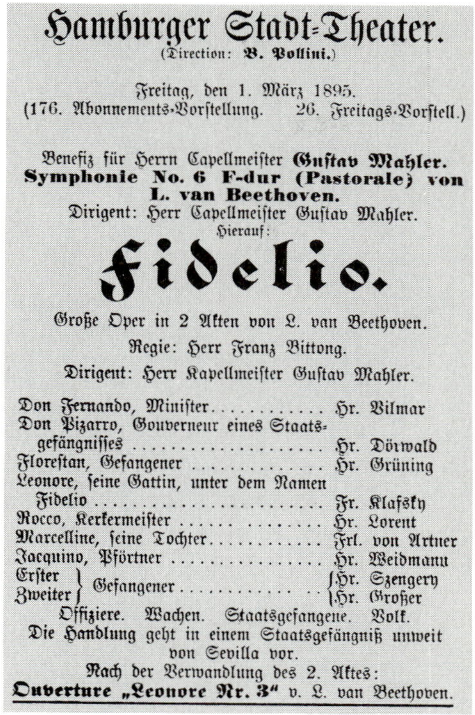

Hamburger Stadt-Theater.
(Direction: B. Pollini.)

Freitag, den 1. März 1895.
(176. Abonnements-Vorstellung. 26. Freitags-Vorstell.)

Benefiz für Herrn Capellmeister **Gustav Mahler.**
Symphonie No. 6 F-dur (Pastorale) von L. van Beethoven.
Dirigent: Herr Capellmeister Gustav Mahler.
Hierauf:

Fidelio.

Große Oper in 2 Akten von L. van Beethoven.
Regie: Herr Franz Bittong.
Dirigent: Herr Kapellmeister Gustav Mahler.

Don Fernando, Minister	Hr. Vilmar
Don Pizarro, Gouverneur eines Staatsgefängnisses	Hr. Dörwald
Florestan, Gefangener	Hr. Grüning
Leonore, seine Gattin, unter dem Namen Fidelio	Fr. Klafsky
Rocco, Kerkermeister	Hr. Lorent
Marcelline, seine Tochter...........	Frl. von Artner
Jacquino, Pförtner	Hr. Weidmann
Erster Gefangener	Hr. Szengery
Zweiter Gefangener	Hr. Großer

Offiziere. Wachen. Staatsgefangene. Volk.
Die Handlung geht in einem Staatsgefängniß unweit von Sevilla vor.
Nach der Verwandlung des 2. Aktes:
Ouverture „Leonore Nr. 3" v. L. van Beethoven.

Die Aufführung von Beethovens ‹Fidelio› unter Gustav Mahler in Hamburg 1895.

chor im Kerkerhof des ersten Aufzugs so abgespielt, daß der gesamte Chor aus den Zellen rechts und links auftrat, auf der hellerleuchteten Bühne einen Halbkreis bildete und danach loslegte: ‹O welche Lust, in freier Luft den Atem leicht zu haben ...› Roller hielt diese primitive Lösung für unvereinbar mit dem erschütternden Gehalt der Musik. Er legte Mahler seine Modelle vor und schilderte ihm, wie er sich den Auftritt dachte: die Gefangenen sollten zu zweit oder zu dritt aus der Tiefe dem Licht entgegentaumeln, des Gehens ungewohnt, geblendet vom Tageslicht, benommen von der Luft, an den Mauern tastend, erdfarbene leidende Menschen. Mahler stimmte zu. Er forderte bloß aus musikalischen Gründen, daß für das rechtzeitige Erscheinen eines Doppelquartetts gesorgt würde. Bei den Proben protestierte der Chordirektor gegen

Ewald Dülbergs Entwurf zum ‹Fidelio› in der Kroll-Oper (2. Akt, 1. Bild).

diese Methode. Auch der Herr, der den Titel eines Regisseurs führte und der sich in Anwesenheit des Direktors auf die Funktion eines Inspizienten beschränkt sah, suchte Mahler umzustimmen. Die ‹Nummer› sei ein Glanzstück des Chors, den man so um seinen Erfolg bringe. In diesem Zusammenhang wurde Mahler die ‹Tradition› entgegengehalten, und hier formulierte Mahler seine von Roller überlieferte, berichtigende These.» Der ‹*Fidelio*› von Mahler und Roller traf auf zahlreiche Gegenstimmen. Auch musikalisch gab es mancherlei Einwände, unter denen die «falsche» Placierung der Leonoren-Ouvertüre am häufigsten auftauchte (namentlich Felix Weingartner protestierte heftig). Dennoch fand dieser ‹*Fidelio*› weltweite Anerkennung, nicht zuletzt auch durch die späteren Aufführungen an der Metropolitan Opera in New York.

1905, zum 100. Geburtstag der ‹*Leonoren*›-Uraufführung, wurde die von Erich Prieger rekonstruierte Urfassung erstmals wieder auf die Bühne gebracht. Die Tatsache, daß diese Fassung 100 Jahre lang so gut wie nicht gespielt worden war, erklärt sich aus zwei Tatsachen: Die Partitur

‹Fidelio› in der Kroll-Oper 1927, 1. Akt, 1 Bild.

von 1805 war unauffindbar gewesen, die Fassung von 1806 dagegen gedruckt worden. In fünfundzwanzigjähriger Arbeit hatte Erich Prieger die einzelnen Stücke der «Ur-Leonore» wiederhergestellt und diese für eine Aufführung am Berliner Opernhaus zur Zentenar-Feier des Werkes eingerichtet.

Bewußte Traditionsbrechungen, wie die von Mahler und Roller, aber auch musikologische und theaterwissenschaftliche Projekte wie die von Prieger säumten eigentlich schon den Weg in die zwanziger Jahre, jene Dekade, die in ihrer vielfältigen Experimentierfreude selbst heute nicht wesentlich überholt scheint. Von dieser Atmosphäre wurde auch Beethovens Oper ‹*Fidelio*› geprägt, als es darum ging, neue zeitgenössische Inszenierungen zu entwerfen. In diesem Sinne herausragend war die ‹*Fidelio*›-Premiere vom 19. November 1927 in der sogenannten Kroll-Oper. Die Kroll-Oper war zwischen 1927 und 1931 ein vieldiskutiertes Operninstitut in Berlin. Hier wurde traditionelles wie modernes Repertoire mit neuen Mitteln einem zum Teil neu zusammengesetzten Publikum

‹Fidelio› in der Kroll-Oper 1927, 2. Akt, Finale.

angeboten. Künstler wie Gründgens, Tietjen, Teo Otto, Fred Husler, Hans Curjel, Ewald Dülberg, Max Strub u. a. trugen dieses weitreichende Experiment, und Otto Klemperer wirkte hier als Generalmusikdirektor und später auch als Chef der Oper. Unter seiner Ägide wurden überraschend neue Ideen verwirklicht. Dies galt auch für den ‹*Fidelio*›, mit dem die Kroll-Oper im Beethoven-Jahr 1927 eröffnete (Besetzung: Oskar Kalman, Max Roth, Hans Fidesser, Rose Pauly, Martin Abendroth, Irene Eisinger, Albert Peters, Caspar Koch, Otto Freund). Diese Inszenierung entwickelte sich zu einem vielbesprochenen Modellfall, besonders durch das Bühnenbild Ewald Dülbergs, der in seiner Ausdrucksweise dem Bauhausstil nahestand. Aber auch musikalisch wirkte die Gestaltung Klemperers, der neue interpretatorische Wege ging, ungewohnt und geradezu fremdartig auf das Publikum. Für die einen war es «eine Provokation» und mehr noch «ein Fehltritt», für die anderen war es «eine reinigende Tat».

In einem Gespräch Anfang der sechziger Jahre wurde Otto Klemperer darauf angesprochen, in Covent Garden 1961 habe er «Leonore

Nr. 3» vor dem Finale dirigiert, das habe er bei Kroll nicht gemacht. Klemperer antwortete: «Die alte Frage. In Berlin fühlte ich, das Drama ist zu Ende mit der Szene im Kerker, und nun kommt das Finale. Heute glaube ich nicht, daß es richtig ist. Das Drama ist zu Ende – ja. Aber dann überträgt Beethoven dieses Einzelschicksal eines Menschen, der in Ketten liegt und durch eine liebende Frau gerettet wird, auf die Allgemeinheit. Das Schicksal eines Individuums wird zum Schicksal der Menschheit. Hier handelt es sich nicht mehr um das Los Florestans, sondern um die Ansicht Beethovens. Er wiederholt die ganze Handlung in der Ouvertüre, und ich meine, diese Wiederholung erweitert die Bedeutung der Aufführung insgesamt. Jedenfalls ist das meine Meinung heute. Ich kann nicht sagen, was morgen sein wird. Das ist meine einzige, wenn Sie wollen, Entschuldigung.»

Ebenfalls im Beethoven-Jahr 1927 wurde der ‹*Fidelio*› in Wien aus Anlaß der Zentenar-Feier inszeniert. Zu dieser bislang wohl aufwendigsten und umfangreichsten Beethoven-Feier hatten 24 Staaten politische Gesandte, zumeist Minister oder Präsidenten, entsandt. Zudem waren zahlreiche weitere Festgäste, Musiker, Musikliebhaber, Kritiker, Schriftsteller und schließlich Touristen aus aller Welt angereist. Den glanzvollen Abschluß eines sechstägigen Festzyklus bildete am 31. März die ‹*Fidelio*›-Aufführung in der Wiener Staatsoper unter der musikalischen Leitung von Franz Schalk und in der Regie von Lothar Wallenstein. Diese Aufführung, die sich vor allem durch berühmte Sänger ihrer Zeit wie Lotte Lehmann, Alfred Picaver, Richard Mayr, Alfred Jerger und Elisabeth Schumann auszeichnete, war im selben Jahr auch als erste Opernaufführung im neuen Salzburger Festspielhaus zu sehen.

In den frühen dreißiger Jahren kündigte sich bald die Abkehr vom eher realistisch interpretierten ‹*Fidelio*› an. Dafür gewannen stark mystifizierende, pseudo-romantische Inszenierungen an Boden. Sie ebneten jenem völkisch-heroischen Gestus den Weg, der gerade im Fall ‹*Fidelio*› die deutschsprachigen Bühnen nach 1933 beherrschte. Ein Beispiel ist die Festaufführung vom ‹*Fidelio*› zur Tagung der Reichskulturkammer im Deutschen Opernhaus Berlin 1937. Dazu heißt es in einem zeitgenössischen Zeitungsbericht: «Das Deutsche Opernhaus beglückte seine vielen Freunde mit einer durch stärksten dramatischen Impuls getriebenen ‹*Fidelio*›-Aufführung unter der Leitung von Wilhelm Rode. Dieser ‹*Fidelio*› wuchs über den von Beethoven gewählten Begriff der ‹großen Oper› beträchtlich hinaus. Rode ist nicht der Mann, der es bei der Nachzeichnung der an sich gegebenen dramatischen Linien bewenden läßt, sein künstlerisches Temperament, gepaart mit dem Willen des überlegenen Sängers und Darstellers, veranlaßt ihn zu mancher ‹Retusche›, mancher Milderung und mancher Verstärkung. Zwingend folge-

Kassel 1968.

richtig entwickelte sich so in dieser Aufführung das dramatische Geschehen, das zuletzt in den überwältigenden Dithyrambos der Gattenliebe mündet. Rode selbst verleiht dem dämonischen Pizarro das Gepräge seiner künstlerischen Persönlichkeit ... Die Bilder von Emil Preetorius waren der würdige Rahmen dieser festlichen Aufführung. Die musikalische Leitung von Karl Dammer brachte die ganze Klangpracht der Partitur mit ihren Ewigkeitswerten voll zur Entfaltung.»

Zum Thema ‹*Fidelio*›-Aufführungen zwischen 1933 und 1945 erklärte Thomas Mann Ende der vierziger Jahre: «Wie durfte denn Beethovens ‹*Fidelio*›, diese geborene Festoper für den Tag der deutschen Selbstbefreiung, im Deutschland der zwölf Jahre nicht verboten sein? Es war ein Skandal, daß er nicht verboten war, sondern daß es hochkultivierte Aufführungen davon gab, daß sich Sänger fanden, ihn zu singen, Musiker, ihn zu spielen, ein Publikum, ihm zu lauschen. Denn welchen Stumpfsinn brauchte es, in Himmlers Deutschland den ‹*Fidelio*› zu hören, ohne das Gesicht mit den Händen zu bedecken und aus dem Saal zu stürzen!»

Zu den wichtigen ‹*Fidelio*›-Aufführungen, in denen nach dem Zweiten Weltkrieg neue Wege ausprobiert wurden, zählt die Stuttgarter Inszenierung von Wieland Wagner vom 14. November 1954. Als musikalische

Seltenheit wurde hier zur Eröffnung die zweite Leonoren-Ouvertüre gespielt. Sämtliche Dialoge waren bis auf den Melodramtext gestrichen. Statt dessen trat wiederholt ein Sprecher auf und trug die von Walter Erich Schäfer neu verfaßten Überleitungstexte vor. Auf einer von Gittern umstellten, ansteigenden Scheibe vollzog sich das Spiel der einzelnen Figuren. Sie gaben, von Licht- und Kostümsymbolen unterstützt, eine Art Gleichnisspiel weltpolitischer Vorgänge. Diese erfolgreiche Inszenierung fand auch im Ausland, in Paris und London, große Resonanz.

Zu den bemerkenswerten Neuinszenierungen in der letzten Zeit zählt die Kasseler ‹*Fidelio*›-Produktion aus dem Jahre 1968. Der Regisseur Ulrich Melchinger, der Dirigent Gerd Albrecht und der Bühnenbildner Thomas Richter-Forgach schickten ihrer ‹*Fidelio*›-Konzeption eine Erklärung voraus: «Wir sind uns der außerordentlichen Schwierigkeit bewußt, eine heute gültige Lösung für die Wiedergabe des ‹*Fidelio*› zu finden. Es schien uns zu billig, uns mit einer Wiederholung liebgewonnener und traditioneller Interpretationsformen zufriedenzugeben.» Nicht nur Dekor, Kostüme und Requisiten fielen bei dieser Inszenierung fort, sondern auch Kürzungen wurden vorgenommen. Gestrichen wurden das Eröffnungsduett Marzelline–Jaquino und Roccos «Gold-Arie» sowie sämtliche Dialoge und auch das Melodram der Kerkerszene. An die Stelle der Dialoge traten Gedichte des 20. Jahrhunderts, die aktuelle politische Themen zum Gegenstand hatten: Texte von Nelly Sachs, Apollinaire, Walter Bauer, Brecht, Jiří Orten und Henri Krea.

War das Beethoven-Jahr 1927 im repräsentativen Sinne das historisch herausragendste, so war das Beethoven-Jahr 1970 dasjenige mit den zahlreichsten Beethoven-Aktivitäten auf breiter Ebene. Es gab zahlreiche ‹*Fidelio*›-Neuinszenierungen, die aber nur selten wirklich neue Aspekte lieferten wie etwa die kurz vorher (2. November 1969) in Wuppertal herausgekommene ‹*Fidelio*›-Inszenierung von Kurt Horres. Er selbst schrieb zu seiner Wuppertaler Inszenierung: «Wir haben die Figur eines Sprechers eingeführt. Sie kennzeichnet den analytischen Zugang, ist also nicht erfunden, das Zerlegte wieder zu verbinden, sie macht im Gegenteil auf jene Einschnitte, auf dramaturgische Angelpunkte aufmerksam; sie demonstriert, zeigt vor. Wir haben die Dialogtexte verändert und verändert eingesetzt. Auf der Wuppertaler Bühne sind die Sänger vor allem zum Singen da. Die Dialoge der ursprünglichen Fassung wurden aufgegeben zugunsten von ‹inneren Monologen›; Schauspieler sprachen die neuen Texte auf Tonband. Eine solche Lösung läßt, wie wir glauben, die Reaktionen und Motive der Figuren sinnfälliger hervortreten ... Wir haben uns entschlossen, den Schluß von ‹*Fidelio*› nur mehr

Wuppertal 1969.

Bremen 1974.

konzertant, sozusagen als Oratorium zu geben. Bei seinem letzten Auftritt vor der dritten Leonoren-Ouvertüre, die bei hellem Zuschauerraum gespielt wird, nennt der Sprecher den Grund: ‹Nach diesem Duett ist der darstellbare Teil der Oper beendet. Minister Fernando löst als leibhaftiger deus ex machina das Gefängnis auf. Die Inszenatoren bezweifeln, daß dieser Gnadenakt, der an einem Ort zufällig Terror beseitigt, als jubelnder, alles versöhnender Höhepunkt gezeigt werden darf. Sie meinen: der letzte Teil sollte der absoluten Eigengesetzlichkeit der Musik gehören.›»

Einen weiteren Versuch mit dramaturgischen Neuerungen beim ‹*Fidelio*› gab es 1974 in Bremen. Sämtliche gesprochenen Dialoge wurden eliminiert. Getragen wurde diese Aufführung von dem Regisseur Nikolaus Lehnhoff, vom Düsseldorfer Künstler Günther Uecker und dem Schriftsteller Hans Magnus Enzensberger, der Texte für einen Sprecher schrieb. Im dritten und vierten Abschnitt des neuen Textes heißt es:

Plakatentwurf zur Bremer Inszenierung.

III

Dies ist das Gefängnis. / Die Bastille ist nicht geschleift. sie ist geblieben. / Das Denkmal der Macht ist hell von außen. / In seinem Innern herrscht Dunkelheit.

Der Gefangene im tiefsten Verlies scheint tot. / Es scheint, als schliefe er, als wäre er dem Verdursten nah. / Der Gouverneur ist entschlossen zum Mord. / Der Wächter ist zum Verbrechen bereit. / Der Gehilfe wird helfen. So scheint es. / Es scheint, als würde der Kerker zum Grab. / Aber nichts in der Oper ist das was es zu sein scheint.

Der Wächter täuscht sich. Der Gefangene täuscht sich. / Der Gouverneur täuscht sich. / Der Wächter ist nicht sein Gehilfe. / Der Gehilfe des Wächters ist nicht der Gehilfe des Wächters. / Das Grab wird geschaufelt, / aber es ist nicht das Grab des Gefangenen. / Die Dunkelheit täuscht.

Frankfurt 1976.

IV

Ist die Bastille geschleift? Sind die Ketten zerrissen? / So scheint es. / Woher kommt das Licht in diesem Gefängnis? / Wessen Trompeten sind es? / Wer ist der Befreier? / Nichts ist das was es zu sein scheint. / Der Minister ist kein Minister. / Die Oper ist eine Verkleidung. / Im Reich der Freiheit gibt es keine Minister.

Die Oper ist das Reich des Scheins. / Dieser Schein leuchtet. / Herren und Knechte gehen darin unter. / Ihre Wörter und meine gehen unter in der Musik.

Die Funktion dieses Textes erläuterte Regisseur Lehnhoff: «Der Text von Enzensberger war nicht gemeint als Ersatz für die Dialoge, um die Handlung durch bessere und schönere Worte voranzutreiben. Er hat eine kommentierende Funktion. Er wird einem Sprecher in den Mund ge-

München 1978.

legt. Dieser Sprecher sitzt im Zuschauerraum in der ersten Reihe, ist weiß gekleidet, nimmt die weiße, für uns die Reflexionsebene ein. Zum Schluß, wenn der Sprecher identisch wird mit dem Minister, tritt er aus dem Auditorium auf die Bühne, in die weiß gekleidete utopische Menschheit und integriert sich dort. Diese Reflexionsebene wird vom Sprecher von Beginn an eingenommen. Die gestrichenen Dialoge sollen durch den Sprecher nicht ersetzt werden.»

Im Jahre 1976 entstand wieder eine unkonventionelle, ambitionierte ‹*Fidelio*›-Inszenierung, diesmal in Frankfurt unter der musikalischen wie szenischen Leitung von Christoph von Dohnányi und mit dem Bühnenbild von Achim Freyer. In Achim Freyers Notizen zum Kostüm- und Bühnenkonzept heißt es: «Das kleine Stück Freiheit, grüne Idylle der Jaquino-Marzelline-Rocco-Welt, verstümmelte Hoffnung, eingerichtet im Weltkerker. Gesellschaftliche Zwänge und Gefangenschaft. Eine uniforme Realität mit ziviler Militanz ... Lebenskerker, Erziehungsdiktate, Systemzwänge – Mauern, in Blei gegossenes Menschenhaar und Blut, verlorene Identitäten, mit Nummern bezeichnete Kreaturen in endloser Zeit, abgehakt überschrieben. Gefangene ohne zivile Zeichen, ohne Hut, nackt. Leonore – wahre Befreierin, Freiheitsengel – ewige Realität und Utopie. Weiße Gestalt im Dunkel des Daseins. Unreale Verwandlung in Zukunftsrealität, geistig begrenzt und belastet durch die Geschichte, durch das Bisher. Vision wird zu neuer Enge und Freiheit zum Programm. Der Kerker schwebt über der Szene. Das rote Tuch, das die Tristesse des Kerkeralltags überdeckt, schlägt beim Auftritt des Ministers in die alte Welt um. Die Tat des einzelnen wird an ihm vorbei glorifiziert. Befremdung. Die Neue alte Macht ist installiert.»

Gleichermaßen anspruchsvoll und zudem in namhafter Besetzung gab es Anfang 1978 eine ‹*Fidelio*›-Neuinszenierung an der Bayerischen Staatsoper in München. Karl Böhm dirigierte, Regie führte Götz Friedrich, der sein ‹*Fidelio*›-Verständnis kurz skizzierte: «‹*Fidelio*›: Dokumentation und Parabel. Unsere Bühne: Raum voller Ängste, voll von Gewalt. Eine Umwelt, die Historisches berichtet und gleichzeitig Aktuelles bannt. Eine Un-Welt, in der Menschen wie Gegenstände sinnentleert scheinen. Alle sind Gefangene in diesen Wohnungen des Todes: die ‹freien› Aufseher ähnlich den Eingekerkerten. Dennoch: Hoffnung ist nicht ganz gewichen; Auflehnung gegen Unterdrückung, Glücksanspruch Einzelner regen sich zaghaft, bis eine Geschichte alles in Bewegung bringt, die abenteuerlich ist, romantisch, fast unglaublich: ‹*Fidelio*›. An diese abenteuerliche Geschichte bindet Beethoven seine große Botschaft, die zurückzunehmen wir auch und gerade 1978 keinen Anlaß haben. Es ist die Botschaft der Freiheit, erworben und erkämpft durch Mut, Treue, Liebe. Altmodische bürgerliche Tugenden?»

V. Ausgewählte Texte zur literarischen Rezeption des ‹Fidelio›

Hector Berlioz (1803–1869) bezieht sich in seiner Besprechung des ‹Fidelio› auf die erste französischsprachige Aufführung (Paris, Théâtre-Lyrique, 8. Mai 1860). Er verweist auch darauf, daß es sich dabei nicht um eine bloße Übersetzung des Librettos handelte, sondern um eine inhaltliche Umarbeitung der beiden Librettisten Jules Barbier (1822–1901) und Michel Carré (1819–1872), zweier Librettisten, die uns noch heute bekannt sind durch ihre Textbücher zu Offenbachs ‹Les Contes d'Hoffmann› (‹Hoffmanns Erzählungen›) und Charles Gounods ‹Margarethe›. Sie verlegten die Handlung in das 15. Jahrhundert (!) und verteilten die kolportierte Umarbeitung auf drei Akte. Wenn uns auch heute solche Eingriffe fremd sind, so waren sie im 19. Jahrhundert keineswegs selten. Der Aufsatz von Berlioz ist keine Aufführungs-, sondern eine ebenso fundierte wie originelle Werkbesprechung, die es wert ist, gelesen und weitergedacht zu werden.

Hector Berlioz

‹Fidelio› – Oper in drei Aufzügen von Beethoven

Ihre Aufführung am «Théâtre-Lyrique»

Am 1. ventôse des Jahres IV wurde im Theater der Rue Feydeau ‹*Leonore oder die Gattenliebe*›, eine *historische Tatsache* in zwei Aufzügen (so lautete der Titel des Stückes) von Bouilly, in Musik gesetzt von P. Gaveaux, zum erstenmal aufgeführt. Das Werk erschien mittelmäßig, trotz der talentvollen Wiedergabe der beiden Hauptrollen durch Gaveaux, den Komponisten, und eine große Darstellerin jener Zeit, Madame Scio. Mehrere Jahre später schrieb Paër nach einem italienischen Text, dessen Heldin wieder Bouillys Leonore war, eine leichte Musik, und nach der Aufführung dieses Werkes sagte Beethoven mit seinem üblichen rücksichtslosen Humor zu Paër die bekannten Worte: «Ihre Oper gefällt mir, ich habe Lust, sie in Musik zu setzen.»*

Dies war der Ursprung des Meisterwerkes, welches uns heute beschäftigen soll.

Als im Jahre 1827 eine deutsche Truppe nach Paris kam, um Vorstellungen zu geben, fand ‹*Fidelio*›, dessen beide Hauptrollen von Haitzinger und Frau Schröder-Devrient mit seltener Kunst gesungen wurden, eine begeisterte Aufnahme. Er ist vor kurzem am Théâtre-Lyrique in Szene gesetzt worden; vierzehn Tage vorher erschien er in London wieder auf der Bühne von Covent-Garden und jetzt eben wird er in New York gespielt. Man suche nach Theatern, die heute Gaveaux' ‹*Leonore*› oder Paërs ‹*Leonora*› noch aufführen ... Nur die Gelehrten wissen um die Existenz dieser beiden Opern. Sie sind vorübergegangen ... sie sind nicht mehr. Von den drei Partituren ist eben die erste außerordentlich schwach, die zweite kaum die Arbeit eines Talentes, die dritte aber das Erzeugnis eines Genies.

Und in der Tat, je mehr ich das Beethovensche Werk höre, je mehr ich darin lese, um so bewundererungswürdiger finde ich es. Als Ganzes erscheint es mir ebenso schön wie in den Einzelheiten; in allen Teilen offenbart sich Energie, Größe, Originalität und eine ebenso tiefe wie wahre Empfindung.

* *Zu diesem anekdotischen Ausspruch Beethovens bemerkt Ferdinand Hiller (Niederrheinische Musik-Zeitung, Köln, Nr. 24, 9. Juni 1860, S. 190):* «In einer Anmerkung zum Berichte über Beethovens ‹*Fidelio*› in Paris wird die Frage aufgeworfen, woher Berlioz den Spaß genommen habe, Beethoven ein dort näher bezeichnetes Witzwort zuzuschreiben. Ich habe ihm dasselbe vor längeren Jahren mitgeteilt, und mir selbst wurde es von jemandem erzählt, der es gewiß nicht erfunden, nämlich vom alten Paër selbst. Dieser, welchen ich in meinen Jünglingsjahren häufig in Paris sah und in dessen Charakter es lag, gegen jedermann mehr als freundlich zu sein, sprach mir viel von seiner Bekanntschaft mit Beethoven in Wien und legte eine große Verehrung für letzteren an den Tag. Und so erzählte er mir auch, wie Beethoven eines Abends mit ihm ins Theater an der Wien gegangen, wo seine, Paër's ‹*Leonora*› gegeben wurde. Beethoven habe neben ihm gesessen und, nachdem er ein Mal über das andere Mal ausgerufen: ‹*Oh que c'est beau, que c'est interessant!*› endlich gesagt: ‹*Il fault que je compose cela*›. Paër schien ganz stolz darauf, auf diese Weise die Veranlassung zu Beethovens Komposition des ‹*Fidelio*› gegeben zu haben, und es ist an der Wahrhaftigkeit dieser Erzählung aus seinem Munde nicht zu zweifeln.» *Hiller muß sich irren, da Paërs ‹Leonora› erst am 8. Februar 1809 in Wien aufgeführt wurde. Andererseits kann Beethoven die Partitur vorher bereits gekannt haben. In Beethovens Nachlaß fand sich jedenfalls eine handschriftliche Partitur der Oper Paërs.*

Beethoven hat für seine einzige Oper vier Ouvertüren geschrieben. Nachdem er die erste vollendet hatte, begann er sie wieder von vorne, ohne daß ein Grund dafür bekannt wäre; er behielt die allgemeine Einteilung und alle Themen bei, verband diese aber durch andere Modulationen, änderte die Instrumentierung, fügte ein wirkungsvolles *crescendo* hinzu und schob ein Flötensolo ein. Meiner Ansicht nach ist dieses Solo des übrigen, großzügigen Werkes unwürdig. Und doch scheint der Komponist diese Version vorgezogen zu haben, denn sie wurde zuerst veröffentlicht. Die andere, deren Manuskript einem Freunde Beethovens, Schindler, verblieben war, erschien erst vor zehn Jahren bei dem französischen Verleger Richault. Ich habe die Ehre gehabt, sie wohl zwanzigmal im Theater von Drury Lane in London und in einigen Pariser Konzerten zu dirigieren; ihre Wirkung ist großartig und hinreißend. Die zweite Version ist jedoch unter dem Namen Leonoren-Ouvertüre populär geworden und wird es wahrscheinlich immer bleiben.

Diese prachtvolle Ouvertüre, vielleicht die schönste Beethovens, teilte das Schicksal mehrerer Nummern der Oper und wurde nach den ersten Aufführungen gestrichen. Eine andere (auch in C-dur, wie die beiden vorhergehenden) von zartem, anmutigem Charakter, deren Schluß aber nicht geeignet schien, zum Applaus zu reizen, war nicht glücklicher. Schließlich schrieb der Komponist für die Neuinszenierung seiner nun abgeänderten Oper die Ouvertüre in E-dur, bekannt als «Ouvertüre zu Fidelio», welche endgültig vor den drei früheren den Vorzug erhielt. Mit höchster Kunst, mit unvergleichlichem Schwung und Glanz geschrieben, ist sie ein wirkliches symphonisches Meisterwerk, das aber weder durch seinen Charakter noch durch seine Themen zu der sich daran anschließenden Oper irgendwelche Beziehungen hat. Die anderen Ouvertüren dagegen bieten gewissermaßen eine kurze Zusammenfassung der Oper ‹*Fidelio*›. Sie enthalten, neben den zärtlichen Akzenten der Leonore, auch die jammervollen Klagen des vor Hunger sterbenden Gefangenen, die entzückenden Melodien der Terzetts im letzten Aufzuge, die ferne Trompetenfanfare, welche den Minister und mit ihm Florestans Befreiung ankündigt; alles bebt in ihnen vor dramatischer Spannung, sie sind wirkliche Ouvertüren zu ‹*Fidelio*›.

Nach dreißig oder vierzig Jahren haben die bedeutendsten Theater Deutschlands und Englands gemerkt, daß die zweite große «Leonoren-Ouvertüre» (die zuerst herausgegebene) ein prachtvolles Werk ist, und spielen sie als Einführung zum zweiten Aufzug, die E-dur-Ouvertüre trotzdem für den ersten Aufzug beibehaltend. Es ist zu bedauern, daß das Théâtre-Lyrique es nicht für gut gehalten hat, dieses Beispiel nachzuahmen. Unser Wunsch geht sogar dahin, das Konservatorium möge versuchen, in einem seiner Konzerte die vier Ouvertüren der Beethovenschen Oper zu Gehör zu bringen, wie es einstmals Mendelssohn im Leipziger Gewandhaus getan hat.

Allein dies würde vielleicht in Paris als ein gar zu kühnes Unternehmen erscheinen (warum allerdings?), und bekanntlich ist die Kühnheit nicht der Fehler unserer Musikinstitute.

Der Gegenstand des ‹*Fidelio*› (denn wir müssen wohl einige Worte über die Handlung sagen) ist traurig und in der Art der Rührstücke, was nicht wenig zu den Vorurteilen der Pariser gegen diese Oper beigetragen hat. Es handelt sich um einen Staatsgefangenen, welchen der Gouverneur einer Festung in seinem Kerker verhungern lassen will. Seine Gattin Eleonore, als junger Bursche verkleidet, hat sich von dem Gefängniswärter Rocco zum Gehilfen annehmen lassen. Roccos Tochter Marzelline, die Verlobte des Pförtners Jacquino, ist bald für Fidelios schöne Erscheinung so eingenommen, daß sie zu seinen Gunsten von dem gewöhnlicheren Liebhaber läßt. Der Gouverneur Pizarro, voll Ungeduld sein Opfer sterben zu sehen, findet die Wirkung des Hungers zu langsam und entschließt sich, Florestan eigenhändig auf seinem elenden Lager zu morden. Rocco erhält den Befehl, in einem Winkel des Kerkers ein Grab zu bereiten, welches schon in wenigen Stunden den Gefangenen aufnehmen soll; er wählt Fidelio, um ihm bei dieser traurigen Arbeit zu helfen. Angstvolle Unruhe der armen Frau, die nun mit ansehen muß, wie ihr Gatte seinen Qualen fast erliegt, ohne daß sie wagen dürfte, sich ihm zu nähern. Bald erscheint der grausame Pizarro; der in Ketten liegende Gefangene erhebt sich, erkennt in ihm den Urheber seiner Leiden und stellt ihn zur Rede; schon schreitet Pizarro, den Dolch in der Hand, auf Florestan zu; da stürzt sich Fidelio zwischen die beiden, zieht eine Pistole aus dem Busen und zielt auf Pizarro, der erschrocken zurücktritt. Im gleichen Augenblick erschallt in einiger Entfernung eine Trompete. Es ist das Signal, daß das Fallgatter aufgezogen und das Tor der Festung geöffnet werden soll. Man meldet die Ankunft des Ministers; der Gouverneur wird sein blutiges Werk nicht zu Ende führen; er stürzt hastig aus dem Kerker; der Gefangene ist gerettet. Der Minister erscheint wirklich und erkennt in Pizarros Opfer seinen Freund Florestan. Allgemeine Freude; Verwirrung der armen Marzelline, welche, da sie nun vernimmt, Fidelio sei eine Frau, sich ihrem Jacquino wieder zuwendet.

Das Théâtre-Lyrique hat es für notwendig gehalten, genau nach den Situationen des Bouillyschen Stückes ein neues Drama zu verfertigen, dessen Handlung sich im Jahre 1495 zu Mailand abspielt; die Hauptpersonen sind: Lodovico Sforza, Giovanni Galeazzo, seine Gattin

Isabella von Aragonien und Karl VIII., König von Frankreich. So hat man ein glänzendes Schlußbild für die Lösung des Knotens und auch Kostüme anbringen können, die weniger düster sind, als in dem ursprünglichen Stücke. Aus diesem zweifellos ganz ungenügenden Grunde hat Herr Carvalho, der geschickte Leiter des Theaters, für die Einstudierung des ‹*Fidelio*› eine solche Unterschiebung gewünscht. In Frankreich will man nicht glauben, daß eine fremde Oper einfach und schlicht übersetzt werden könne. Übrigens ist hier die Arbeit ohne zu großen Schaden für die Partitur ausgeführt worden. Sämtliche Nummern sind solchen Situationen angepaßt, die im Charakter mit denen, für welche sie geschrieben wurden, übereinstimmen.

Was der Musik des ‹*Fidelio*› bei dem Pariser Publikum schadet, ist die Keuschheit seiner Melodien, die souveräne Verachtung des Komponisten für unmotivierte Klangwirkungen, banale Schlüsse und Wendungen, die man von weitem kommen sieht; es ist seine bei allem Glanze maßvolle Instrumentierung, die Kühnheit seiner Harmonien; und vor allen Dingen, ich sage es ohne Scheu, die Tiefe seiner Empfindung für den Ausdruck. Man muß bei dieser vielseitigen Musik auf alles achten, man muß alles hören, um verstehen zu können. Manchmal sind es die Stimmen des Orchesters, und zwar bald die wichtigsten, bald die unbedeutendsten, welche den Akzent, den Schrei der Leidenschaft, mit einem Worte den Gedanken enthalten, der vom Komponisten nicht der Singstimme übertragen werden konnte. Was aber nicht sagen will, daß die Singstimme nicht vorherrschend geblieben sei, wie jene Leute behaupten, die Grétrys Tadel gegen Mozart wie eine ewige Leier nachsprechen: «Er hat die Statue ins Orchester und den Sockel auf die Bühne gestellt»; dieser Vorwurf ist seinerzeit Gluck, später auch Weber, Spontini, Beethoven gemacht worden, und wird wohl allezeit jedem gemacht werden, der keine Plattheiten für die Singstimme schreiben und dem Orchester eine interessante, wenn auch noch so kunstvoll zurückhaltende Rolle geben will. Zwar halten die Leute, welche so schnell bereit sind, die vermeintliche Vorherrschaft der Instrumente über die Singstimme bei den großen Meistern zu tadeln, nicht viel von der eben erwähnten Zurückhaltung, und wir sehen, besonders seit zehn Jahren, täglich, wie das Orchester in eine Militärkapelle, in eine Schmiede, in eine Kesselflickerwerkstatt verwandelt wird, ohne daß die Kritik sich empört, ja ohne daß sie diesen Ungeheuerlichkeiten auch nur die geringste Beachtung schenkt. Daher steht es, alles in allem, mit dem Orchester so: Ist es lärmend, heftig, brutal, platt, empörend, macht es Stimmen und Melodien tot, so sagt die Kritik nichts dazu; ist es aber fein, zart, geistvoll; zieht es manchmal durch Lebhaftigkeit, Anmut oder Ausdruck die Aufmerksamkeit auf sich, ohne deshalb die ihm von den dramatischen und musikalischen Anforderungen gesetzten Grenzen zu überschreiten, so wird es von der Kritik getadelt. Man verzeiht dem Orchester leicht, daß es gar nichts sagt, oder, wenn schon, daß es nur Dummheiten oder Grobheiten sagt.

Die Partitur des ‹*Fidelio*› enthält, ohne die vier Ouvertüren mitzuzählen, sechzehn Nummern. Ursprünglich waren es mehr; einige sind bei der zweiten Inszenierung des Werkes in Wien gestrichen worden; auch die beibehaltenen erfuhren bei der gleichen Gelegenheit mehrfach Striche und Abänderungen. Ein Leipziger Verleger[1] hatte (soviel ich weiß im Jahre 1855) den Einfall, das vollständige Originalwerk mit Angabe aller Entstellungen durch Striche und Abänderungen herauszugeben. Beim Studieren dieser merkwürdigen Partiturausgabe bekommt man einen Begriff von den Qualen, welche der ungeduldige Beethoven hat erleiden müssen, als er in derartige Umarbeitungen einwilligte; gewiß nahm er sie nur mit Wut vor, sich dabei mit dem Sklaven des Alfieri vergleichend:

«Servo, si, ma servo ognor fremente».

In Deutschland wie auch in Italien oder Frankreich, kurz, wie überall, weiß am Theater jeder Mensch, ohne Ausnahme, alles besser, als der Komponist. Der Komponist ist da ein öffentlicher Feind; und wenn nur ein untergeordneter Maschinist versichert, das und das Musikstück, von irgend einem Meister, sei zu lang, so wird ein jeder schnell dem Maschinisten gegen Gluck oder Weber, oder Mozart, oder Beethoven, oder Rossini rechtgeben. Man sehe, was Rossini betrifft, die frechen Striche an, welche man in seinem ‹*Wilhelm Tell*› vor und nach der ersten Aufführung dieses Meisterwerkes gemacht hat. Das Theater ist für Dichter und Komponisten eine Schule der Demut; die einen werden von Leuten belehrt, welche nicht einmal die Grammatik kennen, die anderen von Leuten, die nicht wissen, was eine Tonleiter ist; dazu haben diese Aristarchen noch ein Vorurteil gegen alles, was einen Schein von Neuheit oder Kühnheit hat und sind mit einer unbändigen Liebe für vorsichtige Banalitäten erfüllt. An den Opernhäusern, vor allen Dingen, nimmt sich jeder das Recht heraus, Boileaus Vorschrift auszuüben:

«Bisweilen fügt hinzu und häufig streichet aus.»[2]

Da nun die Korrektoren des einen Theaters etwas für schwarz halten,

[1] Breitkopf & Härtel, Ausgabe von Jahn (1852). (Anm. d. Übers.)
[2] «Ajoutez quelquefois et souvent effacez.» (Art poétique). (Anm. d. Übers.)

was denen eines anderen Theaters weiß vorkommt, so wird obige Vorschrift in so gründlicher und mannigfaltiger Weise ausgeübt, daß von einer Partitur, wenn sie erst einmal schutzlos über etwa fünfzig Bühnen geschleppt worden ist, kaum zehn unberührte Seiten übrig blieben, wollte man die Arbeit aller Korrektoren gelten lassen.

Die sechzehn Nummern des Beethovenschen ‹*Fidelio*› haben fast alle eine schöne, edle Physiognomie. Aber sie sind verschiedenartig schön, und gerade dies scheint mir ihr Hauptverdienst zu sein. Das erste Duett zwischen Marzelline und ihrem Verlobten[3] unterscheidet sich von den anderen Stücken durch sein vertrauliches, heiteres, bei aller Einfachheit pikantes Wesen; der Charakter beider Personen ist darin von vornherein gezeichnet. Die Arie des jungen Mädchens[4] (c-moll) scheint sich durch ihre Melodie dem Stile der besten Sachen von Mozart zu nähern. Die Orchestrierung jedoch ist viel sorgfältiger als sie es je bei Beethovens berühmtem Vorgänger gewesen ist.

Auf dieses hübsche Stück folgt ein Quartett von entzückender Melodie.[5] Es ist ein Kanon in der Oktave; jede Stimme setzt der Reihe nach mit dem Thema ein, so daß sich zuerst unter Begleitung eines kleinen Orchesters von Violoncellen, Bratschen und Klarinetten ein Solo, dann ein Duett, ein Terzett, und schließlich ein vollständiges Quartett entwikkelt. Rossini hat eine Menge von entzückenden Sachen in dieser Form geschrieben; so zum Beispiel den Kanon in ‹*Moses*›: «Mi manca la voce.» Aber der Kanon in ‹*Fidelio*› ist ein *Andante* ohne das übliche, sich daran anschließende *Allegro* mit Cabaletta und lärmender Coda. Deshalb bleibt das Publikum, wenn es von dem anmutsvollen *Andante* auch noch so entzückt und verblüfft, weil sein Schluß-*Allegro*, seine Kadenz, sein Peitschenhieb nicht kommt ... Und in der Tat, warum sollte man ihm nicht einen Peitschenhieb geben? ...

Roccos Strophen über die Macht des Goldes[6], welche Gaveaux in seiner französischen Partitur geschrieben hat, lassen sich mit denen von Beethoven vergleichen. Von allen Nummern aus Gaveaux' ‹*Léonore*› verträgt vielleicht diese eine derartige Vergleichung am besten. Beethovens Arie entzückt durch einen heiter gutmütigen Zug; ihre kräftige Einfachheit wird in der Mitte durch ein plötzlich eintretendes Modulieren und Wechseln des Tempos ein wenig beeinträchtigt; die von Gaveaux, obgleich nicht in einem so hohen Stile gehalten, ist ebenso in-

3 «Jetzt, Schätzchen, jetzt sind wir allein.» (Nr. 1). (Anm. d. Übers.)
4 «O wär ich schon mit ihm vereint.» (Anm. d. Übers.)
5 «Mir ist so wunderbar.» (Anm. d. Übers.)
6 «Hat man nicht auch Gold beineben.» (Anm. d. Übers.)

teressant durch ihre klare Melodie, ihre ausgezeichnete Prosodie und eine pikante Orchestrierung.

In dem darauffolgenden Terzett[7] greift Beethoven zur großen Form, zu ausgedehnten Entwicklungen, zu einer reicheren, bewegteren Instrumentation; man fühlt, daß das Drama beginnt; die Leidenschaft leuchtet in fernen Blitzen auf. Dann kommt ein Marsch, dessen Melodie und Modulationen aufs glücklichste gewählt sind, obgleich er in seiner allgemeinen Färbung etwas düster erscheint, wie es übrigens der Marsch einer Gefängniswache wohl sein kann. Die zwei ersten, von den Becken und einem *pizzicato* der Bässe dumpf angeschlagenen Noten des Themas verdüstern ihn von vornherein. Weder dieser Marsch noch das vorausgehende Terzett haben ihre Gegenstücke in der Oper von Gaveaux; dasselbe gilt von vielen anderen Nummern der reichen Beethovenschen Partitur. Zu diesen gehört die Arie des Pizarro[8]. In Paris erntet sie nicht das geringste Zeichen des Beifalls; dennoch bitten wir um die Erlaubnis, sie als Meisterwerk zu bezeichnen. In diesem furchtbaren Stücke ist die wilde Freude eines zur Befriedigung seiner Rachsucht bereiten Schurken mit schrecklichster Wahrheitstreue geschildert. Beethoven hat in seiner Oper Glucks Grundsatz, nach welchem er empfiehlt, *die Instrumente nur in dem Maße in Tätigkeit treten zu lassen, in welchem ein gewisser Grad der Spannung und Leidenschaft es verlangt*, vollkommen beobachtet. Zum erstenmal ist hier das Orchester entfesselt; tosend setzt es mit dem Dominantseptnonenakkord von d-moll ein; alles bebt, alles arbeitet, schreit und schlägt; die Gesangstimme ist zwar nur eine mit Noten versehene Deklamation; aber was für eine Deklamation; und zu welch' wilder Intensität steigert sich ihr immer wahrer Ausdruck bei der Stelle, wo der Komponist, nachdem er nach D-dur moduliert hat, den Chor der Wache einsetzen läßt, dessen Stimmen anfangs murmelnd Pizarros Gesang begleiten, und erst am Schlusse kräftig losbrechen. Dies ist bewunderungswürdig!

In Deutschland habe ich die Arie mit überwältigendem Ausdruck von Pischek singen hören.

Das Duett zwischen Rocco und dem Gouverneur[9], also für zwei Bässe, steht nicht ganz auf derselben Höhe; trotzdem kann ich nicht billigen, daß man sich am Théâtre-Lyrique die Freiheit genommen hat, es zu streichen.

[7] «Gut, Söhnchen, gut!» (Anm. d. Übers.)
[8] «Ha! welch' ein Augenblick!» (Anm. d. Übers.)
[9] «Jetzt, Alter, jetzt hat es Eile.» (Anm. d. Übers.)

Eine ähnliche Freiheit nahm man sich, allerdings mit der mehr oder minder ausdrücklichen Erlaubnis des Komponisten, seinerzeit in Wien, gegenüber dem reizenden Duett für zwei Soprane (Marzelline und Fidelio), in welchem eine einzige Violine und ein einziges Violoncell, durch einige Einsätze des Orchesters unterstützt, die beiden Stimmen so reizend begleiten. Dieses Duett, welches in der vorhin erwähnten Leipziger Partitur wiedergefunden wurde, hat man am Théâtre-Lyrique in Beethovens Werk wieder eingesetzt. Also sind die Gelehrten des Pariser Theaters nicht einer Meinung mit den Gelehrten des Wiener Theaters! ... Gott sei Dank, daß ihre Ansichten auseinander gehen, sonst wäre uns dieses so frische, zarte, elegante musikalische Zwiegespräch vorenthalten geblieben!

Wie es heißt, haben wir diese Wiedereinsetzung dem Souffleur des Théâtre-Lyrique zu verdanken. Ein braver Souffleur!

Die große Arie des Fidelio[10] besteht aus einem Rezitativ, einem *Adagio cantabile* und einem Schluß-*Allegro*, mit obligater Begleitung von drei Hörnern und einem Fagott.

Ich finde das Rezitativ schön dramatisch, das *Adagio* erhaben durch seinen zärtlichen Ausdruck und seine trauervolle Anmut, das *Allegro* hinreißend, voll einer edlen Begeisterung, großartig, und wohl würdig der Arie der Agathe im ‹*Freischütz*› als Vorbild gedient zu haben. Wohl weiß ich, daß ausgezeichnete Kritiker meine Meinung nicht teilen; ich fühle mich glücklich, die ihre nicht zu teilen ...

Das Thema des *Allegro* dieser bewunderungswürdigen Arie wird zuerst von den Hörnern und dem Fagotte allein vorgetragen, welche nur die fünf Noten des Akkords H, E, Gis, H, E nacheinander hören lassen. Dies gibt vier Takte von unglaublicher Originalität. Man könnte jedem Musiker, der die Stelle nicht kennt, diese fünf Noten geben, mit der Anweisung, sie auf hundert verschiedene Arten zu kombinieren, und ich wette, daß unter den hundert Kombinationen der kühne, stolze Satz, welchen Beethoven daraus gemacht hat, nicht vorkommen würde, so überraschend ist sein Rhythmus.

Für viele Leute bleibt dieses *Allegro* mit einem ernsten Fehler behaftet; es enthält nämlich keine kleine, leicht zu behaltende Melodie. Diese für die zahlreichen und glänzenden Schönheiten des Stückes unempfänglichen Dilettanten lauern auf ihre viertaktigen Sätzchen, wie die Kinder auf die Bohne im Dreikönigskuchen, wie die Provinzler auf das hohe H, auf «die» Note eines zum erstenmal auftretenden Tenors lau-

[10] «Abscheulicher! Wo eilst du hin?» (Anm. d. Übers.)

ern. Und wäre der Kuchen auch köstlich, wäre der Tenor auch der entzückendste Sänger der Welt, keiner von beiden wird Erfolg haben, ohne die kostbare Beigabe! Es ist keine Bohne darin! Er hat «die» Note nicht!

Die Arie der Agathe im ‹*Freischütz*› ist fast populär geworden; sie hat «die» Note.

Wie viele Stücke, selbst von Rossini, dem Meister der Melodie, sind im Schatten geblieben, weil ihnen «die» Note fehlte!

Die vier Blasinstrumente, welche in der Arie die Stimme begleiten, beunruhigen überdies die meisten der Zuhörer ein wenig, indem sie ihre Aufmerksamkeit allzu stark auf sich ziehen. Indessen prahlen diese Instrumente durchaus nicht mit überflüssigen Schwierigkeiten; Beethoven hat sie nicht, wie Mozart es mehrmals mit dem Bassetthorn getan hat, als Soloinstrumente, in der anspruchsvollen Bedeutung des Wortes, behandelt. In ‹*Titus*› gibt Mozart dem Bassetthorn eine Art Concerto auszuführen, während die Primadonna singt, daß *sie den Tod nahen sieht*[11] usw. Dieser Kontrast zwischen einer von traurigsten Gefühlen bewegten Person und einem Virtuosen, der, unter dem Vorwand, den Gesang zu begleiten, nur daran denkt, mit seiner Fingerfertigkeit zu glänzen, ist höchst unerfreulich und kindisch, dem richtigen Sinn für Dramatik zuwiderlaufend, ja einer guten, rein musikalischen Wirkung äußerst ungünstig. Beethoven hat seinen vier Blasinstrumenten keine solche Rolle zugedacht. Sie sollen nicht glänzen, sondern eine Art von Begleitung abgeben, welche mit dem Gefühle der singenden Person in vollkommener Übereinstimmung steht und einen besonderen, durch keine andere Kombination von Instrumenten zu erzielenden Klang hat. Der verschleierte, ja ein wenig mühsame Ton der Hörner paßt sich der schmerzvollen Freude, der zaghaften Hoffnung, welche Leonorens Herz erfüllen, auf das beste an; er klingt sanft und zärtlich wie das Gurren der Tauben. Etwa um die gleiche Zeit wandte Spontini, ohne Beethovens ‹*Fidelio*› gehört zu haben, in ähnlicher Absicht die Hörner an, um die schöne Arie aus der ‹*Vestalin*›:

«Du, die mein Mund nur bebend nennt»[12]

zu begleiten.

[11] Nie soll mit Rosen, mit duft'gen Myrten
Hymen mir schmücken die Lebensbahn,
Schon seh' ich grauenvoll Kerker sich öffnen,
Schon Todesqualen furchtbar sich nah'n.
(Nr. 23, Rondo [*Larghetto*]). (Anm. d. Übers.)

[12] «Toi que j'implore avec effroi» (Akt II Nr. 8). (Anm. d. Übers.)

Seither haben es mehrere Meister, unter anderen auch Donizetti in seiner ‹*Lucia*›, mit gleichem Glücke getan.

So offenbar ist die diesem Instrumente zu gewissen Zwecken eigene Kraft des Ausdrucks für Komponisten, welche mit der musikalischen Sprache der Leidenschaft und des Gefühls vertraut sind. Gewiß, es war eine große empfindungsfähige Seele, die sich in diesen herzbewegenden Tönen ergoß!

Die durch den Chor der Gefangenen[13] erregte Gemütsbewegung ist, obgleich weniger lebhaft, doch nicht weniger tief.

Eine Schar von Unglücklichen kommt für einen Augenblick aus dem Kerker heraus in den Hof, um Luft zu schöpfen. Man horche auf die ihr Auftreten begleitenden ersten Takte im Orchester, auf diese sanften, breiten, sich glanzvoll entfaltenden Harmonien, und die schüchternen Stimmen, welche sich langsam aneinander reihen und zu einem harmonischen Erguß anwachsen, gleich einem sich der beengten Brust der Gefangenen entringenden Seufzer des Glücks. Und wie melodiös ist die Begleitungsfigur in den Blasinstrumenten! ... Man wird auch hier wieder sagen können: «Warum hat der Komponist nicht die Melodie den Singstimmen und den Part der Singstimmen dem Orchester gegeben?» Warum? Weil es eine ins Auge springende Ungeschicklichkeit gewesen wäre; der Chor singt genau wie er singen muß; eine Note mehr in den Singstimmen würde deren so richtigen, so wahren, so tief gefühlten Ausdruck verderben; die Orchesterfigur, so melodisch sie auch sein mag, ist nur ein Nebengedanke; sie paßt besonders gut für die Blasinstrumente und hebt aufs beste die Zartheit der über dem Orchester so genial aufgebauten Harmonien des Gesangs. Ich glaube, es wird sich kein vernünftiger Komponist irgendeiner Schule finden, der hier Beethovens Idee tadeln möchte.

Das Glück der Gefangenen wird einen Augenblick durch das Erscheinen der sie beaufsichtigenden Wache getrübt. Da wechselt auch sofort das musikalische Kolorit: alles wird glanzlos und dumpf. Aber die Wache beendet ihre Runde; ihr argwöhnischer Blick lastet nicht mehr auf den Gefangenen; die Tonart des Chorzwischensatzes nähert sich wieder der Haupttonart; man ahnt sie, man glaubt sie zu greifen; kurze Pause ... und das erste Thema zeigt sich wieder in der ursprünglichen Tonart, mit einer Natürlichkeit und Anmut, die ich zu beschreiben nicht versuchen will. Licht, Luft, süße Freiheit, Leben, sind uns wiedergegeben.

Manche Zuhörer, die am Schlusse dieses Chores ihre Augen trock-

[13] Nr. 10, Finale. Allegro ma non troppo: «Ach! welche Lust! in freier Luft ...» (Anm. d. Übers.)

nen, sind entrüstet über die Ruhe des Hauses, das von einem ungeheuren Beifallslärm erdröhnen müßte. Es ist möglich, daß der größte Teil des Publikums wirklich bewegt ist; allein gewisse musikalische Schönheiten können für alle unleugbar sein und doch nicht zu Beifallsbezeugungen reizen.

Gaveaux' Chor der Gefangenen:

«Que ce beau ciel, cette verdure»,

ist im gleichen Sinne geschrieben. Aber ach! neben dem von Beethoven erscheint er recht glanzlos und platt! Es sei überdies hier bemerkt, daß der französische Komponist, der in seiner Partitur die Posaunen mit sehr großer Zurückhaltung verwendet hat, sie gerade hier zu Worte kommen läßt, als ob sie zur Familie der zarten, in der Klangfarbe ruhigen und duftigen Instrumente gehörten. Mag wer will diese sonderbare Laune erklären.

Im zweiten Teil des Duetts[14], in welchem Rocco Fidelio mitteilt, daß sie zusammen das Grab des Gefangenen graben sollen, haben die Blasinstrumente eine synkopierte Figur von höchst eigentümlicher Wirkung, die aber durch ihren klagenden Ausdruck und unruhigen Rhythmus genau mit der Situation im Einklang steht. Dieses Duett und das darauf folgende Quintett[15] enthalten sehr schöne Stellen; einige davon nähern sich im Stile ihrer Melodien der in ‹*Figaros Hochzeit*› sich darstellenden Mozartschen Manier.

Ein Quintett, mit Begleitung des Chores[16], beschließt diesen Aufzug. Seine Färbung ist düster; sie muß es sein. In der Mitte stößt man plötzlich auf eine etwas trockene Modulation; einige Stimmen haben einen Rhythmus, der sie von den anderen unterscheidet, ohne daß die Absicht des Komponisten deutlich zu erkennen wäre. Aber die über dem Ganzen schwebende, geheimnisvolle Stimmung gibt diesem *Finale* eine höchst dramatische Physiognomie. Es endet *piano*, es drückt Bestürzung und Angst aus; die Pariser spenden ihm daher keinen Beifall; sie können einem derartigen, ihren Gewohnheiten so ganz zuwiderlaufenden Schluß keinen Beifall spenden.

Als Einleitung zum dritten Aufzug spielt das Orchester eine langsame, trauervolle Symphonie voll von Angstrufen, Schluchzen, Beben, schwe-

[14] Nr. 10, Finale. Allegro vivace: «Nun sagt, wie ging's?» (Anm. d. Übers.)
[15] Nr. 10, Finale. Allegro molto: «Ach, Vater! eilt!» (Anm. d. Übers.)
[16] «Leb wohl, du warmes Sonnenlicht.» (Anm. d. Übers.)

ren Pulsschlägen. Wir betreten das Reich der Schmerzen und der Tränen; Florestan ist auf seinem Strohlager hingestreckt; wir sollen seinen Todeskampf sehen, seine irren Reden vernehmen. Glucks Orchestrierung für die Kerkerszene des Orestes in ‹*Iphigenie auf Tauris*› ist wohl sehr schön; aber um wieviel überragt hier Beethoven seinen Nebenbuhler! Nicht nur weil er ein außerordentlich großer Symphoniker ist und besser als jener die Sprache des Orchesters beherrscht, sondern weil in diesem Stücke sein musikalischer Gedanke unverkennbar stärker, großartiger und unvergleichlich viel tiefer im Ausdrucke ist. Man fühlt gleich bei den ersten Takten, daß der Unglückliche, der hier eingeschlossen ist, beim Betreten seines Kerkers *jede Hoffnung hat fahren lassen.*

Er beginnt. Auf ein schmerzvolles, mit den Hauptthemen der vorausgehenden Symphonie untermischtes Rezitativ folgt ein verzweiflungsvolles, herzzerreißendes *cantabile*, dessen Traurigkeit durch die Begleitung der Blasinstrumente von Augenblick zu Augenblick gesteigert wird. Der Schmerz des Gefangenen wird immer heftiger. Seine Gedanken verwirren sich ... der Tod hat ihn mit seinen Schwingen berührt ... Von einer plötzlichen Halluzination erfaßt, glaubt er sich frei; er lächelt, Tränen der Zärtlichkeit perlen in seinem brechenden Auge, er glaubt seine Gattin wieder zu sehen, er ruft ihr, sie antwortet ihm; er ist in einem Rausch von Freiheit und Liebe.

Mögen andere diesen schluchzenden Gesang beschreiben, dieses Beben im Orchester, diese ununterbrochene Melodie der Oboe, die Florestans Gesang begleitet, wie die Stimme der angebeteten Gattin, welche er zu hören glaubt; und dieses hinreißende *crescendo*, und den letzten Schrei des Dahinsterbenden ... Ich vermag es nicht ...

Verneigen wir uns hier vor der souveränen Kunst, der feurigen Erfindungskraft, dem reißenden Fluge des Genies ...

Nach diesem Anfall von fieberhafter Erregtheit fällt Florestan auf sein Lager zurück; Rocco und die zitternde Leonore (Fidelio) treten ein. Die schauerliche Stimmung dieser Szene ist abgeschwächt durch das neue Libretto, in welchem es sich nur darum handelt, eine Zisterne frei zu legen, anstatt das Grab des noch lebenden Gefangenen zu graben. (Da sieht man, wohin alle diese Umarbeitungen führen ...)

Nichts kann düsterer sein als das berühmte Duett[17] mit dem Kontrast zwischen Roccos kalter Unempfindlichkeit und Fidelios herzzerreißenden, beiseite gesungenen Sätzen, während das Orchester ein dumpfes Murmeln hören läßt, gleich dem matten Geräusch der fallenden Erde,

[17] «Nur hurtig fort, nur frisch gegraben.» (Anm. d. Übers.)

mit der man einen Sarg bedeckt. Ein Kollege von der musikalischen Kritik hat diese Szene sehr treffend mit der Szene der Totengräber in ‹*Hamlet*› verglichen. Konnte man sie in würdigerer Weise loben?

Bei Beethoven singen die Totengräber ihr Duett zu Ende ohne Coda, ohne Cabaletta, ohne Stimmprotzerei; deshalb beobachtet auch ihm gegenüber das Parkett ein strenges Schweigen. Da haben wir das Unglück!

Das darauf folgende Terzett[18] hat mehr Glück; man spendet ihm Beifall, obgleich es ebenfalls leise abschließt. Die drei, von Gefühlen der Zuneigung bewegten Personen singen köstliche Melodien, welche von wohlklingenden, ungezwungenen Begleitungen getragen werden. Nichts kann vornehmer und zugleich rührender sein, als das schöne, 20 Takte umfassende Thema, welches der Tenor zuerst vorträgt. Das ist Gesang in seiner köstlichsten Reinheit, Ausdruck in seiner wirklichsten, einfachsten, tiefgehendsten Offenbarung. Das Thema wird später bald ganz, bald stückweise wieder aufgenommen, und nach sehr kühnen Modulationen mit unvergleichlichem Geschick und Erfolg in die ursprüngliche Tonart zurückgeführt.

Das Pistolenquartett[19] ist ein langes Donnerrollen, dessen Drohen unaufhörlich an Heftigkeit zunimmt und mit einer Folge von Explosionen endet. Von Fidelios Schrei an: «Ich bin sein Weib!» verschmilzt das dramatische Interesse mit dem musikalischen; man ist bewegt, hingerissen, fassungslos, ohne unterscheiden zu können, ob diese heftige Erregung durch die Singstimmen, oder durch die Instrumente, oder durch das Spiel der Darsteller und die Belebtheit der Handlung verursacht wird; mit solch frappierender Wahrheit und fabelhafter Energie hat sich der Komponist in die von ihm gemalte Situation eingelebt. Über dem Tumult im Orchester, über den lebhaften Figuren der Streichinstrumente, welche dem Geschrei einer von tausend Leidenschaften bewegten Menge gleichen, sind die in fieberhaft erregten Sätzen sich anrufenden und antwortenden Singstimmen immer deutlich vernehmbar. Das Ganze ist ein Wunder dramatischer Musik, zu welchem ich bei keinem alten oder neuen Meister ein Gegenstück kenne. Die Abänderung des Textes hat dieser schönen Szene großen, sehr bedauerlichen Schaden gebracht. Da die Handlung in eine Zeit verlegt worden ist, wo die Pistole noch nicht erfunden war, konnte man sie nicht mehr dem Fidelio als Angriffswaffe geben; die junge Frau bedroht jetzt Pizarro mit einem Stemmeisen, wodurch sie, besonders einem solchen Manne, viel weniger gefährlich wird,

[18] «Euch werde Lohn in bess'ren Welten.» (Anm. d. Übers.)

[19] «Er sterbe, doch erst soll er wissen ...» (Anm. d. Übers.)

als durch das kleine Rohr, mit welchem auch ihre schwache Hand Pizarro sicher töten kann, wenn er nur die geringste Bewegung macht. Überdies ist Fidelios Stellung, wenn er auf Pizarros Gesicht zielt, von großer Bühnenwirkung. Ich sehe noch Frau Devrient, wie sie, krampfhaft auflachend, ihren zitternden Arm Pizarro entgegenstreckte.

Das kommt von allen diesen Manipulationen mit Theaterstücken und Partituren, die man für die vermeintlichen Forderungen eines Publikums zurecht macht, das gar nichts fordert und recht zufrieden wäre, wollte man ihm gewisse Werke so darbieten, wie die Verfasser sie geschrieben haben.

Nach diesem bewundernswerten Quartett singen die beiden nun allein zurückbleibenden Gatten ein nicht minder bewundernswertes Duett[20], in welchem rasende Leidenschaft, Freude, Überraschung, Niedergeschlagenheit nacheinander in Tönen Ausdruck finden, von denen man sich keinen Begriff machen kann, wenn man sie nicht gehört hat. Welche Liebe! welches Entzücken! welche Umarmungen! mit welcher Wut halten sich die beiden Wesen umschlungen! wie lallen sie vor Leidenschaft! Die Worte drängen sich auf ihre bebenden Lippen, sie taumeln, sie atmen schwer ... Sie lieben sich ... versteht ihr? ... sie lieben sich! Was hat eine solche Aufwallung der Liebe gemein mit jenen platten Duetten, wie sie etwa zwei durch Vernunftheirat vereinigte Gatten singen können? ... Im letzten *Finale*[21] hört man ein ausgedehntes Ensemble, dessen marschmäßiger Rhythmus zuerst von einigen langsamen Zwischensätzen unterbrochen wird. Dann setzt das *Allegro* wieder ein, wird nach und nach rascher und nimmt bis zum Schlusse an Klangfülle zu. Dieses letzte Stück blendet und ergreift anfangs durch seine Erhabenheit, dann durch sein Feuer auch die kältesten und widerspenstigsten Zuhörer. Da sagen sie mit gezwungener beifälliger Miene: «Das lassen wir uns gefallen!» Wir sagen auch, wenn wir sie Beifall spenden sehen: «Das lassen wir uns gefallen!» Allein das übrige der Partitur, das sie so wenig rührt, ist deshalb nicht weniger bewunderungswürdig; ja man kann, ohne dieses gigantische *Finale* herabsetzen zu wollen, behaupten, daß es von mehreren der vorausgehenden Stücke um vieles überragt wird.

[20] «O namenlose Freude!» (Anm. d. Übers.)
[21] «Heil sei dem Tag.» (Anm. d. Übers.)

Hermann W. von Waltershausen*

Zur Dramaturgie des ‹Fidelio›

Wie das Textbuch der ‹*Zauberflöte*›, des ‹*Freischützen*›, um zwei der umstrittensten Fälle zu nennen, wird auch das des ‹*Fidelio*› vielfach als Stümperei abgetan. Die Wirkung des einzigen Beethovenschen Bühnenwerkes wird der Musik zugeschrieben, trotzdem jeder Praktiker des Operntheaters weiß, daß die beste Musik in Verbindung mit einem schlechten Buch eindruckslos verhallt, und trotzdem keiner, der auch nur ein halbwegs empfängliches Herz hat, sich der ungeheuren dramatischen Wirkung des Hohenliedes der ehelichen Liebe, selbst bei mittelmäßiger Aufführung, entziehen kann.

Wir hören stets dieselben Vorwürfe: die Buffoszenen des 1. Aufzuges sind stilwidrig, die Verkleidungsgeschichte mit ihren Konsequenzen setzt eine geradezu rührende Naivität des Publikums voraus, der Wüterich Pizarro entbehrt nicht der unfreiwilligen Komik, der dramatische Fluß ist stockend und durch breite Strecken unterbrochen, die in den Konzertsaal gehören, die Entwicklung der Handlung, soweit sie in dem primitiven Spiel und Gegenspiel überhaupt zur Entfaltung kommt, wird durch den «deus ex machina» gegenstandslos.

Es ist die Aufgabe der Operndramaturgie, jenseits der beiden Schwesterngebiete, Musikwissenschaft und Inszenierungskunst, aber organisch aus der Seele der ersteren und für die lebendige Auswirkung in der letzteren, das Opernkunstwerk, so wie es ist, sich zum lückenlosen Eigenerlebnis zu machen. Betrachten wir zuerst das Personenverzeichnis des ‹*Fidelio*›!

Florestan singt Tenor, und zwar weil die Oper aus musikalischen Gründen nach einer Disposition über die verschiedenen Stimmlagen verlangt, und weil aus alten Typengesetzen Pizarro Baritonist, Rocco Bassist sein muß. Da der musikalische Ausdruck der Resignation Voraussetzung in der Konzeption ist, muß dieser Tenor über eine lyrisch kantable Höhe verfügen. Wir sind gewöhnt, den lyrischen Tenor uns als jugendlichen Liebhaber vorzustellen, und sind zu der individuellen Vieldeutigkeit der Stimmgattungen aus tieferen Gründen, als aus denen der

* *Hermann Wolfgang von Waltershausen (1882–1954), Musikpädagoge und Komponist in München. Wirkte von 1920 bis 1933 an der Münchner Akademie der Tonkunst als Professor für Komposition und als Leiter des operndramatischen Seminars. Außer seinen Kompositionen, darunter einige Opern mit selbstverfaßten Libretti, gab er Schriften über die Kunst des Dirigierens und zur Operndramaturgie heraus.*

commedia dell'arte, trotz Wagner, trotz des ‹*Tristan*›, noch wenig erzogen. Florestan ist der intime Freund und Berater des weisen, gereiften, aufgeklärten, im besten Sinne liberalen Ministers, und kann deshalb kein flaumbärtiger Knabe sein. Jedes Wort, jeder Ton charakterisiert ihn als Persönlichkeit, und zwar als Persönlichkeit reifer, geklärter Männlichkeit. Wir denken ihn uns als einen Vierziger. Seine Lebensaufgabe besteht in der staatsmännischen Betätigung der Menschenliebe, des geläuterten Ideales Rousseaus und der Französischen Revolution. Seine produktive Arbeit muß sachlich das durch Pizarro vertretene alte System und persönlich dessen schurkenhaften und korrupten Vertreter mit dem Einsatz von Leben und Existenz bekämpfen. Dargestellt ist diese Entwicklungslinie voller männlicher Schaffenskraft in der großartigen Unbeirrtheit, mit der ein Märtyrertum ertragen wird.

Leonore, seine Gattin, steht ihm würdig zur Seite. Als er hinter Kerkermauern verschwindet, lebt seine Persönlichkeit in ihr fort. Wie Florestans Leid die Gloriole wahrer Männlichkeit trägt, so wird Leonorens Triumph zur Apotheose des Ewig-Weiblichen. Leonore singt hochdramatischen Sopran, und so erscheint fast immer auf der Bühne leider nicht nur die Heroine, sondern auch eine jenseits der Jahre der weiblichen Reize stehende körperliche Massivität. Daß eine solche Erscheinung von der Familie des Kerkermeisters als Jüngling, sogar als ein von der Liebe begehrter, ernst genommen wird, entbehrt allerdings nicht der Komik. Zunächst muß hier eine Frage aufgeworfen werden, ob die in italienischer Gesangskunst gebildete Hochdramatische der Zeit Mozarts und Beethovens überhaupt dieses unförmliche körperliche Format besessen hat, wie es heute der Aufwand an Lungenkraft für die Götterdämmerungs-Brünnhilde herangezüchtet hat. Die Schröder-Devrient scheint zum mindesten in ihren Glanzjahren über eine prächtige, jugendlich geschmeidige Erscheinung verfügt zu haben. Der von der Form des Rokoko und Empire getragene Mensch war wohl überhaupt körperlich nicht so desolat zerflossen und entstellt wie der unserer form- und deshalb auch körperlosen Zeit.

Florestan ist seit zwei Jahren verschwunden; die Zeit, die seiner Gefangenschaft vorausging, bezeichnet er als seines «Lebens Frühlingstage»; da er selber alles weniger als ein Knabe ist, kann sich dies nur auf sein junges Eheglück beziehen. Unter diesem Gesichtswinkel kann man nicht davon sprechen, daß Leonorens Verkleidung auch in der Wirklichkeit unmöglich gewesen wäre. Man denke an die vielen jungen Mädchen, die in der Maske eines Jünglings in dauernder Kameradschaft im Bivouac zu allen Zeiten unentlarvt ganze Kriege mitgemacht haben.

Nicht nur die Dichtung, sondern vor allem Beethovens Musik, beide kennzeichnen Leonore als jugendlich zart und gebrechlich. Man überzeuge sich davon im Dialog bei dem ersten Auftreten Leonorens, wo sie unter der Last der Ketten und des Korbes mit den Lebensmitteln fast zusammenbricht, wo Marcelline ebenso wie Rocco um den müden und überanstrengten Knaben zärtlich besorgt sind, und vor allem in der Musik vom ersten Finale (andante con moto Es-dur 6/8), wo im Orchester der Seelenzustand sowohl wie die körperliche Verfassung der unter Aufregungen und Mühen schier zusammenbrechenden Frau trefflich und weit entfernt von aller heroischen Geste geschildert werden.

Die Feststellung des erheblichen Altersunterschiedes zwischen Florestan und Leonore ist auch für das Verständnis des Dramas nicht unwichtig. Die wesentlich jüngere Frau, die bei Beginn ihrer Ehe den Mann bereits als fertige Persönlichkeit vorfindet, läßt sich in viel höherem Maße von der Kraft seiner Idee erfüllen, als wie wenn sie die Entwicklung des Mannes miterlebt. Jede Idee, ja jede starke Persönlichkeit wirkt in seiner Umgebung, die ihre Entstehung und ihr Werden nicht mit eigenen Augen sah, ungleich intensiver.

Übrigens beachte man, wie sorgfältig Leonorens Verkleidung im Textbuche vorgeschrieben ist. «Sie trägt ein dunkles Wams, ein rotes Gilet, rotes Beinkleid, kurze Stiefel, einen breiten Gürtel von schwarzem Leder mit einer kupfernen Schnalle.» Aus dieser Beschreibung geht ohne weiteres hervor, wie die Erscheinung vom Librettisten gedacht war; eine üppige südländische Schöne würde in diesem Kostüm geradezu grotesk aussehen, während eine schlanke, knabenhafte Erscheinung allerdings so besonders vorteilhaft zur Geltung kommt. Über die Gründe befrage man einen erfahrenen Damenschneider.

Die Zeichnung des Charakters von *Pizarro* ist dramaturgisch sehr interessant. Wohl wird die skrupellose Verbrechernatur durch die hemmungslose Rachsucht, durch die Rücksichtslosigkeit, mit der ein Verbrechen das andere bedecken soll, zunächst handgreiflich dargestellt. Die feinere Zeichnung ergibt sich aber in einer typischen Eigenschaft, die alles andere, ohne daß es einer Andeutung bedarf, für die Phantasie in sich schließt, in dem ausgeprägten und in jeder Äußerung hervorstechenden Sadismus. Diese Gouverneure oder sonstigen Machthaber der durch Korruption zersetzten Beamtenmonarchie sind durchaus keine Naturen nach Art und Format eines Herzogs Alba, sondern kleine, ideenlose Bourgeois mit einer lasterhaften Genußsucht. Die Macht, über die sie verfügen, dient ihnen vor allem dazu, sich ohne Gefahr unrechtmäßig zu bereichern, das Geld, das wieder Macht ist, nur zur Befriedigung ihrer Gelüste. Man kennt auch aus zahlreichen Memoirenwerken die erotische Hemmungslosigkeit und Perversion solcher Gesellen und weiß, wie diese das Ziel ihrer Wünsche durch dauernden Mißbrauch ihrer amtlichen Befugnisse erreichen. Der Sadismus ist nicht nur bei einzelnen Menschen, sondern auch bei ganzen Völkern das Produkt einer solchen psychischen Verfassung, zu der sich dann noch Eitelkeit, Großmannssucht, «la gloire» ohne ethischen Hintergrund hinzugesellen. Pizarro ist also keineswegs ein Theaterbösewicht, sondern durchaus eine lebendig gesehene Figur, die für mich, wenn auch nicht bei der schablonisierten Art, in der sich die Baritonisten mit ihr abfinden, wohl aber aus Textbuch und Partitur heraus stets etwas Shakespearesches an sich hat.

Don Fernando, der Minister, vielleicht deshalb als solcher in die Handlung eingeführt, weil man sich in der Zeit scheute, den König selbst auf die Bühne zu bringen, ist im Gegensatz zu Pizarro der Vertreter eines aufgeklärten Absolutismus im Sinne Josephs II., ein Ehrenmann, liberal und von Menschlichkeitsideen erfüllt, dabei energisch, zielbewußt und durchgreifend im rechten Augenblick. Wir werden die besondere Feinheit seiner Charakterzeichnung noch bei der Betrachtung des Verlaufs der Dichtung in seinem Verhältnis zu Leonore kennenlernen.

Eine gewisse Schwierigkeit bietet auf den ersten Blick die Figur des *Rocco.* Es soll zugegeben werden, daß hier ein Rest unproduktiver Tradition vorliegt. Unendlich viele Opern, heroische und bürgerliche Tragödien und Komödien nehmen ihren Ausgangspunkt davon, daß ein Vater, meist in keinem rechten Altersverhältnis zu seiner Tochter stehend, diese eigenmächtig verheiraten will, wobei praktische Erwägungen für ihn ausschlaggebend sind. Hier liegen die Verhältnisse aber doch anders. Zwar handelt Rocco sehr unrecht an dem armen Jacquino, aber die magische Anziehungskraft, die der junge Fidelio auf ihn ausübt, wirkt auch auf seine Tochter. Erst der Verlauf der Handlung zeigt, welcher Natur das strahlende Licht ist, das die beiden im Dunkel fast maulwurfhaft lebenden Menschen blendet. Befremdend wirkt auch zunächst, daß Rocco sich der Beteiligung am Morde des Florestan kaum widersetzt. Aber er ist eben eine Gegenfigur zu Pizarro, das Produkt des bestehenden Régimes. Täglich sieht er Dinge, die er nicht begreifen kann, weil sich seine Vorstellung von der Staatsautorität mit deren gewalttätigen und rechtlos scheinenden Äußerungen nicht deckt. Er hat die Korruption nicht durchschaut, wohl aber lebt in ihm die atavistische Vorstellung, eben aus der Zeit des oben zitierten Herzog Alba, daß der Zweck, das Staatswohl die Mittel heilige. Alles, was Staat bedeutet, kann so für den schlichten Bürger nie etwas anderes sein als geheimnisvolles Dunkel, weshalb denn auch der Vertreter des Staates Sekretarius heißt. Es ist die Ehrfurcht des kleinen Wurms, die sich demutsvoll das Denken abgewöhnt und seine Lebensaufgabe in dem Kadavergehorsam erblickt, welch letzterer denn auch dem Spießbürger am bequemsten ist. Würde er sich auflehnen, so wäre er verloren, folgt er aber dem hier beschriebenen Moralgesetz, so kann auch er sich Wohlstand erwerben, ein behagliches Alter genießen und seine Tochter sorgenlos und wohlsituiert verheiraten. Er kann an der schlechten Welt nichts ändern, wohl aber durch die Protektion seines Herrn, dessen Wesensart ihn nun einmal nichts angeht, sich eine subjektiv harmonische, wenn auch lichtscheue Höhlenexistenz schaffen. Auch er bedarf der durch Leonore verkörperten Idee Florestans, um zum Licht und damit zum menschlichen Verantwortungsgefühl des eigenen Handelns geführt zu werden. So ist auch er eine lebendig gesehene Gestalt.

Nicht minder fein charakterisiert ist *Marcelline*, ein blutjunges, herzensgutes Geschöpf mit backfischhafter Romantik und jenem Traumleben der Wirklichkeit gegenüber, das sie nur sehen läßt, was ihr die Phantasie gibt, und an allem anderen vorbeiblicken läßt. Würde der wackere Jacquino sie vor Fidelios Erscheinen schon einmal herzhaft in die Arme genommen und geküßt haben, so müßte sie fühlen, welche körperliche Distanz der heißgeliebte Knabe aus der Fremde zwischen sich und ihre Wünsche legt; irgendwie müßte sie auch das Geschlecht der Leonore gemerkt haben. Diese Figur fügt sich bedeutungsvoll in das Ganze. Auch hier ein Seelchen, das sich aus dem Dunkel heraus nur halbbewußt an das Hohe und Lichte klammert, um der Segnung von Florestans Idee für ihre Menschlichkeit teilhaftig zu werden, wenngleich in einer besonderen und in dem Zusammenhang der großen Geschehnisse des Humors nicht entbehrenden Weise.

Jacquino ist ein kleiner Rocco, aber irgendwie ganz leise von einem revolutionären Geiste des Widerspruchs angekränkelt, vielleicht weil die neue Zeit in ihm spukt, vielleicht auch nur, weil ihn die Eifersucht auf die Hinterbeine setzt. Er ist zweifellos der für Leonore gefährlichste Hausbewohner; aber der Geist der Unnahbarkeit, der von der großen und starken Frau ausgeht, hält ihn im Zügel.

Die Handlung entwickelt sich dann logisch aus dieser Aufstellung der Charaktere heraus und gestaltet die letzteren im einzelnen mit vorzüglicher dramatischer Technik ohne viele Worte in den Vorgängen selbst.

Wir stehen in der Zeit des entarteten absolutistischen Beamtenstaates, als die Französische Revolution beginnt, überall freiheitlichen Ideen zum Durchbruch zu verhelfen und die Nationen den konstitutionellen Verfassungen entgegenzutreiben. Einsichtige und warm menschlich fühlende Monarchen erscheinen allerorten und stützen sich bereits auf friedrizianische und josephinische Tradition. Mit ihnen entsteht ein neuer Typus des Ministers, der nun beginnt, produktive Arbeit zu leisten. Die Konflikte zwischen dem alten und neuen Régime spitzen sich bald überall zu. Don Fernando, ganz im Sinne der neuen Zeit sein Amt erfassend, schart um sich die Gleichgesinnten, die eine Phalanx bilden. Wichtig ist ihm vor allem der unbeirrt für seine Ideen und Ideale kämpfende Florestan, der mit der rücksichtslosen Sachlichkeit eines ganzen Mannes und unter Einsatz seiner vollen Persönlichkeit für die neuen Ziele eintritt. Bald sammelte sich der Haß der Gegenpartei gegen diesen zuverlässigsten und weitsichtigsten Berater des Ministers. Florestan ist vor allem Don Pizarro auf das äußerste unbequem, als er beginnt, die verbrecherischen Hintergründe von dessen Staatskunst aufzudecken. Nur ein neues Verbrechen kann noch die alten verhüllen. Vor dem Lichte der Öffentlichkeit kann man Florestan nichts anhaben; deshalb muß der Feind im Dunkel der Nacht beseitigt werden. Er ist plötzlich verschwunden, seine Spuren sind unauffindbar, er wird totgesagt, wobei Pizarros Clique gewisse Gerüchte ausstreut, die den Verdacht der Freunde auf eine falsche Fährte lenken.

Was in Wirklichkeit geschehen ist, weiß außer Pizarro nur Florestans junge Gattin Leonore, die vertraute Teilnehmerin seiner Pläne und Ideen. Sie kennt den Gouverneur genügend, um zu wissen, wer am Verschwinden Florestans vor allem interessiert ist, sie weiß aber auch, daß der Todfeind ihres Mannes nicht nur Verbrecher, sondern eben auch Sadist ist, daß er sich nicht damit begnügen werde, Florestan zu beseitigen, sondern sich an ihm rächen muß. Selbstverständlich führt ihr Gedankengang sie in die geheimen Kerker der Pizarros Leitung unterstehenden Staatsgefängnisse. Sie beginnt zu suchen und ihr Instinkt weist sie auf die Roccos Aufsicht anvertraute Veste, die gewiß auch in der öffentlichen Meinung als der besondere Ort solcher verbrecherischen Einkerkerungen gekennzeichnet ist. Sie hat von Florestan gelernt, daß der Einsatz von Persönlichkeit, Leben und Freiheit für die verfolgte Idee Menschenpflicht ist. Den Gatten zu finden und zu erlösen ist nunmehr der alleinige Inhalt ihrer Existenz. In einer verwegenen Verkleidung, bei der sie durch ihre körperlichen Reize, ihre alle Herzen gewinnende, faszinierende Natur, aber auch durch die edle und keusche Frauen charakterisierende Unnahbarkeit unterstützt wird, gelingt es ihr, nicht nur in Roccos Dienst zu gelangen, sondern auch dessen volles Vertrauen zu gewinnen. Geschickt benützt sie dabei die Neigung Marcellinens, nicht aber ohne sich darüber klar zu sein, daß ihre Rolle gerade hierdurch von Tag zu Tag komplizierter werden muß.

In dem stillen Stübchen des Kerkermeisters entwickelt sich ein Roman. Die verliebte Marcelline drängt auf eine Entscheidung, der eifersüchtige, abgewiesene Liebhaber Jacquino auf eine andere, Fidelio auf die für sie ausschlaggebende, das letzte Vertrauen Roccos, die Zulassung zum Dienste in den Kerkern. Rocco hat den strengen Befehl, zu keinem Kerker, nicht einmal zu den leichten Gefängnissen, irgendeinen Menschen zuzulassen. Er altert, der Dienst wird ihm täglich schwerer, er sucht eine Hilfskraft und einen späteren Nachfolger, gleichzeitig aber auch die Versorgung seiner Tochter. So kommt er Fidelios Wünschen entgegen. Der Besuch des Gouverneurs steht bevor, und Rocco will die Gelegenheit benützen, Pizarro seine Wünsche vorzutragen. Mit dieser Situation drängt sich für Leonore alles zur Krisis.

Pizarro ist bei seinen Todesmartern an Florestan systematisch vorgegangen. Langsam, aber sicher verfällt der Unglückliche dem Hungertode. Bei einer seiner gewöhnlichen Visitationen der Staatsgefängnisse erhält Pizarro von einem seiner Vertrauten eine Warnung: Don Fernando hat in Erfahrung gebracht, daß in den Gefängnissen zahlreiche Opfer der Willkür schmachten, und will die Gefängnisse mit einer unvorhergesehenen Untersuchung überraschen. Wird Florestan hierbei entdeckt, so ist Pizarro verloren. Rasches Handeln tut not, der lästige Gefangene muß nun gänzlich verschwinden, und der völlig von ihm abhängige, als diskret erprobte Rocco muß ihm behilflich sein. Gleichzeitig steht für ihn fest, daß nach Florestan der Mitwisser dessen Los teilen muß. Die Verbrechen wachsen zu einer Hydra an. Als er Rocco seine Befehle erteilt, wobei er die Geldgier des Alten geschickt ausnützt, leistet dieser zuerst Widerstand. Bald gibt er aber nach, vor allem in Erkenntnis seiner Ohnmacht, in Mitleid für den Gefangenen, dem der schnelle Tod geradezu Erlösung bedeuten kann, auch aber, weil er die Gunst des Gouverneurs für die Verwirklichung seiner häuslichen Angelegenheiten braucht.

Leonore hat das Gespräch der beiden belauscht, wird in ihren Ahnungen bestärkt, gleichfalls aber in ihren Entschlüssen. Sie erkennt mit weiblicher Schlauheit, wie sehr gerade heute Pizarro dem Kerkermeister willfährig sein wird, und erreicht damit die Durchführung eines lang geplanten Vorhabens, den Einblick zunächst in die leichteren Gefängnisse, um Gewißheit zu gewinnen, ob ihr Gatte dort zu finden sei. Sie schmeichelt Rocco den Spaziergang der Gefangenen im Hofe ab, findet aber, wie sie wohl fast erwartete, ihren Gatten nicht, wird also nur in ihrem Instinkt, wo sie zu suchen habe, bekräftigt. Rocco hat unterdessen seine Absichten bei Pizarro durchgesetzt, weigert sich aber, den zarten Knaben und wohl überhaupt einen dritten mit in Florestans Kerker zu nehmen, wo er die alte Zisterne als Grab aufdecken soll. Wieder ist es der ungeheure persönliche Einfluß, den Leonore auf ihre Umgebung ausübt, der es ihr möglich macht, auch über diese Schwierigkeit zu triumphieren.

Als Pizarro von der Öffnung der Gefängnisse erfährt und nun wütend gegen Rocco vorgeht, entpuppt dieser plötzlich eine neue Seite seines Charakters. Gleichsam gestärkt durch die unbewußte Nähe der Ideen und der Willenskraft Leonorens, tritt er dem Gouverneur zum erstenmal als Mann entgegen. Er verteidigt die Freiheit, die er sich herausgenommen hat, mit dem Appell an die Menschlichkeit, mit dem schönen Frühlingstage, der den Gefangenen zur Erquickung dienen muß, mit dem Namenstage des Königs und hält Pizarro gleichzeitig durch die Erinnerung an das geheime Vorhaben im Bann.

Pizarro hat sich unterdessen den Rücken gedeckt, um sein Vorhaben ungestört ausführen zu können. Er hat einen Trompeter auf den Turm geschickt, der ihn vom Nahen des Ministers auf der Landstraße durch ein Signal sofortige Verständigung zukommen lassen soll.

Florestan wird uns nun selbst im Kerker gezeigt. Die Ergebung, mit der er sein Schicksal trägt, ist großartig und des Mannes der Tat durchaus würdig. Am Leben erhält ihn nur eines, der Gedanke an Leonore. Schon im ersten Akt haben wir den magischen Kontakt gefühlt, der im Unterbewußtsein zwischen den beiden Gatten besteht. Jetzt erkennen wir geradezu, daß eine geheimnisvolle Strahlung, die von der Nähe der Gattin ausgeht, den Gefangenen stets wieder mit neuen Lebenskräften speist. Als Rocco und Leonore in den Kerker kommen, ist Florestan über seiner Erschöpfung eingeschlummert. Leonorens Heroismus wächst nun von Augenblick zu Augenblick. Mit einer ungeheuren Selbstbeherrschung weiß sie Rocco zu täuschen. Als Florestan erwacht ist, erkennt sie ihn sofort; aber auch das Letzte an Willenskraft, sich jetzt noch vor ihm und Rocco nicht zu verraten, zwingt sie sich ab, vielleicht aber nur dadurch dieses Werk vollbringend, daß sie wenigstens die Möglichkeit hat, unerkannt den Verschmachtenden zu laben. Rocco gibt das verabredete Zeichen, die Zisterne ist bereit, Pizarro erscheint. Er enthüllt sich in wütender Rachgier vor Florestan, erreicht aber seinen Zweck, ihn zu demütigen, nicht. Als er dann den Dolch zückt, wirft sich der Knabe, den er fortgeschickt hat, der im Dunkeln verborgen blieb, zwischen ihn und sein Opfer. Leonore spielt nun einen Trumpf nach dem anderen aus; sie gibt sich zu erkennen, um Florestan und Rocco den Rücken zu stärken; endlich, als sie gewahrt, daß der ungeheure moralische Eindruck, den die Situation in jeder Brust mit nur einem Funken von Gefühl erwecken müßte, bei Pizarro versagt, ringt sie sich das Letzte ab: sie ist bereit, dem Mörder gegenüber selbst zur Mörderin zu werden. Mit der Pistole hält sie Pizarro in Schach.

Was kann nunmehr geschehen? Pizarro ist ein Feigling und steht überdies der Übermacht der bewaffneten Leonore und des zur Erkenntnis erwachenden Rocco gegenüber. Würde in diesem Augenblicke die Fanfare nicht erschallen, so stünde fest, daß Leonore den Gouverneur über den Haufen schießen würde wie einen tollen Hund. Damit würde das Drama einen komplizierteren, aber im Grunde denselben Schluß finden. Der «deus ex machina», dessen Erscheinen, wie wir sehen, auf das sorgfältigste vorbereitet ist, greift also nun klärend in die äußere Gestaltung des Schlusses ein, ohne wesentlich Neues zu bringen, da der ganze Verlauf das Ergebnis der Aktivität Leonorens ist.

Alles Weitere verläuft automatisch. Die Nähe des guten Ministers gibt Jacquino den Mut, die Freudenbotschaft in den tiefsten Kerker zu tragen. Pizarro stürzt fort, Rocco folgt ihm, jetzt ganz zum Handeln entschlossen, indem er zur Vermeidung einer Verdunklung des Tatbestandes durch Pizarro diesen von den Soldaten mit Fackeln zur Oberwelt geleiten läßt. Don Fernando hat indessen die Kerker öffnen lassen und bringt zum Namenstage des Königs eine allgemeine Amnestie. Rocco führt ihm Florestan und Leonore vor. Sofort erkennt der Minister die Situation. Ein letzter jämmerlicher Versuch Pizarros, Rocco zum Mitschuldigen zu stempeln und so einen Teil der Schuld von sich abzuwälzen, scheitert. Pizarro wird verhaftet und Rocco erhält den Auftrag, die Ketten Florestans zu lösen.

Nun erfährt das Drama durch den Minister noch seine letzte Steigerung, indem über die Menschen hinaus deren Idee zum Sieg geführt wird. «Doch halt! Euch, edle Frau, allein, Euch ziemt es, ganz ihn zu befrein.» Die Demut, mit der Leonore ihr Glück trägt, webt eine Glorìole um ihr Haupt, sie und damit das Ewig-Weibliche werden zum Symbol der wahren und echten Freiheit.

Auch für die Kleinen läuft die Handlung zu Ende. Marcelline erkennt ihren Irrtum; aber nicht nur die Beschämung ist es, die sie, wohl unter Vermittlung Roccos, zu Jacquino zurückführt, sondern die Fülle des über sie hereinbrechenden Lichtes, die sie zuerst verwirrt, dann aber schnell zur Klarheit über sich selbst geleitet.

Logischer und lückenloser läßt sich eine Handlung und deren Steigerung kaum aufbauen. Es ist nun noch zu untersuchen, in welcher Weise dieses als Seelendrama wie als Theaterstück gleich vollkommene Libretto den besonderen Anforderungen der Musik entspricht.

Die Gesamtkonzeption, die im wesentlichen dem französischen Originale des Bouilly entnommen ist, wirft ein grelles Schlaglicht auf die Tatsache, daß die Prinzipien der deutschen musikalischen Romantik sehr stark durch das französische Theater, am stärksten durch die opéra comique vorbereitet waren. Die Technik, mit der die dramatische Steigerung vor allem durch das Anwachsen des stimmungshaften Elementes erzeugt wird, ähnelt bereits sehr dem System der ‹*Freischütz*›-Dichtung. Die Welt des Grauens und der Verzweiflung wird uns von Szene zu Szene tiefer erschlossen. Beethoven hat dies mit genialer Intuition erkannt und die Kraft der Dichtung durch die musikalische Erfindung noch wesentlich verstärkt. Über Gräbern wachsen unbekümmert die Blumen, über Verbrechen und Bluthe rrschaft eines korrupten Staatswesens nistet sich die bürgerliche Behaglichkeit ein. Wären nicht kleine Züge in der Instrumentation, wäre nicht das unheimliche Pochen an der Türe, so könnte sich nach der Introduktion ein harmloses bürgerliches Lustspiel anspinnen. Aber schon Marcellinens Arie, die Beethoven bekanntlich wiederholt umgearbeitet hat, und der er besondere Sorgfalt geschenkt hat, gibt dem Komponisten Gelegenheit, einen vertieften, ahnungsvollen Ton anzuschlagen. Unmittelbar darauf erscheint Leonore, beladen mit Ketten. Langsam tut sich vor unserer Phantasie das Dunkel des Kerkers auf; mit dem Kanon wissen wir, daß ein finsterer Schatten auf die Beteiligten teils bewußt, teils unbewußt fällt. Roccos Arie schiebt ein feines, retardierendes Element ein, der folgende Dialog führt uns mitten in die Handlung und mit dem Terzett, mit der Erwähnung des Gouverneurs ist das musikalische Niveau gewonnen. Als Steigerung folgen die Soldaten, die verschärften Wachtposten, die Enthüllung von Pizarros Charakter in seiner Arie, die Aufdeckung des ganzen Hintergrundes und die Schürzung des Knotens im Duett zwischen Pizarro und Rocco und in der darauffolgenden Arie der Leonore, worauf das Finale die Gefangenen bringt, der zweite Akt endlich den tiefsten Kerker, in dem das Furchtbare von Szene zu Szene lawinenartig anwächst. Dieser Steigerung der Spannung bis zur Fanfare folgt eine symmetrische Entspannung, die, vom einzelnen Menschen in das Allgemeine hineinwachsend, nun die vollkommene Reinigung des Hörers von den aufgeweckten Affekten bewirkt. Die Erfindung der Handlung aus dem Geiste der Musik liegt also im wesentlichen hier bereits im Sinne der Wagnerischen Forderung vor. Ganz besonders muß auch betont werden, daß das Buch nicht nur für den Musiker im allgemeinen ideale Möglichkeiten bietet; der Umstand, daß gerade Beethoven auf diesen Stoff verfiel, bringt eine Synthese zwischen Dichtung und Musik zustande, wie sie sonst fast nur dem Dichterkomponisten gelingen kann.

Betrachten wir das Libretto von diesem Gesichtspunkt aus, so erscheint die vielgeschmähte Stilvermischung zwischen buffonistischen und tragischen Elementen nicht nur gerechtfertigt, sondern geradezu das Produkt hoher künstlerischer Intuition oder Weisheit. Das Drama muß nur tatsächlich, losgelöst von den Sünden des Repertoire-Betriebes, in diesem Sinne lebendig werden.

Der Schriftsteller und Musikforscher Romain Rolland (1866–1944) gehört zu den wenigen Vertretern einer Musikwissenschaft, die als das Wesentliche der Musik nicht ihre Quellenlage und ihre kompositorische Struktur, sondern vielmehr ihren Inhalt, ihre menschliche Botschaft begreifen und mit Worten darzustellen versuchen. Das gelingt nur im Essay, der heute fast verpönten literarischen Gattung, die sich bewußt zwischen die Stühle von Wissenschaft und Kunst setzt. Rolland verfügte über die Doppelbegabung des Schriftstellers und Musikers. Daher ist es nicht verwunderlich, daß er für einen musikalischen Bildungsroman (‹Jean-Christophe›, Paris 1904–12) im Jahre 1915 den Nobelpreis für Literatur erhielt. Vorher hatte er den Lehrstuhl für Musik- und Kunstgeschichte an der Sorbonne inne (1902–09) und war auch um die Jahrhundertwende als Musikkritiker tätig gewesen. In seinen musikessayistischen Schriften beschäftigt er sich mit Beethoven, Händel, mit damals noch nicht wiederentdeckten Musikern des 17. und 18. Jahrhunderts und auch mit den Zeitgenossen (berühmter Aufsatz über Debussys Oper ‹Pelléas et Mélisande›). Sein literarischer Stil hebt sich wohltuend von der trockenen Gelehrsamkeit der einseitig philologisch orientierten heutigen Musikwissenschaft ab. Der Ausschnitt aus seinem Essay über Beethovens ‹Leonore› mag dafür einstehen.

Romain Rolland

‹Leonore›

In all den Mühen und den heißen Kämpfen seines Lebens, da jedes Werk eine Schlacht bedeutete und jeder musikalische Gedanke gewaltsam erobert und abermals erobert werden mußte, hat die ‹*Leonore*› die Palme davongetragen: sie ist niemals vollendet worden. Er hat die Oper dreimal geschrieben und vier Ouvertüren dafür geschaffen, lauter Meisterwerke.

Wohl war es kühn, unmittelbar nach der ‹*Eroica*›, die für das Publikum eine Herausforderung gewesen war, sich auf dem Boden des Theaters zu versuchen. Denn dort hatte Beethoven weit weniger Erfahrung als auf den anderen Gebieten seiner Kunst. Aber die Schwierigkeit lockte ihn. Es war sein Ehrgeiz, den großen Vorgängern den Sieg streitig zu machen.

Ehe er sich nun in den Kampf mit den Theaterleuten einlassen konnte – er ahnte nicht, was ihm da bevorstand –, in all die aussichtslosen Plakkereien mit Librettodichtern, Sängern, Regisseuren, Direktoren und mit den schlimmsten von allen, den «Kennern», dem ganzen Troß, der ihm, dem großen Einzelnen, schließlich doch den Garaus machte, mußte er noch einen schwerern bestehen, den Kampf mit sich selbst und seiner Unerfahrenheit im Bühnengesang. Cherubini sagt ihm das ohne Umschweife und gibt ihm die Gesangschule des Pariser Konservatoriums zum Studium, und der stolze Meister der ‹*Eroica*› nimmt sie mit bescheidenem Dank an. Er muß in sich die symphonische Anlage unterdrücken, die sich jeden Augenblick in gewaltigen Durchführungen betätigen will, und seiner Natur Gewalt antun zu einer Zeit, da mit tausend Keimen das Unerschaffene in ihm wühlt. Wie aus dem Skizzenbuch zu ersehen ist, gelingt es dem Geist erst nach grimmigen Kämpfen, das Chaos zu ordnen. Wo die ahnungslose Menge nur die glücklich eingebrachte Ernte sieht, hat er mit einer Hartnäckigkeit sondergleichen den steinigen Boden beackert. Von solcher Arbeit kann man sich kaum eine Vorstellung machen. Wer mehr davon wissen will, mag bei Nottebohm* und Otto Jahn** sowie im zweiten Bande der Biographie von Thayer*** über das Skizzenbuch nachlesen. Ein paar Eingangstakte zu einer Arie sind achtzehnmal auf achtzehn verschiedene Weisen geschrieben worden. Ein einziger Aufschrei bedurfte zahlloser Entwürfe. Die Unordnung, in der all diese verschiedenen «Übermalungen» oder vielmehr – denn alles Ungeeignete wird ein für allemal ausgeschieden – diese Skizzenhaufen sich darbieten, benimmt dem Forscher den Atem. Für zweiundzwanzig Zeilen Vokalmusik[1] waren sechzehn Seiten Entwürfe nötig, sechzehn Seiten voll abgekürzter Textworte, in unendlicher Wiederholung ohne Anfang und Schluß durcheinandergemengt, ein tolles Kauderwelsch.[2] Daß Beethoven sich darin hat zurechtfinden können,

* *Gustav Nottebohm, Zweite Beethoveniana, Leipzig 1887. Darin Skizzenbücher 1804 und 1814.*

** *Otto Jahn, Leonore oder Fidelio, in: Gesammelte Aufsätze über Musik, Leipzig 1867, S. 236–259.*

*** *Alexander Wheelock Thayer, Ludwig van Beethovens Leben, beendet und bearbeitet von Hermann Deiters und Hugo Riemann, Leipzig [3]1922, II. Band.*

[1] Elfter Auftritt. Pizarros Zurückkunft. Marcelline, Leonore, Rocco.

[2] Vgl. Thayer II, S. 466–474.

daß sein Geist in diesem Wirrsal nicht untergegangen ist, scheint unbegreiflich. Blühender Schlamm, gärender Sumpf, in dem der Sonnenstrahl verworrenes Leben ausbrütet – und nachher ein herrlich angelegter und angepflanzter Garten, hohes Gesträuch und königliche Alleen, würdig eines Großen in klassischer Zeit, der Vernunft und Ordnung walten läßt, soweit sein Arm reicht.

Was ist das nun für ein Werk, das die Gedanken des Meisters bis in die letzten Augenblicke gefesselt hielt und das, dreimal geschrieben und mit vier Ouvertüren versehen, seiner Sehnsucht nach dem reinen Ausdruck der Idee immer noch nicht Genüge getan hat? Dabei ist zu beachten, daß die Ouvertüren außer der vierten nicht einfach Einleitungen sind, sondern unabhängige Lösungen des in dem Werk selbst enthaltenen Problems, immer neue verzweifelte Anstrengungen, den Gedanken wenigstens mit symphonischen Mitteln ganz wiederzugeben. Wozu ein so leidenschaftlicher Eifer? War es die dramatisch musikalische Aufgabe, die ihn reizte? Allerdings hat Beethoven etwas Neues auf die Bühne gebracht und muß wohl gefühlt haben, daß es nicht überall wirklich Gestalt gewonnen hatte. Aber wäre es nicht einfacher gewesen und seiner Natur gemäßer, die lieber Neues schuf als Altes verbesserte[3], die Aufgabe in einem andern Werk frisch anzufassen, anstatt hartnäckig bei dem schon Gewordenen zu beharren? Was war so einzigartig daran, daß es ihn nicht losließ? War es vielleicht der Gegenstand selbst?

Ehe wir ihn näher betrachten, möchte ich auf den bedeutsamen Ausklang hinweisen. Zum Schluß des eng an den französischen Urtext angelehnten Librettos bringt Beethoven zuerst für das Soloquartett und dann für den Chor im Maestoso, also in einem feierlicheren Tempo, als die Stelle heute gesungen wird, Schillers Worte: «Wer ein holdes Weib errungen, stimm in unsern Jubel ein!» – dieselben Worte, die er zwanzig Jahre später für die Freudenchöre der neunten Symphonie übernommen hat. Der Gedanke muß ihm also am Herzen gelegen haben.

Sie reden von dem unerfüllten Traum seines ganzen Lebens, von dem verklärten Bild der Frau und der ehelichen Treue, an das zu glauben er trotz aller Enttäuschungen nie aufgehört hat.

Mag sein, daß nach der Ansicht der heutigen Ästhetiker solche Überlegungen mit Kunst nichts zu tun haben. Da aber Goethe, der höchste Herrscher im Reiche des Schönen, sein Hauptwerk damit ab-

[3] «… Geschwinder würde ich etwas Neues schreiben, als jetzt das Neue zum Alten, wie ich gewohnt bin zu schreiben …» klagt er im April 1814 in einem Brief an Treitschke.

geschlossen hat, so habe ich wohl auch das Recht, auf ihr verborgenes Walten in Beethovens Geist hinzudeuten und die Vermutung auszusprechen, daß er auch um ihretwillen von der Fabel des ‹*Fidelio*› nicht lassen konnte.

Damit komme ich auf das vielverschrieene Libretto zurück. Im allgemeinen wird es mit einem Achselzucken abgetan, und die geschmacklose Art, in der das Werk ein Jahrhundert lang aufgeführt worden ist[4], hat ein so wegwerfendes Urteil nur bestätigt. Man muß schon zugeben, daß der ‹*Fidelio*› bis auf den heutigen Tag völlig widersinnig dargestellt worden ist.* Wer aber wie ich das Glück gehabt hat, die Wiener Vorstellungen zur Beethoven-Jahrhundertfeier zu sehen, der spricht im Namen seines verständnislosen Jahrhunderts sein mea culpa aus und fühlt den Drang, die Offenbarung des ganzen zweiten Aktes, die ihm dort aufgegangen ist, auch andern mitzuteilen. Der zweite Akt ist ein Meisterwerk ohnegleichen, das auf der musikalischen Bühne weder Vorläufer noch Nachfolger hat.

Seine Größe liegt ohne Zweifel ganz in der Musik; aber die Dichtung hat Beethoven nicht im Stich gelassen. Hier hält das Libretto stand, ein kräftiges Pferd, das unter dem Gewicht des Reiters nicht schwankt. Das hat der Meister auch anerkannt. Er ist bis zuletzt eigensinnig dabei geblieben, daß der ‹*Fidelio*› als Operntext ausgezeichnet sei. Noch 1823 sagte er einmal zu Carl Maria von Weber, als von den Libretti des jüngern Meisters die Rede war: «Immer die alte Geschichte! Die deutschen Dichter können keinen guten Text zusammenbringen» – und lobte die Franzosen, denen er seinen ‹*Fidelio*› verdankte.[5]

Was ihm für die ‹*Leonore*› aus Frankreich kam, war nicht nur die mehr oder weniger geschickt aufgebaute Fabel, sondern die tragische Wirklichkeit, die dahinterstand – die Revolution.

Das Sujet der ‹*Leonore*› stammt bekanntlich von Bouilly, der es keineswegs erfunden hatte. Wie er später in seinen Erinnerungen berich-

[4] Trotz einiger bedeutender Darstellerinnen der Hauptrolle. Aber die Leonore ist nicht nur eine Rolle. Es handelt sich hier um ein Musikdrama, ein Trauerspiel mit Chören, wovon anscheinend weder Theaterdirektoren noch Opernregisseure je einen Begriff gehabt haben.

[5] Für die besten Libretti hielt er die des ‹*Fidelio*›, der ‹*Vestalin*› und des ‹*Wasserträgers*›. Von den dreien gehen zwei unmittelbar und ein Geschehnis während der Französischen Revolution zurück.

* *Vgl. den Aufsatz Hermann W. von Waltershausens im vorliegenden Band S. 189.*

tet[6], kannte er die Heldin, eine junge Frau aus der Touraine, persönlich. Davon aber wußte Beethoven nichts; das Memoirenwerk ist erst nach seinem Tode erschienen. ‹*Leonore*› lernte er in der spanischen Verkleidung kennen, in die Bouilly sie vorsichtshalber gehüllt hatte.[7] Trotzdem ist in der Musik eine Spur von spanischem Kolorit. Beethovens wunderbare Einsicht, die bis auf den ewigen Grund der Dinge reichte, hat ihn wohl die Nähe der Schrecknisse ahnen lassen, die er geschildert hat, als die Heldin noch lebte, zehn Jahre, nachdem sie sich wirklich begeben hatten.

Auf die Handlung brauche ich nicht näher einzugehen. Das Wesentliche daran ist das grauenvolle Schicksal des Staatsgefangenen und die aufopfernde Treue seiner Frau, die sich verkleidet in den Kerker stiehlt und den Gatten rettet. Die Kritik ist eigentlich nie über das Unwahrscheinliche und Unstimmige im Libretto und über die Unfähigkeit Beethovens hinausgekommen, mit seiner symphonischen Begabung den Erfordernissen der Oper ganz gerecht zu werden. Man tut ihr wohl kaum unrecht mit dem Verdacht, sie habe weder den wahren Gehalt der Dichtung erfaßt, die Beethovens Vorwurf war, noch die dramatische Ode, die er daraus hat machen wollen.

Über den ersten Punkt ist freilich neuerdings manches Gute gesagt worden. Waltershausen hat das französische Libretto in Schutz genommen und gezeigt, wie sich in der vielgetadelten Stilvermengung – der kleinbürgerliche Umkreis der ersten Szenen, heißt es immer, lasse nirgends den hohen tragischen Ton der weitern Entwicklung vorfühlen –

6 ‹*Mes Récapitulations*›, 3 Bde., Paris 1836/37: «... Un trait sublime d'héroïsme et de dévouement d'une des dames de la Touraine, dont j'ai eu le bonheur de seconder les généreux efforts ...» Bouilly leitete in Tours die Verwaltung des Départements während der Schrekkensherrschaft. Merkwürdig ist, daß Bouilly auch den zweiten Operntext, der Beethovens Anerkennung fand, ‹*Die Tage der Gefahr oder der Wasserträger*›, aus einem Erlebnis zu derselben Zeit geschöpft hatte – «dans le trait de dévouement d'un porteur d'eau envers un magistrat de ses parents».

7 ‹*Léonore ou l'Amour conjugal, fait historique espagnol en deux actes*›, Musik von P. Gaveaux, zum erstenmal aufgeführt im Théâtre Feydeau zu Paris am 1. Ventôse des Jahres VI (19. Februar 1798). «La scène se passe en Espagne, dans une Prison d'État, située à quelques lieues de Séville.» Mit dem spanischen Kostüm, das damals in der Rücksicht auf noch lebende Personen seine Berechtigung hatte, war es aber noch nicht getan. Als zu Berlioz' Zeit Carvalho den ‹*Fidelio*› im Théâtre Lyrique neu in Szene setzte, verlegte er der größeren malerischen Effekte halber die Handlung in das Mailand des ausgehenden 15. Jahrhunderts! Aus Leonore wurde Isabella von Aragonien, aus Florestan Giovanni Galeazzo, aus Pizarro Ludovico Sforza, aus Fernando Karl VIII. In einer solchen romantischen Aufmachung geht natürlich der wilde Wirklichkeitszauber der Fabel ganz verloren.

nur der Sinn für die echte, erschütternde Wirklichkeit bekundet. Bis in die tiefsten Tiefen des Terrors, bis in den Hof des Kerkers hinein, in dem, wer eintritt, doch wohl alle Hoffnung fahren läßt, fließt das bürgerliche Leben geruhsam fort, mit seinen Geraniumtöpfen am Fenster, mit den Liebesträumereien des jungen Mädchens, dem hausväterlichen Sorgen und Rechnen des alten Kerkermeisters und allerlei lustspielhaftem Mißgeschick. Die Kunst liegt hier in den ganz feinen Tönungen, in dem fast unmerklichen Zunehmen des tragischen Dunkels, das die ersten Bilder selbstgenügsamen Friedens noch kaum mit dem Flügel streift und dann wächst und wächst, bis es die ganze Bühne überschattet. Das ist in dem französischen Libretto vorgebildet. Die deutschen Historiker geben zu, daß diese poetae minores – Dichter wäre ein zu großes Wort –, die das bürgerliche Lustspiel und die komische Oper des revolutionären Frankreichs geschaffen haben, mit zu den Urhebern jener geheimnisvoll grausigen Zwielichtstimmung gehören, die die musikalische Romantik in Deutschland durchzieht. Mit solchen Crescendi unbestimmbaren Entsetzens hat Weber im ‹*Freischütz*› Wirkungen hervorgebracht, die in seiner Zeit völlig neu waren. Den bescheidenen französischen Librettodichtern lagen sie fern; ihnen wäre bei solchen Erschütterungen wohl das Grauen angekommen. Sie hatten im täglichen Leben genug davon und suchten lieber die Schrecken der Zeit im Lustspiel abzudämpfen. Ähnliches erleben wir heute. Manche Schriftsteller, die die blutige Katastrophe des Weltkriegs zu schmerzlich an sich selbst verspüren, meiden ihre Darstellung in der Kunst und können trotzdem den Schauder nicht verleugnen, auch wo sie sich im freien künstlerischen Spiel zu zerstreuen glauben. Der verborgene Ursprung der tragischen Erregungen, in denen die Romantik schwelgt, ist der soziale Umsturz während des Terrors, der Schreckenszeit, die dem vorangegangenen Geschlecht ihren Stempel aufgeprägt hatte. Und was die Mitlebenden nur zu stammeln wagten, das hat Beethoven gesagt, aus der Fülle seines starken Herzens und mit der Meisterschaft des genialen Künstlers, hüllenlos, schonungslos. Seine ‹*Leonore*› ist ein Denkmal für die Nöte der Zeit, für die geknechtete, nach Freiheit verlangende Seele – ein ungeheures Crescendo vom Leiden zur allerhöchsten Freude, über Kämpfe und Hoffnungen hinweg, ein Aufstieg aus dem Abgrund mitten in den Himmel.

Der Haupteindruck, den die ‹*Leonore*› hinterläßt, ist der des Abstiegs in die Tiefe und des Wiederaufstiegs aus der Nacht in den hellen Sonnenschein. Das Crescendo des Lichts und sein tragischer Gegensatz sind allerdings erst von der zweiten Hälfte des ersten Aktes an klar herausgearbeitet. Bis zu Leonorens großer Arie tastet der Meister noch und sucht sich selbst; er hat seinen Gegenstand noch nicht ganz erblickt. Und als ihm dann plötzlich sein wahres Wesen aufgeht: «Ach, brich noch nicht, du mattes Herz!» – da verliert er den Boden unter den Füßen und findet sich in einer ganz anderen Sphäre der Musik wieder. Für einen ruhigen Übergang vom Singspiel zur Oper, vom bürgerlichen Lustspiel zur großen Tragödie ist es zu spät. Gewiß, die Aufgabe war nicht leicht; über Beethovens Kräfte aber wäre sie nicht gegangen. Mozart hatte solche Schwierigkeiten gelöst. Und auch Gluck bringt in der ‹*Iphigenie in Aulis*› und im ‹*Orpheus*› die höchsten hymnischen Formen mit den einfachsten und volkstümlichsten in schönen Zusammenklang.

Aber die ‹*Leonore*› war für Beethoven ein erster Versuch. Als er das Werk anfing, betrat er eine terra ignota, die er nicht wie das Schlachtfeld der ‹*Eroica*› oder der C-moll-Symphonien mit einem Adlerblick überschauen konnte, und so beging er den wohl kaum vermeidlichen Fehler, bedächtig von vorn anzufangen. Mit vorbildlicher Geduld und einer Beharrlichkeit ohnegleichen nahm er ein Stück nach dem andern vor[8], schrieb Familienszenen nach mozartischem Muster, drehte mit seinen Herkulesarmen der kleinen Kerkermeisterstochter das Spinnrad und ließ seine Gigantenmusik nach dem Takt von Leipziger und Pariser Spieldosen in Marionettenschritten gehen.

Natürlich bleibt solche Arbeit bei Beethoven nicht fruchtlos, und manche feine Wendung im Orchester, mancher zarte Ausdruck des Gefühls verschönt die ersten Stücke. Besonders gelungen sind der Quartett-Kanon, aus dem der junge Berlioz, was die Führung der Singstimmen betrifft, viel für seinen ‹*Benvenuto*› gelernt hat, und das unschuldig innige Duett Marcellinens und Leonorens mit der lieblichen Begleitung.[9]

Doch man spürt, daß es dem Meister nirgends ganz tief geht. Er arbeitet als Schüler der kleinen Singspielkomponisten. Der ganze erste Teil des ersten Akts bewegt sich auf mittlerer Bergeshöhe, in einem Klima, da Mozarts Blumen blühen. Die Musik ist kühl, man merkt es ihr an, daß sie nicht die Natur, sondern alte Noten nachbildet. Und auch in der

[8] Vgl. Nottebohm: ‹*Ein Skizzenbuch von Beethoven aus dem Jahre 1803*›. – Für Marcellinens Arie liegen vier große und viele kleine Entwürfe vor. Mit dem Duett zwischen Marcelline und Jaquino, das ganz auf Mozarts Spuren wandelt, hat Beethoven sich Takt für Takt unendliche Mühe gegeben, um für die Worte die geeignete Melodie und die richtige Betonung zu finden, ebenso mit den drei folgenden Stücken. Und dies Übermaß an Vorarbeit hat noch nicht einmal genügt. Nur für Marcellinens Arie ist einiges davon in die gedruckten Fassungen übergegangen.

[9] Violinen- und Cellosoli, Oboen und Fagotte. Dies Duett hat nichts mit der Handlung zu tun und wird in den Aufführungen weggelassen. Aber es verdiente wohl, bekannter zu sein, und sollte deshalb im Konzertsaal gesungen werden.

zweiten Hälfte des Aktes sind die Auftritte und die Personen, die nicht mit Beethovens eigenen Ansichten und Neigungen übereinstimmen, nur halb geglückt. Pizarro ist der typische Schurke aus dem Singspiel, dem es nicht an wilder Größe fehlt – Weber hat ihm manches abgesehen –, aber auch nicht an lächerlichen Zügen. In der ersten Fassung der Schlußszenen aus dem ersten Akt – Rocco, Leonore, Pizarro; Pizarro und die Wachen – und des Terzetts Nr. 5 zwischen Marcelline, Leonore und Rocco findet sich neben manchem Eigenen und Herzbewegenden sehr viel vorschriftsmäßiger Opernprunk, der uns beinah einen Vorgeschmack von Meyerbeer gibt. Das ist die Kehrseite, fast möchte ich sagen die Strafe der Wahrhaftigkeit: Beethoven kann nicht lügen. Er ist unter allen Künstlern am wenigsten dazu geschaffen, etwas vorzuspiegeln, was er nicht empfindet. Er muß aus Herzensgrund lieben, hassen, glauben und sich einsetzen können; mit halben Gefühlen weiß er sich nicht zu helfen.

Er hätte beherzt mitten in die Handlung hineingreifen und mit der Arie der Leonore oder mit der Gefangenenszene beginnen sollen. Das wäre aber nur möglich gewesen, wenn er sich auf einen der großen Librettodichter aus der Schule Glucks hätte stützen können. Allein er war von mittelmäßigen Geistern umgeben, von abgestumpften Theaterveteranen, die sich nirgends so wohl fühlten wie beim Wiederkäuen von Abgeschmacktheiten. Als Anfänger genoß er noch nicht das Ansehen, um wie Gluck dagegen Sturm zu laufen. Und noch weniger hatte er die derbe Gesundheit Glucks, der selbst auf der Bühne erschien und mit Wort und Gebärde gegen den ganzen Schlendrian und die Verlogenheit von Schauspielern und Sängern, Chor- und Orchesterleuten, Librettodichtern und Regisseuren zu Felde zog. Beethoven war ein kranker, schwerhöriger Mann und mußte gewärtig sein, daß man ihn fragte, was ein Tauber auf der Opernbühne zu suchen habe. Er fügte sich also und begann in den überlieferten Formen.

Aber das Entscheidende ist nicht, von wo er ausgegangen, sondern wohin er gelangt ist. Wohl knöpft er gehorsam den feierlichen Überrock bis oben zu, in dem seine breite Brust erstickt. Zehn Stücke hindurch hat er es ausgehalten. Dann aber zerreißt er mit einem Ruck alle Nähte und wirft die Zwangsjacke ab.

Ich empfehle allen Beethoven-Freunden, sich die erste Fassung der ‹*Leonore*›[10] anzusehen. Die spätere, allgemein bekannte Partitur ist ge-

[10] «Leonore, Oper in drei Akten von Ludwig van Beethoven», Klavierauszug, Breitkopf & Härtel, Leipzig 1905, mit einem Vorwort von Erich Prieger, Bonn, November 1905, herausgegeben zum hundertjährigen Jubiläum der ersten Aufführung der «Ur-Leonore» am 20. November 1805.

wiß um einige Schönheiten reicher, unter denen der zweite Chor der Gefangenen am Ende des ersten Aktes: «Leb wohl, du warmes Sonnenlicht!» wohl obenan steht. Auch hat das Ganze mehr inneres Gleichgewicht. Aber ein paar unvergleichlich schöne Stellen sind weggefallen, um deren Verlust es ewig schade ist. In ihnen trat die innere Bewegung des Schöpfers rein und ursprünglich zutage, und die höchste Kunst der Überarbeitung kann uns für ihre Unmittelbarkeit nicht entschädigen.

Die erste Fassung des Librettos verlangte von Beethoven als Aktschluß anstatt der Rückkehr der Gefangenen in die Nacht eine Melodramaszene à la Scribe: Der Bösewicht Pizarro ermahnt seine Sbirren zur Wachsamkeit, und sie beteuern in vollendetem Ensemble ihren Diensteifer – ein Chor, würdig in den ‹*Hugenotten*› zu paradieren. Beethoven hat sich abgequält, das in Musik zu setzen. Er fühlte das Läppische in den Worten und der ganzen Situation, und da er aufrichtig schuf, so haben die ersten Einfälle, die er dafür aufgezeichnet hat, etwas Possenhaftes.[11] Er strich, er begann von neuem. Als nichts helfen wollte, unterbrach er die Arbeit und schrieb eine Sonate, ein Tripelkonzert, andere Stücke für die ‹*Leonore*› – umsonst. Ihm wurde bei der unglückseligen Szene nicht warm, und endlich ließ er wohl oder übel ein aufgeblasenes, hohles Finale stehen, das ihm schwer auf dem Gewissen lag. Zum Glück war Treitschke geschickt genug, bei der Überarbeitung im Jahre 1814 den lächerlichen Schluß durch einen bessern zu ersetzen, und nun konnte Beethoven die himmlisch schöne Chor- und Quintettmusik schreiben, in der jetzt der Akt ausklingt. Der zweite Gefangenenchor ist das Gegenstück zum ersten, sein genau abgestimmter Gegensatz: dem Aufstieg aus der Gruft folgt der Abstieg, die unsägliche Traurigkeit des Abschieds vom Tageslicht, von der ermattenden Hoffnung, die noch einmal mit den Flügeln schlägt und stirbt.

Und jetzt hält uns Beethoven an der Hand und läßt uns bis ans Ende nicht wieder los. Mit Orpheus steigen wir hinab in das Reich der Schmerzen. Aber hier ist der Verlauf ein anderer: Eurydike rettet den Gemahl.

Der ganze dritte Akt der Ur-Leonore – es ist der zweite des ‹*Fidelio*›, wie er heute dargestellt wird – ist ein heiliges Mysterium des Sterbens und der Auferstehung. Solche Töne waren seit der ‹*Alceste*› nicht mehr auf der Bühne erklungen. Aber dem großen Gluck stand kein solcher Reichtum an symphonischen Ausdrucksmitteln zur Verfügung. Säulenhafte Akkorde, hallende Gewölbe, prometheisches Ächzen der Bässe, Synkopen, stockender Blutstrom, wider das Maß einfallende Herzschlä-

[11] Nottebohm, Zweite Beethoveniana, S. 415.

ge – und dann die mächtige Flut, die unaufhörlich in der Tiefe rauscht, und die grenzenlose Güte, die weihend über dem willig erduldeten Leiden schwebt: Da ist Beethoven in dem, was sein ist. Kein Theater, kein Publikum! In der Burg seiner Einsamkeit ist er der König, sein Ich, das unendliche, füllt sie aus. Die ganze Welt und jeder einzelne von uns erkennt sich in ihm wieder, allein und unendlich wie er.

In einem Gespräch, drei Jahre vor seinem Tod, sagte Ernst Bloch (1885–1977): «Schon von meiner Jugendentwicklung her waren es ‹Tausendundeine Nacht›, ‹Fidelio› und die ‹Phänomenologie des Geistes›, die mich entscheidend beeinflußten.» Beethovens einzigartige Oper wurde also zum Ausgangspunkt einer philosophischen Konzeption, die Bloch in seinem Hauptwerk ‹Das Prinzip Hoffnung› ausgeführt hat. Darin findet sich auch ein umfangreiches Kapitel über Musik, das in dem Abschnitt ‹Marseillaise und Augenblick in Fidelio› seinen Gipfel und Abschluß erhält. Es begibt sich hier der wohl einmalige Fall, daß ein bedeutendes Kunstwerk einen philosophischen Grundgedanken anregte. Und umgekehrt fällt gerade dadurch ein Licht auf die Eigenart der Oper Beethovens, daß sie nämlich quer zur Gattung steht, indem sie wie keine andere Oper das Theater zur «moralischen Anstalt» macht, weil der Stoff der Hoffnung: die Utopie der Freiheit und Identität es rigoros fordert. Für die Philosophie Blochs war das Trompetensignal des ‹Fidelio› der Einspruch des Noch-Nicht gegen die Verstrickungen der Gegenwart. Was eintritt, ist das stets Erhoffte, wenn auch nur als Utopie, aber als unverzichtbare.

Für die berühmte Inszenierung der Berliner Kroll-Oper unter Otto Klemperers Leitung (vgl. S. 163) hat Bloch den folgenden Programmheftbeitrag geschrieben, der in den späteren Abschnitt des ‹Prinzips Hoffnung› aufgegangen ist.

Ernst Bloch

Zu ‹Fidelio›

Nirgends brennen wir genauer.

Leid, wirre Hoffnung, Magie einer Treue ohnegleichen, in Pizarro der Dämon dieser Welt selbst auf der Bühne, und nun das ungeheure Grundspiel von Kampf, Not, Trompetensignal in die letzte Finsternis, Auferstehung.

Von Anfang an spannt sich der Ton, ladet. Schon im leichten Vorspiel zwischen Marzelline und Jaquino ist Unruhe, ein Klopfen nicht nur von außen. Alles ist auf die Zukunft gestellt, selbst der Bedacht Roccos; auch darin gärt und zielt diese Musik, bloßer Wille, glücklich zu werden. Aber zugleich geschieht in diesem Drängen Vorwegnahme, ein Mitspielen des fernen, wahren Jetzt und Da, als wäre es schon hier. Der «innere Trieb» schäumt ebenso rasend an seinen Widerständen auf, wie er sein Zielbild in sich hat, nicht-haben und haben zugleich, wie alle Liebe, erst recht wie die Treue. Scheu und bedroht lebt dieser «Stern der Müden», in die Gegenwart ungeheurer Gefahr eingebettet, doch ebenso fest und immerhin utopisch präsent. «Meinst du, ich könne dir nicht ins Herz sehen?» fragt Rocco Leonore; und nun zieht sich die Szene zusammen, im Andante sonstenuto eines Gesangs, der überhaupt nichts als sein Wunderbar aussingt, auf lauter Dunkelheit aufgetragen. Marzelline singt es für Leonore, die erst in der Ekstase ihren Farbenbogen und Stern sieht. Im Fürsich des Quartetts glänzte dies ferne Ziel noch still, aber in der großen Arie Leonores, im Gefangenenchor, in der Fieberekstase Florestans grell und hoch; nicht nur als Farbenbogen, sondern als Visionslicht ohnegleichen, in ungeheuren Schlußkadenzen aufsteigend. Ja zuweilen erscheint das utopische Präsens, auf das ‹*Fidelio*› insgesamt aufgetragen ist, noch tiefer. Als ein merkwürdiger Bann, als Augenblick, in dem sich gerade der «Augenblick», die Höhe des erregtesten Lebens selber faßt, die rasende Musik gleichsam senkrecht in sich hineinschlägt und verweilt. Diese Art präsent zu sein, dehnt sich wenig aus, ist nicht breit versenkt wie das erste Quartett oder ekstatisch weit wie die Arien Leonores und Florestans. Doch ebensowenig ist sie ein bloßer flüchtiger Blitz, sondern eben jener Augenblick klingt an, den Faust verweilen lassen möchte, und der doch dadurch nicht aufhört, «Augenblick» zu sein. Seine senkrecht unergründliche Tiefe hat Dimension genug, um nicht flüchtig zu geraten; dennoch läßt sie sich immer nur ungefähr als Verweilen in der Zeit, in weiter Arien- und Chorentwicklung transponieren. Der hohe Schrei Leonores: «Töt erst sein Weib!», das Trompetensignal, doch auch die ungeheure Ruhe des Flötengesangs dahinter hat diese gleichsam senkrechte Ewigkeit, als die das Jetzt und Da in absoluter Nähe erscheint. Ihr Wesen ist Glorie tief innen, gleich, welches Tempo, ja fast gleich, welcher empirisch schon definierbare Ausdruck hier gestellt wird. «O Gott! welch ein Augenblick!» singt Leonore an der höchsten Stelle des Werkes, ganz umgeben von Musik des Jetzt; alle Wege Fidelios führen nach diesem Rom. Seine Musik wird daran völlig unmittelbar, aus dem Prozeß und der Strategie heraus, ‹seiend› wie sonst nichts auf der Welt.

Nicht grundlos, daß damit auch jedes Gesicht übermäßig wird. Beethoven hat Mühe zu verkleinern, in diesem Raum sprengt fast alles ans Ende. ‹*Fidelio*› steht an sich im Zusammenhang der «Rettungsopern», deren es zu seiner Zeit manche gab; der Bastillensturm hallte nach. Doch in ‹*Fidelio*› hallt es nicht bloß nach, sondern Beethovens Musik hat Revolution schlechthin als Handlungsraum. Ohne weiteres verwandelt sie den Text, revolutionär, aus einer bloßen, wenngleich großartigen Kolportage von Gattenliebe, ist Geburt der Revolution, unaufhörlich, unnachlaßlich, aus dem Geist dieser Musik. Beethoven setzt den revolutionären Akt neu, aus dem gleichen Ursprung nochmals in anderer Sphäre begonnen. Wie in ihrem ersten, bald verlassenen Impuls, wie von der Zukunft ihres absoluten Beginns her kommt uns hier Revolution entgegen: als Zersprengung des Status, Anbruch der Freiheit. Damit hält sich der Revolution zugleich ihr absoluter Horizont, in ‹*Fidelio*› ist schlechthin apokalyptisches Dunkel und Licht, die Symbolik seiner Gestalten, Signale, Triumphe ist chiliastisch. Noch nicht bei Marzelline, Jaquino, Rocco, den Nebenfiguren, zuerst lebensgroß, zuletzt fast unsichtbar, tief unten. Aber in Leonores Treue geht noch ganz andres um, Erniedrigung, ja Höllenfahrt in den Kerker hinab. Und trägt die Musikgestalt Pizarro nicht alle Züge des Pharao, Herodes, Geßler, Fenriswolfs, ja eben des gnostischen Satans, der uns in den Weltkerker brachte und festhält? Welch ungeheure Gründe klingen erst im Trompetensignal mit, in diesem seinem Augenblick, ganz hohe Zeit, gerufen, vermittelt, im Letzten unvermittelt wie pure Gnade und Ankunft des Gottes. Dazu bedarf es keiner Assoziationen wie in schlechter Musik, sondern so hört man die Posaunen von Jericho, und die Mauern fallen, als metaphysisches Ereignis wiedergebracht. Ja das volle Requiem tönt an, die Posaune des Jüngsten Gerichts, der Schall der letzten Posaune, der verwandelt im Augenblick; dem Pizarro lauter dies irae, den Geretteten tuba mirum spargens sonum, so wie der gleiche Gott den Bösen als Hölle, den Gerechten als Himmel erscheint. Und wie geheimnisvoll sind Leonore und Florestan diesem Signal verbunden; es folgt dem letzten Laut Leonores in wahrhaft erfüllender Tonika, namen-namenlose Freude ist nicht mehr von dieser Welt, Marsch wird Choral, als ecclesia triumphans stehen die Befreiten im Licht, ihr Preis Leonores ist purer Mariengesang der Seligen geworden, ja ihre Freiheit tönt über alle gekannten Jubel, Tiefen, Inhalte hinaus. Dies Signal ist ein Morgenrot, dessen Tag noch nicht gekommen ist; im Abglanz des ‹*Fidelio*› ist er mit am genauesten verborgen.

Zeittafel

1761 9. Oktober: Pierre Gaveaux wird in Béziers/Hérault geboren.
1763 Jean Nicolas Bouilly wird in Coudraye bei Tours geboren.
1766 Joseph Ferdinand von Sonnleithner wird in Wien geboren.
1770 16. Dezember: Ludwig van Beethoven wird in Bonn geboren.
1774 17. August: Stephan von Breuning wird in Bonn geboren.
1776 29. August: Georg Friedrich Treitschke wird in Leipzig geboren.
1789 14. Juli: Mit der Erstürmung der Bastille beginnt die Große Französische Revolution.
1790 Beethoven komponiert seine Kantate auf den Tod Josephs II., aus der er eine Melodie später im ‹*Fidelio*› («O Gott, welch ein Augenblick») verwenden wird.
1793/94 Jean Nicolas Bouilly übt in Tours das Amt des öffentlichen Anklägers aus und erlebt dabei die Begebenheit, aus der er vier Jahre später das Textbuch zu seiner Oper ‹*Léonore ou L'Amour conjugal*› entwickelt.
1798 19. Februar: Im Pariser Théâtre de la rue Feydeau wird die Oper ‹*Léonore ou L'Amour conjugal*›, Text von Jean Nicolas Bouilly und Musik von Pierre Gaveaux, uraufgeführt.
1803 Beethoven beginnt mit der Komposition des Sonnleithnerschen Librettos nach Bouillys ‹*Léonore*›.
1804 18. Mai: Napoleon läßt sich zum Kaiser krönen, und Beethoven zerreißt daraufhin die Widmung der 3. Symphonie an ihn, weil er die Krönung als Verrat an den republikanischen Ideen empfindet. 3. Oktober: In Dresden wird die Oper ‹*Leonora ossia L'Amor conjugale*›, Libretto wahrscheinlich von Giacomo Cinti und Musik von Ferdinando Paër, uraufgeführt. Eine Partiturabschrift findet sich später in Beethovens Nachlaß. Ob Beethoven allerdings zur Zeit der Komposition der 1. Fassung seines ‹*Fidelio*› die Oper Paërs kannte, ist nicht mehr feststellbar.
1805 13. November: Einzug Napoleons in Wien. 20. November: Im Theater an der Wien wird die 1. Fassung des ‹*Fidelio*› uraufgeführt. Der Erfolg ist mäßig, da im Zuschauerraum fast nur französische Soldaten sitzen. Nach zwei Wiederholungen an den beiden darauffolgenden Tagen wird die Oper abgesetzt.
1806 Stephan von Breuning arbeitet die dreiaktige 1. Fassung in die zweiaktige 2. Fassung um.
29. März: Im Theater an der Wien wird die 2. Fassung des ‹*Fidelio*› (im gedruckten Textbuch der Fassung 1806: ‹*Leonore*›) uraufgeführt. Diesmal bleibt die Wirkung auf das Publikum nicht aus. Nach der Wiederholung am 10. April wird die Oper dennoch abgesetzt, weil sich Beethoven mit dem Baron Braun, dem Leiter des Theaters an der Wien, überwirft: Er glaubt sich finanziell benachteiligt und zieht die Partitur zurück.
1809 8. Februar: Paërs ‹*Leonora*› wird im Theater an der Wien aufgeführt. Ob Beethoven diese Aufführung besucht hat, ist nicht bekannt.

1810 Der erste Klavierauszug des ‹*Fidelio*› (Fassung 1806), bearbeitet von Beethovens Schüler Carl Czerny, erscheint.
1812 Napoleon scheitert mit seinem Rußland-Feldzug.
1813 16.–19. Oktober: In der Völkerschlacht bei Leipzig siegen Preußen, Österreich und Rußland entscheidend über Napoleon.
1814 23. Mai: Im Wiener Kärntnertor-Theater wird die endgültige 3. Fassung des ‹*Fidelio*›, mit dem neuen Libretto von Georg Friedrich Treitschke, uraufgeführt. An Stelle der neukomponierten E-dur-Ouvertüre (sogenannte «Fidelio-Ouvertüre»), die erst bei der zweiten Vorstellung am 26. Mai erklingen kann, da Beethoven nicht rechtzeitig fertig wurde, wird die Ouvertüre ‹*Ruinen von Athen*› (andere Quellen geben an: ‹*Prometheus*›) aufgeführt. Der Vorgang ist Beethoven peinlich. Er erinnert sich später: «Die Leute klatschten, ich aber stand beschämt: es gehörte nicht zum Ganzen.» Im August erscheint der erste Klavierauszug der endgültigen Fassung des ‹*Fidelio*›, bearbeitet von Ignaz Moscheles.
1822 3. November: Die Endfassung des ‹*Fidelio*› wird im Kärntnertor-Theater wiederaufgenommen. Zum erstenmal singt die damals erst siebzehnjährige Wilhelmine Schröder die Rolle der Leonore. Beethoven soll sich zunächst skeptisch darüber geäußert haben, daß man die ungewöhnlich schwierige Rolle einem «solchen Kinde» anvertraut habe.
1827 26. März: Beethoven stirbt in Wien.
1840 11. Januar: In einem Leipziger Gewandhaus-Konzert dirigiert Felix Mendelssohn Bartholdy als singuläres und von Robert Schumann in der *Neuen Zeitschrift für Musik* begeistert begrüßtes Ereignis an einem Abend alle vier Ouvertüren, die Beethoven zu seiner einzigen Oper geschrieben hat.

Bibliographie

Eine Auswahl empfohlener Schriften zum Thema ‹Fidelio›

Alfred von Wolzogen: Wilhelmine Schröder-Devrient. Ein Beitrag zur Geschichte des musikalischen Dramas. Leipzig 1863

Otto Jahn: Leonore oder Fidelio? – In: Gesammelte Aufsätze über Musik. Leipzig 1867

Ernst Pasqué: Fidelio und der Wasserträger. – In: Westermanns Monatshefte 63, 1887/88, Heft 375, S. 363–382 (In der Beilage ist das Couplet Roccos «Sans un peu d'or» aus der «Léonore» von Bouilly und Gaveaux abgedruckt)

J. V. Widmann: Bouillys Léonore und der Text zu Beethovens Fidelio. – In: Deutsche Kunst- und Musikzeitung, 1895, S. 19–20

Felix Weingartner: Die Ouvertüren zu «Fidelio». – In: Allgemeine Musikzeitung, Nr. 32/33, August 1901

Heinrich Bulthaupt: Dramaturgie der Oper. Leipzig ^{2}1902 (2 Bände). Darin:

Beethovens Fidelio. 1. Band, S. 259–300
Claire von Glümer: Erinnerungen an Wilhelmine Schröder-Devrient. Leipzig ^{3}1904
Lilli Lehmann: Studie zu Fidelio (mit Figurinen). Leipzig 1904
Erich Prieger: Zu Beethovens Leonore. Vorwort zur Erstausgabe der Fassung 1805, Klavierauszug S. III–X, Leipzig 1905
Hector Berlioz: Fidelio. Oper in drei Aufzügen von Beethoven. Ihre Aufführung am Théâtre Lyrique. – In: Musikalische Streifzüge. Studien, Vergötterungen, Ausfälle und Kritiken. Aus dem Französischen übertragen von Elly Ellès. Leipzig 1912
Louis Gauchat: Beethovens Fidelio. – In: Neue Zürcher Zeitung, 1921, Nr. 1, 3, 8 und 14 (1., 3., 4. und 5. Januar)
(Untersuchung des Verhältnisses von Bouilly und Sonnleithner, der Unterschiede aller drei Fassungen und der Frage, warum Beethoven nur diese eine Oper geschrieben hat.)
Alexander Wheelock Thayer: Ludwig van Beethovens Leben. Beendet und bearbeitet von Hermann Deiters und Hugo Riemann (5 Bände). 2. Band ^{3}1922, 3. Band $^{3-5}$1923
Alfred Heuss: Die Humanitätsmelodie im «Fidelio». – In: Zeitschrift für Musik, 91, Heft 10, Oktober 1924, S. 545–552
Adolf Sandberger: Léonore von Bouilly und ihre Bearbeitung für Beethoven durch Joseph Sonnleithner. – In: Ausgewählte Aufsätze zur Musikgeschichte. 2. Band: Forschungen, Studien und Kritiken zu Beethoven und zur Beethovenliteratur. München 1924, S. 141–153
(Im Anhang dieses Bandes ist auch das originale Libretto zu Bouillys «Léonore» abgedruckt.)
Hermann W. von Waltershausen: Zur Dramaturgie des Fidelio. In: Neues Beethoven-Jahrbuch, begründet und herausgegeben von Adolf Sandberger. 1. Jahrgang Augsburg 1924, S. 142–158
Eugen Kilian: Bouillys Leonore und Beethovens Fidelio. – In: Allgemeine Musikzeitung, 52. Jahrgang 1925, S. 687
Hans Joachim Moser: Ist «Leonore» für «Fidelio» nutzbar zu machen? – In: Neues Beethoven-Jahrbuch. 2. Jahrgang Augsburg 1925, S. 56–60
Ernst Bloch: Zu Fidelio. – In: Blätter der Staatsoper. Berlin 1927
Joseph Braunstein: Beethovens Leonoren-Ouvertüren. Eine historisch-stilkritische Untersuchung. Leipzig 1927
Richard Engländer: Paërs «Leonora» und Beethovens «Fidelio». – In Neues Beethoven-Jahrbuch. 4. Jahrgang Augsburg 1930, S. 118–132
Romain Rolland: Leonore. – In: Beethovens Meisterjahre. Von der Eroica bis zur Appassionata. Übertragen von Th. Mutzenbacher. Leipzig 1930, S. 162–209
Ludwig Misch: Fidelio als ethisches Bekenntnis. – In: Beethoven-Studien. Berlin 1950, S. 143–149
Warum schrieb Beethoven die vierte Ouvertüre zu «Fidelio»? – In: Beethoven-Studien. Berlin 1950, S. 105–118

Willy Hess: Beethovens Oper Fidelio und ihre drei Fassungen. Zürich 1953 (Das Buch enthält im Anhang die synoptisch gesetzten Textbücher der Fassungen von 1805 und 1806 sowie Textvarianten. Außerdem findet sich auf den Seiten 183–196 eine umfangreiche Liste der Fidelio-Literatur bis zum Jahre 1952.)

Ernst Bloch: Marseillaise und Augenblick in Fidelio. – In: Das Prinzip Hoffnung. 3. Band Frankfurt 1959, S. 1295–1297

Dieter und Dietrich Stoverock: Fidelio von Ludwig van Beethoven. Berlin 1960

Werner Wolf: Einführung in Beethovens «Fidelio». – In: Textbuch zu «Fidelio». Leipzig [10]1965, S. 5–31

Erich Schenk: Über Tonsymbole in Beethovens «Fidelio». In: Beethoven-Studien. Hg. v. Erich Schenk. Wien 1970, S. 223–252

Wolfgang Osthoff: Beethovens «Leonoren»-Arie. – In: Kongreß-Bericht Bonn 1970. Kassel 1970, S. 191–199

Ulrich Schreiber: Wunschbilder des erfüllten Augenblicks. Zu Beethovens Oper «Fidelio». – In: Textbeilage zur Gesamtaufnahme des «Fidelio» EMI 1C 157–02 125/27

Harry Goldschmidt: Die Ur-Leonore. – In: Beethoven. Werkeinführungen. Leipzig 1975, S. 255–283

Attila Csampai: Moralischer Appell und Utopie der Freiheit. – In: Programmheft zur Neuinszenierung des «Fidelio» an der Bayerischen Staatsoper München 1978, S. 8–9

Hans Mayer: Beethoven und das Prinzip Hoffnung. Gedanken zum «Fidelio». – In: Programmheft zur Neuinszenierung des «Fidelio» an der Hamburgischen Staatsoper 1979, S. 9–21

Egon Voss: Jedem Gefühl seine Farbe. Über Tonarten und Tonartencharakteristik im «Fidelio». – In: Programmheft zur Neuinszenierung des «Fidelio» an der Hamburgischen Staatsoper 1979, S. 23–28

Jochem Wolff: Annäherungen an «Fidelio». Zur Geschichte von Beethovens Oper auf der Bühne. – In: Programmheft zur Neuinszenierung des «Fidelio» an der Hamburgischen Staatsoper 1979, S. 35–55

Dietmar Holland: Zur Dramaturgie des «Fidelio». – In: Jahrbuch der Bayerischen Staatsoper III. München 1980, S. 67–73

Carl Dahlhaus: Idylle und Utopie. Zu Beethovens «Fidelio». In: Neue Zeitschrift für Musik, 1985, Heft 11, S. 4–8

Dietmar Holland

Anmerkungen zur Diskographie

Die Probleme, die Beethoven bei der Komposition seiner einzigen und zugleich einzigartigen Oper hatte, ihr Charakter eines «work in progress», das womöglich nie richtig fertig wurde, weil das Fragmentarische seiner Dramaturgie einbeschrieben ist, schlagen sich in den Schallplattenaufnahmen nieder. So unglaublich es klingen mag: Keine der bis heute erstellten Gesamteinspielungen des ‹*Fidelio*›, auch nicht die im Jahre 1977 herausgekommene Produktion der Fassung von 1805 unter Herbert Blomstedt oder gar die neueste Aufnahme der letzten Fassung unter Georg Solti in der Digital-Aufnahmetechnik, vermag einen voll befriedigenden Eindruck zu hinterlassen. Die Gründe dafür sind nicht nur die prinzipiellen Mängel der Studio-Ästhetik, die den Anforderungen der Bühnenrealität ohnehin kaum gerecht werden können, sondern immanent musikalische Forderungen der Partitur Beethovens. Es ist eine allbekannte Tatsache, die indessen den Interpreten wenig weiterhilft, daß Beethoven mit den Singstimmen rücksichtslos umzugehen pflegt. Ferner ist es bekannt, daß dem Orchester des ‹*Fidelio*› eine entscheidende Rolle zufällt, die aber den Dirigenten vor die nur schwer lösbare Aufgabe stellt, die symphonische Haltung und die dramatische Funktion gleichermaßen im Auge zu behalten, ohne dabei die Sänger wesentlich zu beeinträchtigen. Von den Sängern, namentlich in den Partien Leonores und Florestans, fordert Beethoven eine unerhörte dramatische Schlagkraft und zugleich eine stimmliche Flexibilität – man denke nur an die beiden großen Monologe der beiden Hauptpersonen –, die schier übermenschlich anmuten. Die diskographische Situation spiegelt das denn auch unüberhörbar wider.

In der Musik der Wiener Klassiker spielt die Wahl des Tempos die Rolle des Richters über den Interpreten. Die pulsierende Gegenwärtigkeit ihres Zeitcharakters, ihre bewußte rhythmisch-metrische Durchgestaltung, die Thrasybulos Georgiades das «Sich-bewußt-werden der Zeit» nannte, und ihre Ausdruckshaltung des Vorführens an Stelle des Einfühlens gibt bereits einen Fingerzeig für die Bewertung der interpretatorischen Leistung.

Im Ernst kommen als diskutable Aufnahmen die unter der Leitung von Arturo Toscanini und die unter Otto Klemperer näher in Betracht, wenngleich auch sie nicht frei von (teilweise erheblichen) Mängeln sind. Andere Aufnahmen, etwa unter Knappertsbusch, Furtwängler, Fricsay, Maazel, Bernstein oder Solti haben Schwierigkeiten, das Niveau des von Beethoven Komponierten zu erreichen; stimmliche Mängel oder Tempoverfehlungen sind nicht zu überhören.

Hört man dagegen, wie Otto Klemperer den aus dem Tritt geratenen Marsch der Wache Pizarros mit geradezu unerbittlicher Schärfe durchartikuliert, wie Christa Ludwig unter seiner Leitung die gewaltige Partie der Leonore als einzige wirklich mühelos durchsteht, ohne je angestrengt zu forcieren und wie Klemperer mit nie nachlassender bohrender Intensität den symphonisch-dramatischen Intentionen der Beethovenschen Partitur nachspürt, ohne daß man eine Orchestersymphonie präsentiert bekäme, dann spürt man den Abstand von Einspielungen wie etwa der neuesten unter Georg Solti, die dagegen wie ein aufpoliertes orchestrales Glanzstück wirkt, dessen verblüffender Klang nicht darüber hinwegtäuschen kann, daß der Fortschritt der Aufnahmetechnik keineswegs mit einer fortschrittlichen Interpretation verknüpft sein muß. Anläßlich der Rundfunk-Produktion unter Toscanini aus dem Jahre 1944 muß man eher wohl das Gegenteil annehmen, denn diese Einspielung wirkt wie ein Triumph der musikalischen Vorstellung über die (relativ) primitive Aufnahmetechnik. Was Toscaninis Interpretation von allen anderen, auch von Klemperer, maßgeblich abhebt, ist das durchgehend adäquate Tempoverständnis. Leider sind die Leistungen der Sänger nicht immer auf der entsprechenden Höhe. Daher kann die Empfehlung nur mit Einschränkung ausgesprochen werden. Im Gegensatz zu Klemperer verzichtet Toscanini auf die Dialoge, die man bei der Aufnahme unter Klemperer auch besser weggelassen hätte, so übertrieben und geradezu unfreiwillig komisch wirken sie da, daß man schon wieder erhebliche Zweifel an der Qualität des Librettos überhaupt bekommt. Jedenfalls schlägt die musikalische Interpretation Klemperers dem lächerlichen Pathos der gesprochenen Texte ins Gesicht.

Eine dritte Aufnahme, die jedoch nicht ganz offiziell im Handel ist, ist wegen des Dirigenten von Bedeutung: Es ist die Veröffentlichung eine Rundfunkproduktion unter Erich Kleiber aus dem Jahre 1956 (mit einigermaßen vernünftig gesprochenen Dialogen) mit der jüngeren Birgit Nilsson als Leonore. In der durchweg schlanken Tempogebung ist sie der Auffassung Toscaninis verwandt, wenn auch dieser die Hitzigkeit des Beethovenschen «Tons» in einer bis heute unerreichten Weise zur Darstellung bringt.

Wer Interesse an der (problematischen) Fassung von 1805 hat, sei auf die Einspielung Herbert Blomstedts verwiesen, obwohl diese Aufnahme den Eindruck macht, sie sei ohne viel Engagement herunterproduziert worden. Zudem scheinen die Darsteller beider Hauptrollen indisponiert und offensichtlich nervös zu sein, so daß sich kein befriedigender Höreindruck einstellen will.

Beethovens musikalische Grenzüberschreitung einzuholen bleibt einstweilen ein ungelöstes Problem.

Liste der Gesamtaufnahmen

1938 Artur Bodansky (Flagstad, Maison, Schorr, List, Farell, Laufkoetter, Gabor*; Chor und Orchester der Metropolitan Opera New York)
Melodram Connaisseur 307 (3)
(mit frei nachkomponierten melodramatischen Partien)

1941 Bruno Walter (Flagstad, Maison, Huehn, Kipnis, Farell, Laufkoetter, Janssen; Chor und Orchester der Metropolitan Opera New York)
Musidisc ACC 150030

* *Reihenfolge der Rollen: Leonore – Florestan – Pizarro – Rocco – Marzelline – Jaquino – Fernando*

1943 Karl Böhm (Konetzni, Ralf, Schöffler, Alsen, Seefried, Klein, Neralic; Chor und Orchester der Wiener Staatsoper)
Acanta DE 23116/7
(Konzertmitschnitt)

1944 Arturo Toscanini (Bampton, Peerce, Janssen, Belarsky, Steber, Laderoute, Moscona; Chor und NBC Orchester)
RCA AT 204/1–2

1948 Otto Klemperer (Báthy, Rösler, Maleczky, Székely, Mátyás, Nagy, Koszó; Chor und Orchester der Ungarischen Staatsoper)
Hungaroton LPX 12428–29
[ungarisch gesungen]

1948 Wilhelm Furtwängler (Schlüter, Patzak, Frantz, Alsen, della Casa, Schock, Edelmann; Chor der Wiener Staatsoper; Wiener Philharmoniker)
Rococo RR 1012
(Mitschnitt der Salzburger Festspiele)

1950 Wilhelm Furtwängler (Flagstad, Patzak, Schöffler, Greindl, Schwarzkopf, Dermota, Braun; Chor der Wiener Staatsoper; Wiener Philharmoniker)
CLS Records
(Mitschnitt der Salzburger Festspiele)

1950 Gerhard Pflüger (Bäumer, Sauerbaum, Hübner, Savelkouls, Engert, Kuhnert, Horand; Chor und Orchester des Leipziger Rundfunks)
Nixa OLP 7301/1–3

1951 Bruno Walter (Flagstad, Svanholm, Schöffler, Ernster, Connor, Klein, Hines; Chor und Orchester der Metropolitan Opera New York)
BWS 804

1953 Wilhelm Furtwängler (Mödl, Windgassen, Edelmann, Frick, Jurinac, Schock, Poell; Chor der Wiener Staatsoper; Wiener Philharmoniker)
harmonia mundi France RPC 32494 (CD)

1953 Wilhelm Furtwängler (Mödl, Windgassen, Edelmann, Frick, Jurinac, Schock, Poell; Chor der Wiener Staatsoper; Wiener Philharmoniker)
EMI 1C 147-01 105/07

1955 Karl Böhm (Mödl, Dermota, Schöffler, Weber, Seefried, Kmentt, Kamann; Chor der Wiener Staatsoper; Wiener Philharmoniker)
Frequenz Memoria CMM 2 (CD)
(Mitschnitt vom 5. November anläßlich der Wiedereröffnung der Wiener Staatsoper)

1956 Erich Kleiber (Nilsson, Hopf, Schöffler, Frick, Wenglor, Unger, Braun; Chor und Orchester des Westdeutschen Rundfunks)
Cetra LO 68

1957 Ferenc Fricsay (Rysanek, Haefliger, Fischer-Dieskau, Frick, Seefried, Lenz, Engen; Chor und Orchester der Bayerischen Staatsoper)
DGG 2705 037

1957 Herbert von Karajan (Goltz, Zampieri, Schöffler, Edelmann, Jurinac, Kmentt, Zaccaria; Chor der Wiener Staatsoper; Wiener Philharmoniker)
Melodram

(Mitschnitt der Salzburger Festspiele)

1960 Herbert von Karajan (Nilsson, Vickers, Hotter, Frick, Lipp, Unger, Crass; Chor und Orchester der Mailänder Scala)
HRE

1960 Alexander Melik-Paschajew (Wischnewskaja, Nelepp, Iwanow, Cekolow, Maslennikowa, Tchevin, Nekipalo; Chor und Orchester des Bolschoi-Theaters Moskau)
Melodia DO 4518–23
[russisch gesungen]

1961 Hans Knappertsbusch (Jurinac, Peerce, Neidlinger, Ernster, Stader, Dickie, Guthrie; Chor und Orchester der Bayerischen Staatsoper)
Westminster S 1003 oder World Records

1961 Otto Klemperer (Ludwig, Vickers, Berry, Frick, Hallstein, Unger, Crass; Philharmonia Chor und Orchester)
EMI 1C 149-00 559/61

1962 Herbert von Karajan (Ludwig, Vickers, Berry, Kreppel, Janowitz, Kmentt, Waechter; Chor und Orchester der Wiener Staatsoper)
Movimento musica

1964 Lorin Maazel (Nilsson, McCracken, Krause, Böhme, Sciutti, Grobe, Prey; Chor der Wiener Staatsoper; Wiener Philharmoniker)
Decca SET 272-3

1965 Carl Bamberger (Kuchta, Patzak, Rehfuss, Kümmel, Muszely, Kretschmar, Wenk; Chor und Orchester des Norddeutschen Rundfunks)
Nonesuch HB 73005

1969 Karl Böhm (Jones, King, Adam, Crass, Mathis, Schreier, Tavela; Rundfunkchor Leipzig und Chor der Dresdner Staatsoper; Staatskapelle Dresden)
DGG 2721 136

1970 Herbert von Karajan (Dernesch, Vickers, Kelemen, Ridderbusch, Donath, Laubenthal, van Dam; Chor der Deutschen Oper Berlin; Berliner Philharmoniker)
EMI 1C 157-02 125/27

1977 Herbert Blomstedt (Moser, Cassilly, Adam, Ridderbusch, Donath, Buchner, Polster; Leipziger Rundfunkorchester; Staatskapelle Dresden)
EMI 1C 157-02 153/55 (Fassung 1805)

1978 Leonard Bernstein (Janowitz, Kollo, Sotin, Jungwirth, Popp, Dallapozza, Fischer-Dieskau; Chor der Wiener Staatsoper; Wiener Philharmoniker)
DGG 2709 082

1980 Georg Solti (Behrens, Hofmann, Adam, Sotin, Ghazarian, Kuebler, Howell; Chicago Symphony Orchestra and Chor)
Decca 6.35 492

1981 Kurt Masur (Altmeyer, Jerusalem, Nimsgern, Meven, Nossek, Wohlers, Adam; Rundfunkchor Leipzig; Gewandhausorchester Leipzig)
eurodisc 300 712 445

Quellen der Texte in der Dokumentation

Jean Nicolas Bouilly: Aus den Memoiren. Übers. aus: Jean Nicolas Bouilly: Mes Récapitulations. 3 Tomes. Paris 1836/37

Werner Wolf: Zur Vorgeschichte des Leonore-Stoffes. In: Werner Wolf: Einführung in Beethovens «Fidelio». In: Textbuch zu «Fidelio». Verlag Philipp Reclam jr., Leipzig, Universalbibliothek 232

Adolf Sandberger: Léonore von Bouilly und ihre Bearbeitung für Beethoven durch Joseph Sonnleitner. In: Adolf Sandberger: Ausgewählte Aufsätze zur Musikgeschichte, Bd. 2. Drei Masken Verlag, München 1924

Harry Goldschmidt: Die Ur-Leonore. In: Harry Goldschmidt: Beethoven. Werkeinführungen. Verlag Philipp Reclam jr., Leipzig

Eine Uraufführungskritik der 1. Fassung des «Fidelio». Zit. nach H. C. Robbins Landon: Beethoven. Sein Leben und seine Welt in zeitgenössischen Bildern und Texten. Universal Edition, Zürich 1970

Brief Stephan von Breunings zu seiner Umarbeitung des Librettos (Fassung 1806). In: Biographische Notizen über Ludwig van Beethoven von Wegeler und Ries. Neudruck mit Erg. und Erl. von Alfred Chr. Kalischer. Berlin und Leipzig 1906

Joseph August Röckels Bericht über die Umarbeitung des «Fidelio» zur zweiten Fassung von 1806. In: H. C. Robbins Landon, a. a. O.

Eine Uraufführungskritik der 2. Fassung des «Fidelio». Zit. nach Erich Prieger: Zu Beethovens Leonore. Vorwort zur Erstausgabe der Fassung 1805, Klavierauszug. Leipzig 1905

Georg Friedrich Treitschkes Bericht über seine Textgestaltung der dritten Fassung des «Fidelio». In: Alexander Wheelock Thayer: Ludwig van Beethovens Leben. Beendet und bearb. von Hermann Deiters und Hugo Riemann, 3. Band. 1922

Brief Beethovens an Treitschke über die Komposition der dritten Fassung des «Fidelio». In: Ludwig van Beethovens Briefe in Auswahl. Hg. von Albert Leitzmann. Leipzig 1909

Alfred von Wolzogen: Wilhelmine Schröder-Devrients Durchbruch als Leonore. In: Alfred von Wolzogen: Wilhelmine Schröder-Devrient. Ein Beitrag zur Geschichte des musikalischen Dramas. Leipzig 1863

Wilhelmine Schröder-Devrient über ihre Darstellung der Leonore. In: Alfred von Wolzogen, a. a. O.

Wilhelmine Schröder-Devrients Bericht über die Proben zu «Fidelio» (Wien 1822). In: Friedrich Kerst: Die Erinnerungen an Beethoven. Gesamm. und hg. 2. Band. Stuttgart 1913

Jochem Wolff: Annäherungen an Fidelio. Zur Geschichte von Beethovens Oper auf der Bühne. In: Programmheft der Hamburgischen Staatsoper, Oktober 1979

Hector Berlioz: Fidelio. Oper in drei Aufzügen von Beethoven. Ihre Aufführung am Théâtre Lyrique. In: Musikalische Streifzüge. Studien, Vergötterungen, Ausfälle und Kritiken. Aus dem Franz. übertr. von Elly Ellès. Leipzig 1912

Hermann W. von Waltershausen: Zur Dramaturgie des Fidelio. In: Neues Beethoven Jahrbuch. Benno Filser Verlag, Augsburg 1924. Abdruck mit Genehmigung von Henry Litolff's Verlag/C. F. Peters, Frankfurt am Main

Romain Rolland: Leonore. In: Beethovens Meisterjahre. Von der Eroica bis zur Appassionata. Übertr. von Th. Mutzenbecher. Insel Verlag, Leipzig 1930

Ernst Bloch: Zu Fidelio. In: Curjel: Experiment Krolloper. Prestel Verlag, München 1975

Quellen der Abbildungen

S. 34: Ölgemälde von Willibord Joseph Mähler; Historisches Museum der Stadt Wien

S. 79: Westermanns deutsche illustrierte Monatshefte, Jahrgang 1887/88

S. 81: Stich von A. Krüger; Museum für Geschichte der Stadt Leipzig

S. 85: Aus dem Bildarchiv der Österreichischen Nationalbibliothek Wien

S. 89: Ölgemälde von Alois Karner. Aus dem Bildarchiv der Österreichischen Nationalbibliothek Wien

S. 100: Stich von A. Krüger. Aus dem Bildarchiv der Österreichischen Nationalbibliothek Wien

S. 113: Historisches Museum der Stadt Wien

S. 115: Aus dem Bildarchiv der Österreichischen Nationalbibliothek Wien

S. 121: Historisches Museum der Stadt Wien

S. 125: Stich von Josef Hutter nach einer Zeichnung von Jean Duplessi-Bertaux; Museum für Geschichte der Stadt Leipzig

S. 127: Aquarellierte Zeichnung von Perger; Historisches Museum der Stadt Wien

S. 129: Aus dem Bildarchiv der Österreichischen Nationalbibliothek Wien

S. 131: Aus dem Bildarchiv der Österreichischen Nationalbibliothek Wien

S. 134, S. 136: Archiv der Gesellschaft der Musikfreunde in Wien

S. 139: Historisches Museum der Stadt Wien

S. 142, S. 143, S. 144: Aus dem Bildarchiv der Österreichischen Nationalbibliothek Wien

S. 145, S. 146,S.147, S. 148: Archiv der Gesellschaft der Musikfreunde in Wien

S. 151: Aus dem Bildarchiv der Österreichischen Nationalbibliothek Wien

S. 154: Archiv der Gesellschaft der Musikfreunde in Wien

S. 162, S. 163, S. 164: Aus: H. Curjel: Experiment Krolloper; Prestel Verlag, München 1975

S. 166: Foto Sepp Bär, Fuldatal

S. 169: Foto Fritz König, Bremen

S. 171: Foto Mara Eggert, Frankfurt am Main

Über die Herausgeber

Attila Csampai, geboren 1949 in Budapest, studierte Musikwissenschaft, Theatergeschichte, Philosophie, Soziologie und Mathematik in München und arbeitet dort seit 1974 als freier Musikschriftsteller. Er verfaßte zahlreiche Einführungen und Werkkommentare für die Programmhefte namhafter Orchester und Opernhäuser sowie für Schallplatteneditionen. Daneben Rundfunksendungen und Artikel in Fachzeitschriften. Seit 1978 dramaturgische Mitarbeit und musikalische Beratung bei Opern-, Theater- und Filmproduktionen. Seit 1980 beim Bayerischen Rundfunk: zunächst als Autor und Programmgestalter, seit 1983 als Redakteur für symphonische Musik. Redaktionsbeirat und Kolumnist der «Neuen Musikzeitung». Rezensent bei «HiFi Stereophonie» (1975–78), NMZ (seit 1984) und «stereoplay» (seit 1988). Mitherausgeber des Werkes «Der Konzertführer. Orchestermusik von 1700 bis zur Gegenwart» (Wunderlich 1987).

Dietmar Holland, geboren 1949, studierte in München Musikwissenschaft, Philosophie und Theatergeschichte. Seit 1972 publizistisch tätig: Essays über musikalische Sachfragen (Ästhetik, Soziologie, Musikgeschichte, Operndramaturgie). Zahlreiche Einführungen und Werkkommentare für Programmhefte (Berliner und Münchner Philharmoniker, Bayerische Staatsoper) und Schallplattenveröffentlichungen. Außerdem analytische Aufsätze und kommentierte Diskographien für die von Heinz Klaus Metzger und Rainer Riehn herausgegebene Reihe «Musik-Konzepte» und freie Mitarbeit beim Bayerischen und Norddeutschen Rundfunk (thematische Sendungen, Kritiken, vergleichende Interpretationen). Von 1975–77 Essays und Rezensionen bei «HiFi Stereophonie» und seit 1984 bei der «Neuen Musikzeitung». Mitherausgeber des Werkes «Der Konzertführer. Orchestermusik von 1700 bis zur Gegenwart» (Wunderlich 1987).